perfektion

Thomas Vilgis / Mario Furlanello

perfektion

DIE WISSENSCHAFT DES GUTEN KOCHENS

PASTA

Stiftung Warentest

INHALT

VORWORT

Mit diesem vierten Band aus der Reihe „Perfektion – die Wissenschaft des guten Kochens“ beschreitet die Stiftung Warentest neue Wege. Nachdem die ersten drei Bände (Fleisch, Gemüse und Backen) auf Erkenntnissen aus „America´s Test Kitchen“ beruhten, ist der vorliegende Band nun hausgemacht, so wie sich das für gute Pasta gehört.

„Perfektion Pasta“ speist sich aus den fundierten Kenntnissen und Fertigkeiten der beiden Autoren: Das jahrelange Praxiswissen aus der Pastaküche des Frankfurter Kochs Mario Furlanello trifft hier auf die wissenschaftlichen Erkenntnisse des Molekularphysikers Thomas A. Vilgis. Gemeinsam haben die Autoren diskutiert, ausprobiert, verkostet und nicht zuletzt zahlreiche Experimente durchgeführt, um dem Geheimnis perfekter Pasta auf den Grund zu gehen – mit zum Teil überraschenden Ergebnissen.

Das Ziel dieses Buches ist es, allen Pastaliebhaberinnen und -liebhabern den Weg zu den besten Ergebnissen in der Pastaküche zu zeigen, egal ob es sich nun um bewährte oder neue Rezepte handelt, ob moderne Techniken oder überlieferte Zubereitungsmethoden zum Einsatz kommen.

In 15 Kapiteln, die wir Konzepte nennen, werden verschiedene Erkenntnisse aus der Pastaküche mit je einem Theorie- und einem Praxisteil dargestellt. Jedes Konzept beginnt mit einer Beschreibung der „Wissenschaft dahinter“, die das theoretische Rüstzeug liefert. Die anschließenden Experimente an Herd oder Labortisch, mit Topf oder Petrischale, zeigen, welche Erkenntnisse die Wissenschaft für die Küche bereithält. Und anhand der zahlreichen Rezepte mit praktischen Hinweisen, wie und warum etwas funktioniert, können Sie die neu gewonnenen Erkenntnisse aus den Experimenten dann sofort kulinarisch umsetzen.

Wir wünschen Ihnen viel Spaß beim Lesen und noch mehr Freude beim Ausprobieren!

REZEPTE

PASTATEIGE

GEFÜLLTE PASTA MIT FLEISCH

GEFÜLLTE PASTA MIT FISCH ODER MEERESFRÜCHTEN

GEFÜLLTE PASTA VEGETARISCH

SAUCEN MIT FLEISCH

SAUCEN MIT FISCH ODER MEERESFRÜCHTEN

SAUCEN VEGETARISCH

SALATE

SUPPEN

ÜBERBACKENES UND FRITTIERTES

EINLEITUNG

Perfektion Pasta – das klingt verführerisch. Denn bei Pasta gerät fast jeder ins Schwelgen, egal ob klein oder groß, und erinnert sich sofort an die ersten eigenen Tomatensaucenversuche oder an den in seiner Einfachheit kaum zu überbietenden Teller Spaghetti aglio, olio e peperoncino auf der Terrasse der toskanischen Trattoria, der so göttlich schmeckte.

Das Geheimnis der Beliebtheit von Nudelgerichten ist – auch wissenschaftlich betrachtet – gar keines, denn es liegt geradezu auf der Hand beziehungsweise auf der Zunge: Viele geschmorte Nudelsaucen kombinieren Fleisch, Sardellen, Tomaten, Zwiebeln, Wurzelgemüse und Pilze, die einen vollen, tiefen Geschmack garantieren, wenn sie lange Zeit haben, sanft zu garen. Hinzu kommen Geschmack und Aromen von Olivenölen der letzten Ernte, von Kräutern und Gewürzen, von Zitronen, Knoblauch und von herzhaften Würsten und gereiftem Schinken sowie von Käse wie Parmigiano oder Pecorino. Nicht zu vergessen die Textur! Der Al-dente-Biss der Pasta, die mit Sauce getränkten Oberflächen der Spaghetti, der Spielraum zwischen den einzelnen Nudeln und das richtige Verhältnis zwischen weicher (aber nicht zu weicher) Nudel und glatter, sämiger oder stückiger Sauce – alle diese Eindrücke erfüllen den Mundraum und tragen wesentlich dazu bei, Appetit und Hunger zu befriedigen, unabhängig davon, ob die Pasta ganz klassisch als Zwischengang (primi piatti) zwischen Antipasti und Hauptgericht serviert wird, oder als eigenständige Hauptmahlzeit.

Vielleicht ist es dieses perfekte Zusammenspiel aller Sinne, was die Faszination von Pastagerichten ausmacht – und vielleicht auch die Tatsache, dass viele Rezepte leicht nachkochbar erscheinen. Dabei greift allerdings die Behauptung „Pastagerichte sind doch ganz einfach!" viel zu kurz und ist sogar grundfalsch. Die Vorstellung, man müsste nur einen Teller dampfende Nudeln servieren, einen Klecks Sauce, eine Handvoll geriebenen Käse obenauf, einen Löffel und eine Gabel, und schon wäre das Essen fertig, enthält viele Fallen, sowohl auf der kulturellen Ebene als auch auf dem Gebiet der Sensorik. Allein diese Methode des Anrichtens offenbart die Misere: Die Nudeln wirken wie ein Sieb, die Sauce separiert, ein dünnes Süppchen sammelt sich im tiefen Pastateller, die festen Bestandteile bleiben oben in der Pasta hängen, der Genuss ist gestört, da hilft selbst gewaltiges Rühren nichts mehr. Doch keine Sorge, in diesem Buch werden wir ein wenig Klarheit schaffen, wie man Pasta am besten zubereitet und anrichtet und wie man sicherstellt, dass Nudel und Sauce ausgezeichnet zusammenpassen. Denn für Pasta in Perfektion benötigt man neben guten Zutaten vor allen Dingen eine gehörige Portion Wissen um die Physik und Chemie des Kochens. Nach der Lektüre dieses Buches werden Sie ein ganz anderes Verhältnis zu Nudeln haben und Ihre Fähigkeiten und Kenntnisse auf diesem Gebiet enorm ausgebaut haben. Zwar braucht es, um wahre Perfektion zu erlangen, immer noch viele Kilogramm Grieß und Mehl, Tausende Eier und Salzprisen, unzählige Liter Tomatensauce und Olivenöl sowie ziemlich viele Versuche – aber die folgenden Konzepte und Rezepte geben dabei Richtungen zum immer gezielteren Üben und Praktizieren vor. Das erspart einige Eier und Tomaten und schafft Wissen und Vertrauen in das eigene Können.

Und vermutlich schmecken – aus wissenschaftlich nicht belegbaren Gründen – die Spaghetti im toskanischen Sonnenuntergang immer noch besser als dasselbe Gericht mit den Originalzutaten zu Hause. Aber wenn die Gäste irgendwann ungläubig fragen: „Wie, die Pasta ist selbst gemacht?", ist das Ziel bereits in Reichweite. Und nicht zu vergessen: Jeder Versuch lohnt sich, denn er beschert jedes Mal ein köstliches Pastagericht – auf dem Weg zum perfekten Genuss.

DIE WISSENSCHAFT DER SINNE

GESCHMACK, AROMA UND TEMPERATUR

Der Texturunterschied zwischen weichen (rote Linie) und Al-dente-Nudeln (graue Linie) ist anhand der aufgewendeten Bisskraft messbar. Werden beide Nudeln im Experiment mit einem „Zahn" durchschnitten, gibt es nach den ersten Millimetern deutliche Abweichungen, was den Kraftaufwand dabei betrifft. Besonders am Ende ist bei der „Al-dente"-Nudel nochmals eine Kraftspitze zu erkennen.

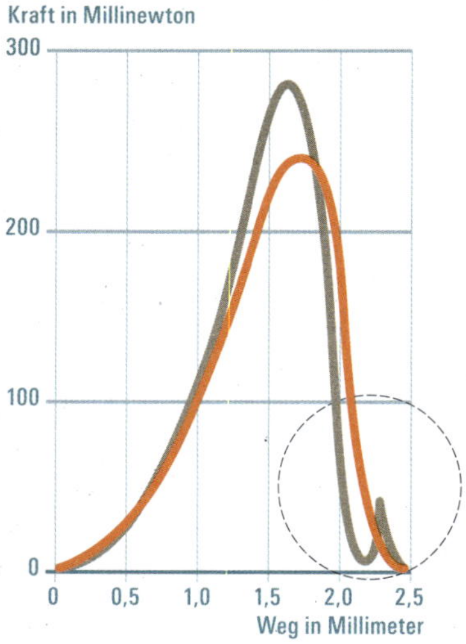

Wenn wir sagen „Es schmeckt", meinen wir im Grunde etwas ganz anderes als nur den Geschmack, nämlich den Gesamteindruck aller Sinne, die beim Essen beteiligt sind, im Englischen *flavour* genannt. Sitzen wir in einem Restaurant, malen wir uns schon beim Lesen der Speisekarte die jeweiligen Gerichte aus. Die Wahl der Pasta folgt nicht dem „freien Willen", sondern wird durch Stimmungen, Erinnerungen an frühere Mahlzeiten, Lüste, Gelüste und die Umgebung beeinflusst, ebenso wie durch die Tatsache, ob wir bei schönem Wetter draußen sitzen oder drinnen bei dezenter Begleitmusik.

Wird die Pasta serviert, beginnt als Erstes das Auge den Teller zu betrachten. Der optische Sinn legt im Gehirn eine positive Grundlage für das, was unmittelbar folgt: die Dämpfe, die Aromen, die vom Teller aufsteigen. Wir schnuppern genüsslich, bemerken vielleicht einen Hauch Basilikum? Oder ist noch Thymian dabei? Langsam wickeln wir unter weiterem orthonasalem Riechen die Spaghetti, nehmen Ravioli oder Penne auf die Gabel und führen sie in den Mund. Dann entdecken wir den Geschmack: einen Hauch Süße und Säure? Natürlich, die Sauce ist auf Tomatenbasis. Dezent salzig ist es auch, und schmeckt es nicht sogar leicht bitter? Der Blick in die Sauce bestätigt dies: Selleriewürfel, Rosmarinnadeln, gehackte Oliven und das Olivenöl. Dann drängt sich ein herzhafter Geschmack in den Vordergrund: Der Parmesan gesellt sich zur Schmorsauce, der tiefe Umami-Geschmack, gepaart mit dem Eindruck einer unglaublichen Mundfülle, macht sich auf der Zunge breit. Aber halt, spüren wir nicht zugleich eine Spur heißer Schärfe? Tatsächlich ist in der Sauce etwas Peperoncino! Kaum später wird es kühl und kalt: Minze kommt zum Vorschein und frischer, nicht mitgebratener Knoblauch. Offenbar zog der Koch alle Register und spielte nicht nur mit den fünf Geschmacksrichtungen, sondern auch mit dem Nervus trigeminus, einem Nerv, der Schmerzwahrnehmungen registriert: die der echten Temperaturen, gemessen in Grad Celsius, und die der gefühlten Temperaturen, die über ganz bestimmte Moleküle aus Chili (schmerzend heiß), Pfeffer (warm bis heiß), Minze (kühl) oder Zwiebelgewächse (schmerzend kalt) ausgelöst werden. Der reine Geschmack, gepaart mit Trigeminusreizen, wäre allerdings immer noch eine relativ langweilige Angelegenheit, wenn wir nicht gleichzeitig beim Kauen weiter riechen würden. Die flüchtigen Aromen, die im Grunde weder die Wasserphase der Sauce noch den wässrigen Speichel auf der Zunge mögen, nehmen beim Kauen und Beißen jede Gelegenheit zur Flucht wahr, erst recht im Mund. Dort verflüchtigen sie sich nicht in die Küche, sondern steigen von der Mundhöhle in den Rachenraum, wo wir sie retronasal (wörtlich: hinter der Nase gelegen) wahrnehmen: die Zitrusnoten der Zitronenschalen, den Lorbeerduft, die Aromen des Kräutersträußchens und der Gewürze, die röstigen Duftstoffe, die vom Anbraten der Zwiebeln und des Fleisches stammen, oder die fettigen Gerüche der Meeresfrüchte. Erst die bedachte Kombination von verschiedenen Gerüchen, den fünf Grundgeschmacksqualitäten und einzelnen Temperaturreizen macht ein Pastagericht zur kulinarischen Sensation.

Genuss wird sowohl durch physikalische als auch durch chemische Sinne wahrgenommen, und zwar in der Nase (Geruch und Trigeminus), auf der Zunge (Geschmack, Trigeminus und Textur) und im Mundraum (Trigeminus und Textur). Unter „Chemorezeptoren" versteht man alle Geschmacks-und Riechrezeptoren, die in der Lage sind, die Struktur von geruchs- und geschmacksauslösenden sowie trigeminal wirkenden Molekülen und Ionen zu erkennen und aus ihnen die zugehörige Sensorik (wie z. B. zitrusartig, heiß/scharf oder umami) an das Gehirn weiterzuleiten.

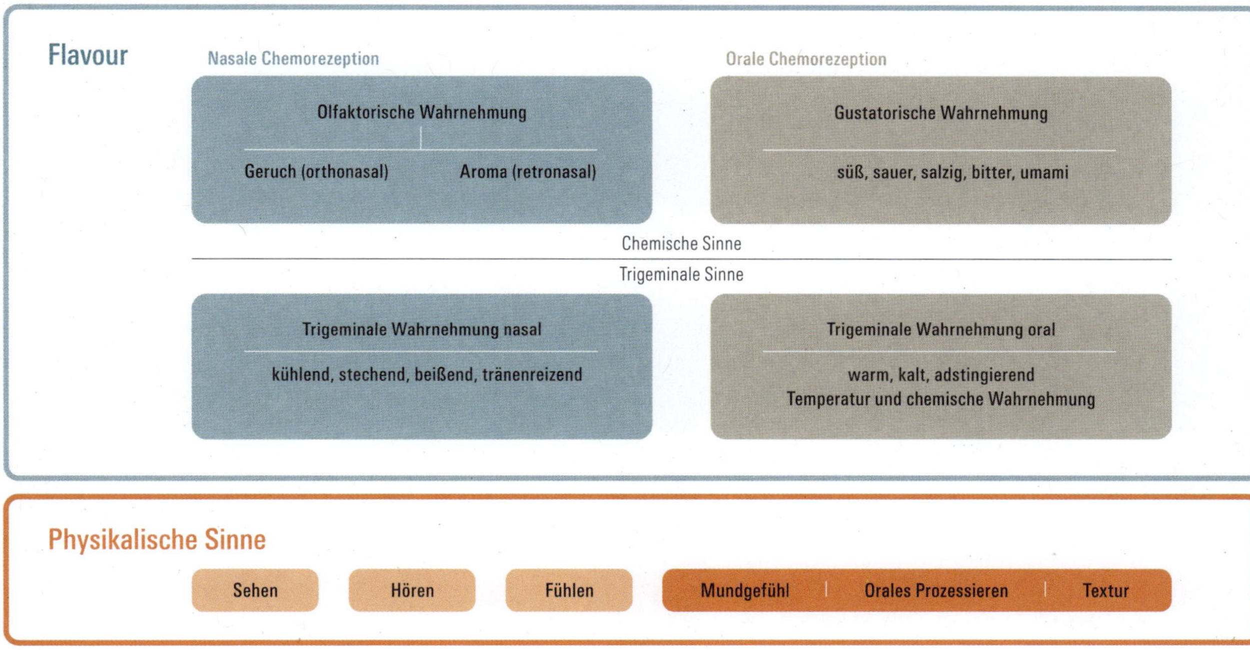

NICHT ZU UNTERSCHÄTZEN: DIE TEXTUR

Aber das ist noch nicht alles! Bei jeder Gabel fühlen wir im Mund die Sämigkeit der Sauce und den typischen Al-dente-Biss der Pasta zwischen den Zähnen, jenen leichten Widerstand beim finalen Durchbeißen der Nudeln, wenn sie im Kern noch nicht vollkommen durchgekocht sind. Der Unterschied zwischen matschig und al dente ist übrigens trotz des geringen Unterschieds von 1 Minute Kochzeit enorm für den sensorischen Eindruck und lässt sich sogar im Laborversuch nachweisen. Wie und warum der Zustand al dente beim Pastakochen erreicht wird, erläutern und zeigen wir ausführlich in Konzept 6.
Die Kommunikation zwischen Zunge und Hirn, die sich über all diese Eindrücke austauschen, erfolgt schneller, als Sie dies lesen können. Und wenn Sie die Pasta nicht im Restaurant genießen, sondern sie selbst kochen, kommen auch bei Tisch noch alle Erinnerungen an die Eindrücke des Kochens hinzu: die Gerüche der Gewürze, die Tränen vom Zwiebelschneiden, das Zischen beim Anbraten, der Dampf aus dem Saucentopf, die aufsteigenden getreidetypischen Noten beim Abgießen der Nudeln. Der Satz „Das hat geschmeckt!" ist daher das Resultat von einer Vielzahl multisensorischer Eindrücke, die weiter zurückreichen als die Wahrnehmung von Geschmäckern, Aromen und Texturen während des Essens. Und wenn dann unser Gehirn unsere italienische Lieblings-Canzone aus dem Nichts heraus abspielt, ist der Genuss perfekt.

DIE WISSENSCHAFT VOM WASSER

WASSER IN DER PASTAKÜCHE

Wasser, H_2O. Das um etwa 104° gewinkelte Molekül bildet einen Dipol mit einer elektrisch positiv und einer elektrisch negativ geladenen Seite.

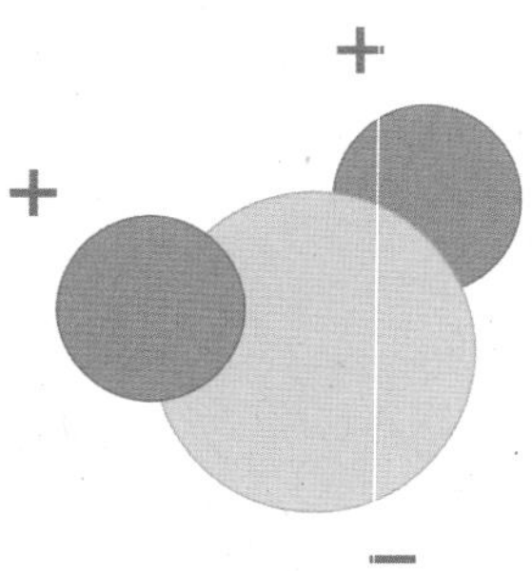

Wasser ist in der Pastaküche allgegenwärtig, angefangen beim Herstellen des Nudelteiges über das Kochen der Pasta bis hin zur Saucenzubereitung. Im ersten Schritt verbindet sich das Wasser mit dem Weizenmehl oder -grieß zu einem elastischen Teig. Im zweiten erfüllt es eine doppelte Aufgabe: Es ist nicht nur Träger der thermischen Energie und bringt effektiv die Hitze an die Pasta, sondern dringt auch in die Nudeln ein und sorgt dort für Feuchtigkeit – insbesondere trockene, gekaufte Nudeln macht es weich und elastisch. Und schließlich lösen sich in den wässrigen Pastasaucen (z. B. aus dem Saft der Tomaten) alle Geschmacksstoffe aus den Zutaten: Salz und Zucker, Säuren, Moleküle wie Polyphenole, die bitter schmecken, sowie die Glutaminsäure (die uns in diesem Buch noch oft begegnen wird) für den Umami-Geschmack.

DIE EIGENSCHAFTEN VON WASSER

Der Grund dafür, dass das Wasser diese verschiedenen Funktionen übernehmen kann, liegt in seinem molekularen Aufbau. Das Wassermolekül, H_2O, besteht aus zwei Atomen Wasserstoff (H) und einem Atom Sauerstoff (O), die sich chemisch verbunden haben. Dieses Wassermolekül hat außergewöhnliche Eigenschaften, die fundamental für die Küche sind. Eine der wichtigsten ist seine Polarität. Jedes Wassermolekül ist dipolar, es ist am Sauerstoff leicht negativ und an den beiden Wasserstoffen leicht positiv geladen.

Diese Polarität sorgt dafür, dass sich Wassermoleküle nicht beliebig orientieren können, denn gegenseitige Ladungen ziehen sich an, gleiche Ladungen stoßen sich ab. So müssen sich Wassermoleküle diesen Naturgesetzen gemäß immer eine optimale Orientierung suchen. Im flüssigen Zustand sind die Moleküle sehr flink und wechseln die Richtung sehr rasch. Wird es kälter, verlieren sie an Beweglichkeit und drängen sich dichter aneinander, das Wasser erreicht bei 4 °C die größte Dichte und erstarrt bei 0 °C zu Eis. Steigt die Temperatur hingegen an, stoßen sich die Wassermoleküle voneinander ab, der Zusammenhalt wird schwächer, bis das Wasser bei 100 °C gasförmig wird. (Die Kunst des kontrollierten Verdampfenlassens wird uns noch bei vielen Pastasaucen wiederbegegnen.)

Noch wichtiger wird die Polarität des Wassers, sobald andere Moleküle mit ins Spiel kommen. Denn dann suchen die H_2O-Moleküle sich immer Partner, die ebenso polar oder elektrisch geladen sind (und zwar nur solche).

Das beginnt schon bei der Teigbereitung. Auch Proteine oder Kohlenhydrate haben polare oder elektrisch geladene Bausteine. Bei Proteinen sind dies ganz bestimmte wasserlösliche Aminosäuren oder zuckerartige Seitengruppen (Glykoproteine), bei Kohlenhydraten deren zuckerartige Bausteine (meist Glukose oder deren Abkömmlinge). Diese wasserliebenden, hydrophilen Bausteine sammeln und binden Wasser über sogenannte Wasserstoffbrücken um sich. Nur dadurch ist es möglich, dass aus Mehl und Wasser beim Kneten ein elastischer Pastateig entsteht – nicht zu fest und nicht zu weich. Welche Rolle dabei im Einzelnen die Menge des Wassers spielt, die Mehlsorte, die Prise Salz oder sogar zugegebene Eier, darauf gehen wir in den ersten Konzepten genauer ein. Wasserstoffbrücken sind zwar schwache Bindungen, aber die Konsequenzen sind erheblich. Sie entscheiden über freies und gebundenes Wasser in den Lebensmitteln, und damit über die Wasseraktivität. Freies Wasser hat eine 100-prozentige Aktivität, fest gebundenes Wasser indes 0 Prozent. So ist es kein Wunder, dass gebundenes Wasser eine höhere Energie benötigt, um zu verdampfen.

Dies lässt sich sogar an dem Salz des Nudelwassers erkennen: Gesalzenes Wasser hat einen von der Konzentration abhängigen höheren Siedepunkt als ungesalzenes Wasser. Gibt man in 1 Liter Wasser etwa 10 EL Salz, erhöht sich der Siedepunkt um etwa 1,5 °C. Ein normal gesalzenes Nudelwasser mit 2 EL Salz pro Liter siedet daher bei etwa 100,5 °C. Der Effekt ist spürbar und hat wichtige molekulare Ursachen: Die Ionen des Kochsalzes Natriumchlorid, Na^+ und Cl^-, scharen Wassermoleküle in der Wasserpolarität entsprechenden Orientierung um sich.

Die elektrisch geladenen Ionen des Salzes scharen das dipolare Wasser um sich, halten es etwas fester, die an die Ionen gebundenen Wassermoleküle können schwerer entfleuchen, sie benötigen eine höhere thermische Energie, daher erhöht sich der Siedepunkt.

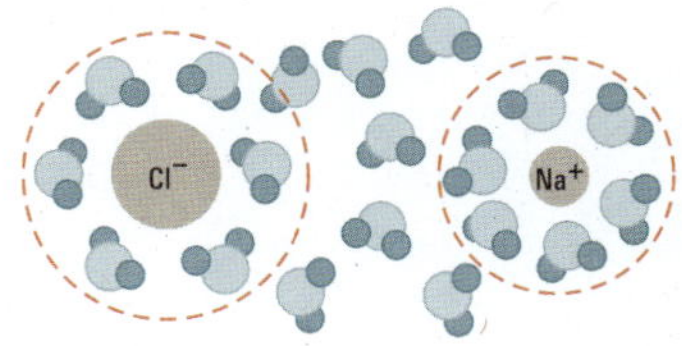

DIE ROLLE DES WASSERS IM PASTATEIG

Während die Bindung des Wassers an das Salz gering erscheint, sind Moleküle wie polare Kohlenhydrate oder elektrisch geladene Proteine größere Moleküle, die Wasser stark und in größeren Mengen binden können.

Gleichzeitig hält das freie Wasser solche Kettenmoleküle auf Abstand, sie können daher leicht aneinander abgleiten und sich freier bewegen. Genau das sorgt für eine weiche Textur, die wir im Mund spüren. Je freier sich Strukturmoleküle wie z. B. Proteine bewegen können, desto weicher ist die Materie. Das freie Wasser zwischen den Molekülen wirkt sozusagen als molekulares Schmiermittel. Das erkennen wir sowohl beim Nudelteig, der im Idealfall geschmeidig und elastisch ist, als auch später in der gekochten, weichen Nudel. Verdampft das freie und ein Teil des gebundenen Wassers, müssen die Strukturmoleküle enger zusammenrücken und haben weniger Platz für ihre Bewegung, die Biegamkeit und damit die Textur verändert sich.

Beim Trocknen frischer Pasta entziehen wir ihr Wasser und machen sie dadurch haltbar. Die Nudel wird hart und glasartig. Erst beim Kochen führen wir wieder Wasser zu, die Nudel wird rehydriert und weich. Das Wasser und dessen Aktivität in der Nudel definiert die Perfektion von al dente. In den folgenden Konzepten erklären wir, was man vor diesem Hintergrund beim Trocknen von selbst gemachter Pasta beachten muss (siehe Konzept 1), wieso man eine Al-dente-Textur nur mit gekauften, d. h., industriell getrockneten Nudeln erreicht (Konzept 6), und was passiert, wenn man Pasta vor dem Garen trocken röstet (Konzept 8).

Zwei große, kettenförmige Moleküle aus geladenen oder polaren Bausteinen binden viel Wasser. Die Wassermoleküle in der unmittelbaren Umgebung sind stärker gebunden.

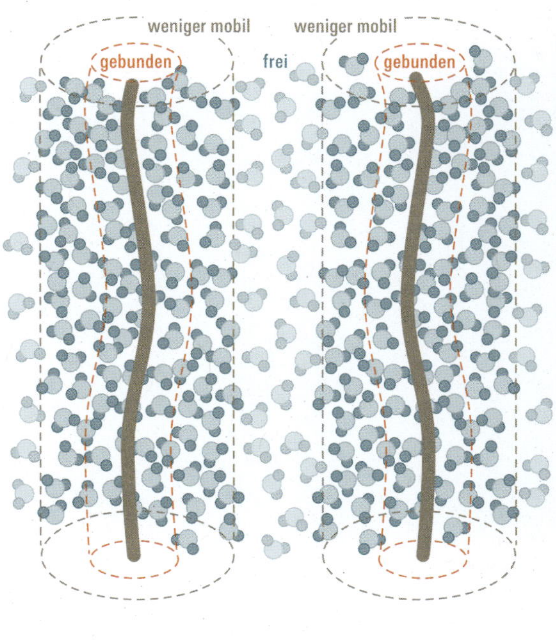

WASSER ALS GESCHMACKSTRÄGER

Das Gleichgewicht des Wassers: Wasser kann in ein positiv geladenes Proton (H^+) und ein negatives Hydroxidion (OH^-) zerfallen.

$H_2O \rightarrow H^+ + OH^-$

eigentlich korrekter:

$2H_2O \leftarrow H_3O^+ + OH^-$

Nicht zuletzt bei der Sauce spielt das Wasser eine große Rolle. Alle Geschmacksstoffe sind nämlich polar oder elektrisch geladen, d.h. sie sind wasserlöslich. Dazu gehören Zucker und Salz, ebenso wie das für den Umami-Geschmack verantwortliche Glutamat (siehe Konzept 13) oder die bitter schmeckenden Polyphenole. Selbst die Säure definiert sich über Wasser, denn rasch kann aus H_2O etwas werden, was wir als sauer oder alkalisch schmecken: Bindet sich nur ein Wasserstoffatom mehr an das Wassermolekül, entsteht H_3O^+ (z.B. beim Essig), löst sich eines, entsteht eine OH^--Gruppe, die leicht basisch wirkt (wie beim Hausnatron).

Wasser definiert damit den neutralen pH-Wert, wenn H^+ (Protonen) und OH^- (Hydroxidionen) im Gleichgewicht stehen, sprich, in gleicher Menge vorkommen. Verschiebt sich das Gleichgewicht zu den Protonen, schmeckt es sauer, verschiebt es sich hingegen zu den Hydroxidionen, schmeckt es basisch. Daraus folgt ein fundamentales Prinzip für die Küche: Alles was wir schmecken, löst sich in Wasser, nicht in Öl oder Fett.

Lebensmittel mit hohen Wasseraktivitätswerten (a_w) sind weich oder knackig, je nach Art des Lebensmittels. Beim Trocknen durchläuft ihre Textur einen Übergang von weich, elastisch zu brüchig und spröde.

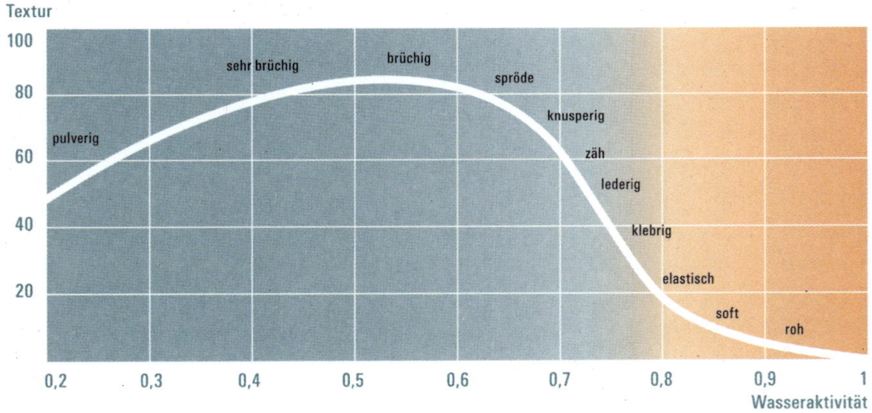

Welche Konsequenzen und welches kulinarische Potenzial dies hat, lässt sich an einem einfachen Experiment ablesen. Löst man Salz in Wasser auf und nippt daran, ergibt sich der typische Grundgeschmack „salzig". Gibt man nun ein paar größere Salzkörner (fleur de sel oder Salzflocken) auf einen Löffel, gießt etwas Olivenöl darüber und nimmt dies in den Mund, ist die Sensorik eine ganz andere: Das Öl benetzt die Zunge, sein Aroma wird frei, erst dann löst sich bei Speichelkontakt langsam das Salz. Die Geschmacksfreigabe ist graduell, sie beginnt langsam, erreicht ein Maximum und verschwindet nach und nach.

DIE WISSENSCHAFT VOM ÖL

DIE EIGENSCHAFTEN VON ÖL

Öl ist in der mediterranen Pastaküche eine weitere unverzichtbare Zutat. Im Teig selbst wird es bisweilen eingesetzt, um ihn geschmeidiger zu machen. Seinen Hauptauftritt hat es aber bei den Saucen, und zwar nicht nur als Anbrathilfe etwa für Zwiebeln, Knoblauch, Fleisch und Gewürze. Dass es eine weit größere Rolle spielt, als auf den ersten Blick zu vermuten, wird bei der klassischen Sauce aglio, olio e peperoncino deutlich: Das Öl löst die Aromen des Knoblauchs und das für die Schärfe verantwortliche Capsaicin der Chilischote. Der Grund dafür liegt – wieder einmal – in seinem molekularen Aufbau.

Nahrungsmittelfette bzw. -öle sind stets Triglyceride: An einem Glycerinmolekül sind drei Fettsäuren verestert. Diese Fettsäuren können langkettig (z. B. Talg), mittelkettig (z. B. Kokosöl) oder kurzkettig (z. B. im Butterfett) sein, ungesättigt (z. B. Talg, Kokosöl), einfach ungesättigt (z. B. Olivenöl) oder vielfach ungesättigt (z. B. Leinöl, Fischöle) sein. Es sind diese Eigenschaften, die den Schmelzbereich von Fetten und ihre Stabilität bedingen: Sind die Fettsäuren lang und gerade, werden die Fette rasch fest und kristallin – deshalb sind gesättigte Fette bei Zimmertemperatur fest –, sind sie kurz und geknickt, wie die ungesättigten Fettsäuren, werden sie erst im Kühlschrank fest, wie Olivenöl oder, noch extremer, Fischöle, die selbst bei tiefen Minustemperaturen noch flüssig bleiben.

Diese Unterschiede sind auch bei Pastasaucen von Bedeutung und man kann sie systematisch nutzen. So sind mit Butter und Sahne gebundene Saucen, wie sie z. B. in Norditalien vorkommen, immer ein wenig steifer, denn die gesättigten und langkettigen Fettsäuren des Butterfetts (das in der Sahne dasselbe ist) sind selbst bei höheren Temperaturen teilweise kristallin, sprich, fest.

Mit Olivenöl oder Nussölen gebundene Saucen sind etwas flüssiger. Auch bei kalten Saucen wie Pesto & Co ist das entscheidend. Pesto mit Olivenöl ist weitgehend flüssig. Würde man es mit Butter herstellen, erhielte man eine feste Basilikum-Pinienkern-Parmesan-Butter. Diese wäre zwar nicht traditionell, aber das Experiment ist reizvoll: Die Butter schmilzt auf der heißen Pasta und gibt ihre Aromen deutlich verzögert und gestaffelt frei, anders als beim klassischen Olivenölpesto. Ganz abgesehen von dem unterschiedlichen Flavour von Butter und Olivenöl. Es ist daher immer spannend – selbst bei einfachen Zutaten –, über das Übliche hinauszudenken und zu experimentieren.

Ein typisches Fettmolekül besteht aus einem Glycerin, an das drei Fettsäuren verestert sind. Die großen grauen Kreise stehen für den Kohlenstoff (C), die kleinen grauen Kreise für den Wasserstoff (H) und die roten für den Sauerstoff (O). Ungesättigte Fettsäuren haben eine chemische (cis-) Doppelbindung an ganz bestimmten Stellen, dort ist die Struktur geknickt, was die Kristallisation erschwert und die Schmelzbereiche nach oben setzt.

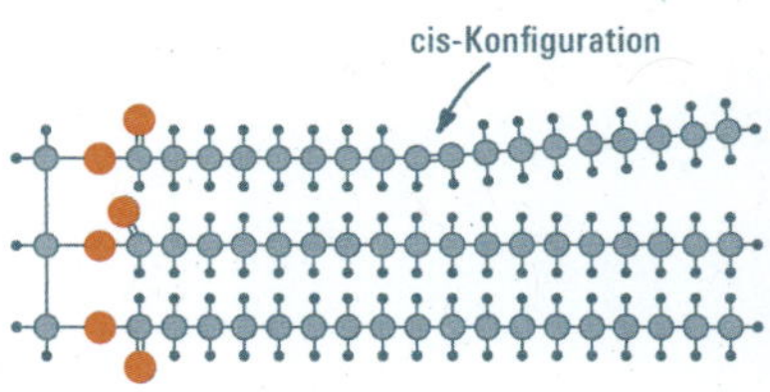

Das Schmelzdreieck von Fetten

ÖL ALS AROMATRÄGER

Der molekulare Aufbau aller Speisefette ist also immer ähnlich. Gemeinsam ist ihnen – unabhängig davon, ob sie lang- oder kurzkettig, gesättigt oder ungesättigt sind – eine zentrale Eigenschaft: Sie sind apolar. Im Gegensatz zu Wasser tragen sie keinen Dipol und keine Ladung. Genau deswegen sind Öle und Fette mit Wasser nicht mischbar. Dies hat zwei für die Küche wichtige Konsequenzen:

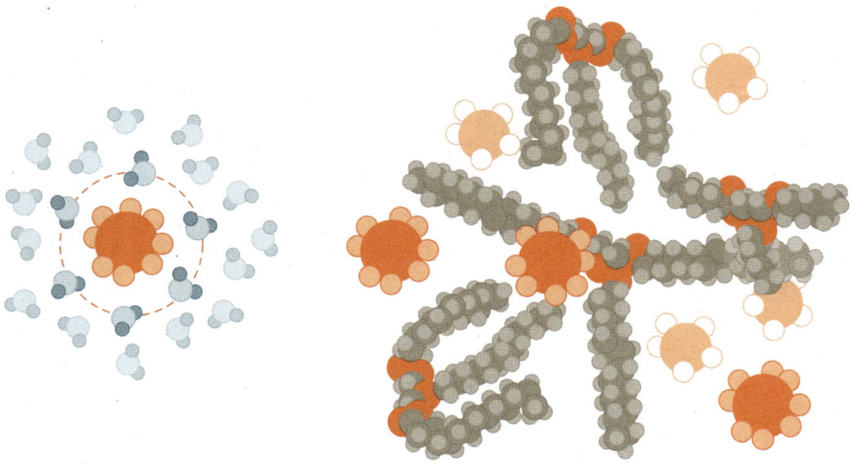

Der fundamentale Unterschied zwischen in Wasser und in Öl gelösten Aromastoffen: Im Wasser (links) können nur geringe Mengen an hydrophoben Aromastoffen gelöst werden. Dazu bilden die Wassermoleküle einen „Käfig" (gestrichelte Linie). Nur wenn dieser hinreichend klein ist, kann die Energie über Wasserstoffbrücken aufgebracht werden, die Moleküle festzuhalten. Im Öl (rechts) ist das nicht der Fall, die hydrophoben, aber lipophilen (fettlöslichen) Aromastoffe bleiben im Öl bis zu hohen Konzentrationen gelöst.

1. Alle apolaren Aromastoffe lösen sich weit besser in Fett/Öl als in Wasser (worin sie sich nur begrenzt und in sehr geringen Mengen aufhalten). Fett und Wasser bilden immer Grenzflächen zueinander. Gelingt es, diese zu kontrollieren, dann spricht man von Emulsionen (eine ganz besondere Form strukturierter Lebensmittel, etwa Saucen, Mayonnaisen oder Vinaigretten).

2. Der erste Punkt ist von großer Bedeutung, denn gerade beim Kochen kommt es darauf an, Aromen festzuhalten, damit sie im Topf bleiben und nicht bloß die Küchenluft aromatisieren. In Wasser passiert das nicht, dort sind Geruchsstoffe stark flüchtig, erst recht bei hohen Temperaturen. Sie sind dort in einen sehr schwach verschlossenen Käfig von Wassermolekülen gesperrt, der umso schwächer wird, je größer die Moleküle bzw. die Tröpfchen der Moleküle werden. Sind die Moleküle größer (oder die Temperatur höher), kondensieren die wasserunlöslichen (hydrophoben) Aromastoffe zu Tröpfchen. Deren Dichte ist geringer als die von Wasser, sie können aufsteigen, an der Oberfläche eine Fettschicht bilden und sich von dort aus sehr leicht verflüchtigen. In Öl ist das nicht der Fall. Wasserunlösliche, hydrophobe Aromastoffe können in großer Menge gelöst werden, und zwar so stark, dass die Flüchtigkeit weit geringer ist als in Wasser. Gleiches passt zu Gleichem, die thermodynamische Abstoßung zwischen Aromastoff und Fettmolekül ist weit geringer als die von Aromastoff und Wasser.

Der in der traditionellen mediterranen Küche großzügige Schuss Öl beim Schmoren dient also nicht nur dem sämigeren Mundgefühl, sondern ebenso dem Erhalt der Aromen, und zwar gleich doppelt: Erst werden die zugegebenen Aromen aus den Kräutern und anderen Zutaten im Fett gelöst und vor Oxidation geschützt, und anschließend fängt das Öl die sich während des Schmorens bildenden Aromen ein. So bleiben alle Duftstoffe in der Sauce und gelangen mit der Pasta in den Mund, wo sie beim Kauen wieder freigegeben werden. Dann werden sie retronasal wahrgenommen und sorgen für einen perfekten Genuss.

DIE WISSENSCHAFT VON DEN EMULSIONEN

ÖL UND WASSER

Da sich Öl und Wasser untereinander nicht mischen, in den meisten Gerichten aber beide vorkommen, geht es darum, die Grenzflächen, die entstehen, durch grenzflächenaktive Moleküle miteinander zu sortieren. Das sind Stoffe, die sowohl an wasserlösliche als auch an wasserunlösliche Moleküle andocken können und so zwischen den feindlichen Parteien vermitteln. Dann entsteht eine Emulsion.

Als Emulsionen bezeichnet man Gemische aus Öl und Wasser, wie z.B. eine Mayonnaise oder Remoulade. Da Öl und Wasser untereinander nicht mischbar sind, muss immer eine Phase, meist das Öl, in der anderen fein verteilt werden. Sind feine Öltröpfchen im Wasser verteilt, spricht man von Öl-in-Wasser-Emulsionen. Die meisten bekannten kulinarischen Emulsionen, etwa die Mayonnaise, gehören dazu. Damit ist klar, dass auch Saucen Emulsionen sind, denn Fett, sei es durch zugegebenes Olivenöl, Butter oder Sahne, sei es während des Garens austretendes Fett aus Fleisch oder anderen Zutaten, muss sich in der meist wässrigen Sauce (das Wasser tritt aus dem Gemüse oder Fleisch aus) verteilen. Je feiner, desto besser, denn das sorgt für die erwünschte sämige Textur im Mund.

HILFREICHE EMULGATOREN

Die Öltröpfchen klein und stabil in Wasser zu halten, ist keine leichte Aufgabe. Jede Grenzfläche kostet Energie. Verantwortlich dafür ist die Oberflächen- oder Grenzflächenspannung. Die Grenzflächenenergie ist die Grenzflächenspannung mal die Oberfläche der Grenzfläche. Angenommen, man zerteilt mit dem Mixer oder Schneebesen einen Riesentropfen Öl in 1000 winzige Tröpfchen, so bleibt zwar das Ölvolumen dasselbe, aber die Gesamtoberfläche wird 10-mal größer. Damit hätten die Tröpfchen auch eine 10-mal größere Grenzflächenenergie.

In der Physik werden aber grundsätzlich die Zustände niedrigster Energie bevorzugt. Daher ist die einzige Möglichkeit, diese wieder herabzusetzen, die spezifische Grenzflächenspannung zu senken. Das funktioniert nur mit Emulgatoren. Emulgatoren sorgen dafür, dass sich die Öltröpfchen fein in der Sauce verteilen und sich nicht wieder zu großen Tropfen vereinigen. Bei der Mayonnaise stammen die Emulgatoren aus dem Eigelb oder Eiklar. In der Sauce übernehmen diese Aufgabe meist durch das Kochen herausgelöste Proteine oder Lecithin aus Zellmembranen. Und wie wir sehen werden, hilft auch ein Schuss Nudelkochwasser bzw. die darin gelöste Stärke aus den Nudeln, um Fett mit Wasser zu emulgieren (siehe Konzept 7). Die emulgierenden Moleküle legen sich um die kleinen Tröpfchen und halten diese stabil. Die Sauce wird und bleibt im Idealfall sämig.

DIE WISSENSCHAFT VOM WEIZEN

VOM URGETREIDE ZUM TRITICUM AESTIVUM

Es ist kein Zufall, dass die Originalpasta aus Italien oder viele Nudeln dieser Welt traditionell aus Weizenarten gemacht sind. Weizen hat im Vergleich zu anderen Getreiden und Pseudogetreiden nicht wenige Alleinstellungsmerkmale, die sich im Korn verbergen.

Die Sesshaftigkeit in der Menschheitsgeschichte und die damit beginnende Agrarkultur mit den Urgetreiden gestatteten es, Mehl aus gemahlenen Körnern herzustellen. Nach gegenwärtigem Wissen lag der Ursprung der landwirtschaftlichen Praktiken in einem breiten Gürtel Südostasiens, zu dem die Gegenden der heutigen Südtürkei, Palästina, des Libanons und Nordiraks gehören. Dort gab und gibt es bis heute eine große Vielfalt an wildem Getreide, auch waren die klimatischen Bedingungen für das Wachstum ausgezeichnet.

Die frühen Wildgetreidearten der Gattungen *Triticum* (Weizen) und *Hordeum* (Gerste) waren genetisch diploid, d. h. sie besaßen männliche und weibliche Erbanlagen und trugen nur wenig Samen. Üppige Ernten waren zu Beginn nicht zu erwarten. Allerdings zeigte sich über die Diploidität eine bemerkenswerte Variation des Protein- und Stärkeanteils der Getreidekörner, die gezielt für die Zucht genutzt werden konnte. Der Beginn der frühen Landwirtschaft und die Erfindung von Bewässerungssystemen ermöglichte das Überleben und die Ausbreitung von poliploiden Körnern, die mehr als zwei Chromosomenpaare besitzen, wodurch die genetischen Variationen zwar reduziert wurden, aber der Anbau vorhersagbarer und damit planbarer wurde. Diese gezielte Zucht zeugt von der großen Leistung der frühen Bauern, die dies erkannten und nutzten.

WEIZEN WELTWEIT

Die erste stabile Bildung von polyploiden Körnern stammt von etwa 6 000 v. Chr. Die Wahl und die genetische Variabilität waren erforderlich, um die Körner an verschiedene Umweltbedingungen anzupassen. Heute weiß man aus archäologischen Funden und genetischen Analysen, dass die Weizensorten *Triticum turgide dicoccoides* mit *Triticum fantschii* gekreuzt wurden, um *Triticum aestivum,* den Vorläufer unseres heutigen Weizens, zu kreieren. *Triticum aestivum* ist ein Weizen mit 42 Chromosomen im Vergleich zu den 14 Chromosomen des Einkorns *(Triticum monococcum).*

Es ist kein Wunder, dass ein genetisch derart mächtiges Getreide alle existierenden Weizensorten ersetzte: Derzeit gibt es 20 000 Arten des *Triticum aestivum* für den professionellen Anbau von Weizen. Ähnliches gilt für Emmer, Zweikorn oder *Triticum dicoccum,* denn man versucht weiterhin, das Getreide klimatischen Bedingungen, etwa der hohen Trockenheit mancher Gegenden, anzupassen. Der Wunsch, Weizen zu optimieren, hat nur einen Grund: Er ist das Getreide, das als einziges ausreichend Klebereiweiß hervorbringt, das es erlaubt, mit einfachen Herstellungsweisen Teigwaren oder Brot herzustellen. Kein anderes Getreide schafft dies. Die Unterschiede zwischen Hart- und Weichweizen stehen im Grunde lediglich für ein technisches Feintuning, wie wir im Konzept 1 darstellen.

Die Hauptbestandteile des Weizenkorns

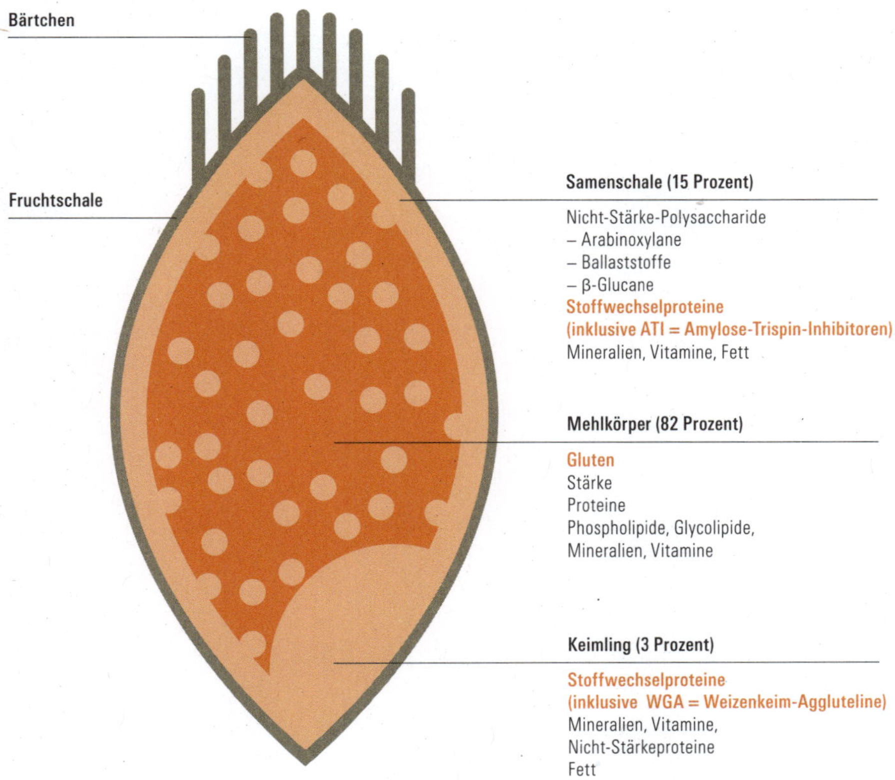

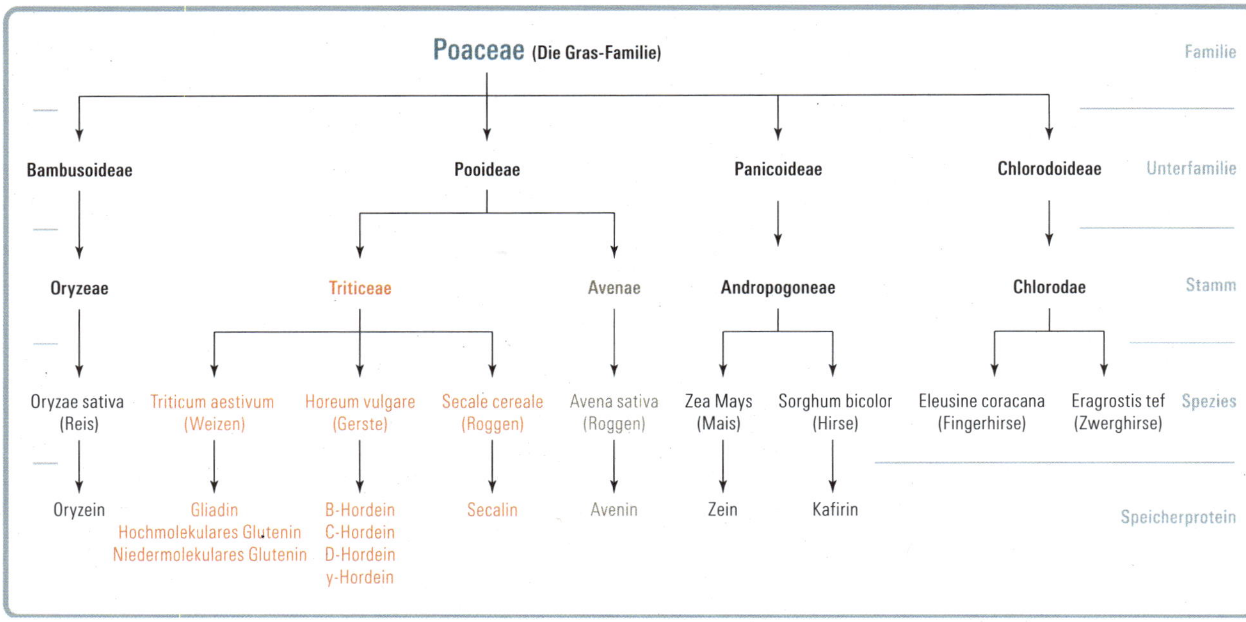

Weizen gehört zur Familie der Gräser und ist mit vielen Getreiden enger (Gerste, Roggen) oder weitläufiger (Hirse, Mais, Reis) verwandt. Aber nur er allein bringt den Proteinspeicher Gluten, der im Wesentlichen aus den beiden Proteinen Gliadin und Glutenin besteht, in der relevanten Mischung hervor.

Weizen enthält neben Gluten noch andere Proteine, die ebenfalls das Teigverhalten beeinflussen. Verschiedene Weizensorten zeichnen sich durch unterschiedliche Anteile der jeweiligen Proteinfraktionen aus. Weizen mit „schlechten Klebern", auch jahres- und wetterabhängig, hat oft zu wenig hochmolekulares (HM-)Glutenin und stattdessen niedermolekulares (NM-)Glutenin. Die Dehnbarkeit des Teigs leidet.

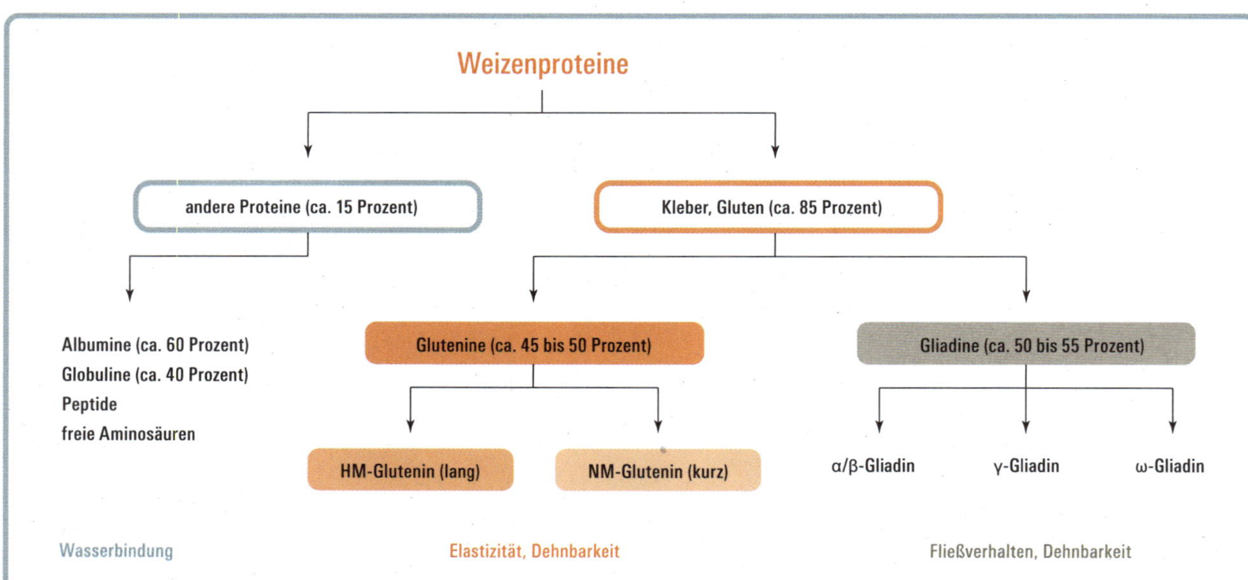

DIE WISSENSCHAFT VON DEN KÜCHENGERÄTEN

NUDELN VON HAND GEMACHT

Begnügt man sich mit wenigen, hausgemachten Pastasorten wie Cavatelli, Orecchiette oder Pici, kommt man für die eigene Pastaproduktion fast ohne Hilfsmittel aus. Dann genügen Hartweizengrieß, Wasser, ein Messer und eine Arbeitsfläche, idealerweise aus Holz. Das kann eine auf die eigene Küche zugeschnittene Leimholz-Arbeitsplatte aus dem Baumarkt sein, die man immer nur dann hervorkramt, wenn man sich und seinen Gästen mal wieder was Gutes tun möchte.

Hat man die wenigen Nudelsorten aber satt, dann erweitert einem ein Nudelholz oder eine Nudelmaschine, mit der man den Teig zu gleichmäßig dünnen Teigbahnen ausrollen kann, das Spektrum um ein Vielfaches. Bandnudelvarianten oder sämtliche gefüllte Nudeln, stehen einem dann offen.

NUDELMASCHINEN

Da das Nudelholz viel Übung und Routine erfordert, um gute Ergebnisse zu erzielen, ist der Einsatz einer Nudelmaschine für Anfänger oder Gelegenheitsköche absolut empfehlenswert. Der Vorteil: Die Teigbahnen sind immer genauso dick wie gewünscht, und zwar an jeder Stelle. Der Nachteil: Man ist an die Öffnungsbreite der Nudelmaschine bzw. die Breite der beiden Walzen gebunden. Beträgt diese nur 10 cm, wird man wohl oder übel viele schmale Teigbahnen herstellen müssen, was zeitraubend ist.

Hier lohnt sich auf jeden Fall die Investition in eine möglichst breite Nudelmaschine, da man dieselbe Teigmenge in sehr viel kürzerer Zeit verarbeiten kann. Das ist auch in Anbetracht der Tatsache, dass je nach Nudelauswahl noch Zeit in die Zubereitung einer Füllung, in die Formung jeder einzelnen Nudel und die Herstellung einer Sauce gesteckt werden muss, nicht zu vernachlässigen. Bei der Anschaffung einer Nudelmaschine ist neben der Breite wichtig, dass die beiden Walzen absolut parallel laufen. Günstige Produkte haben da so ihre Schwierigkeiten. Das liegt daran, dass eine der beiden Walzen verstellbar gelagert, also beweglich sein muss, um den Abstand zu der anderen Walze weiter oder schmaler gestalten zu können.

Mit der Zeit leidet hier oftmals der Mechanismus, zumal ein guter Nudelteig der Maschine einiges abverlangt. Dann erhalten die Bahnen einen konischen, d. h., kegelförmigen Querschnitt, was den Spaß an der Sache sehr schnell trübt und gute Ergebnisse unmöglich macht. Richtig teuer wird es bei den Nudelmaschinen nur, wenn Sie die bequeme elektrische Variante wünschen. Die lohnt sich wirklich nur, wenn Sie regelmäßig und in größerer Menge Nudeln herstellen. Ist dies nicht der Fall, dann suchen Sie sich lieber einen sympathischen Assistenten oder eine gutgelaunte Assistentin, die im Wechsel mit Ihnen kurbeln und so die Mühe bei einem anregenden Gespräch halbiert.

Überlegen Sie vor der Anschaffung auch, ob der Ort, an dem Sie Nudeln produzieren möchten, über eine Stelle verfügt, an der man die Nudelmaschine ordentlich befestigen kann. Da hier, wie gesagt, große Kräfte walten, ist es ratsam, die Nudelmaschine mit einer ausreichend dimensionierten Schraubzwinge festzumachen. Das geht nur, wenn die Arbeitsfläche untergriffen werden kann und nicht durchweg mit Schubladenfronten belegt ist oder ausreichend auskragt. Aber selbst wenn in der Küche eine solche Stelle gibt, ist nicht gewährleistet, dass es die richtige für die Anbringung einer Nudelmaschine ist, da die üblichen Produkte so ausgelegt sind, dass man von rechts nach links arbeitet, also mit der rechten Hand kurbelt und den Teig mit der linken Hand aus der Maschine zieht und auf die nach links offene Arbeitsfläche ausbreitet. Behilft man sich wie oben beschrieben mit einem mobilen Brett, hat man diese Schwierigkeiten üblicherweise nicht, da es je nach Bedarf platziert werden kann. Allerdings ist dann auf die Stabilität zu achten, da das Eigengewicht der Arbeitsplatte manchmal nicht ausreicht, um die dynamischen Lasten der Teigverarbeitung abzutragen. Gegebenenfalls hilft hier eine weitere Schraubzwinge, um die mobile Arbeitsplatte ihrerseits an einem stabilen Untergrund zu befestigen.

Industriell gefertigte Pasta wird unter hohem Druck über Extruder durch Formscheiben gepresst.

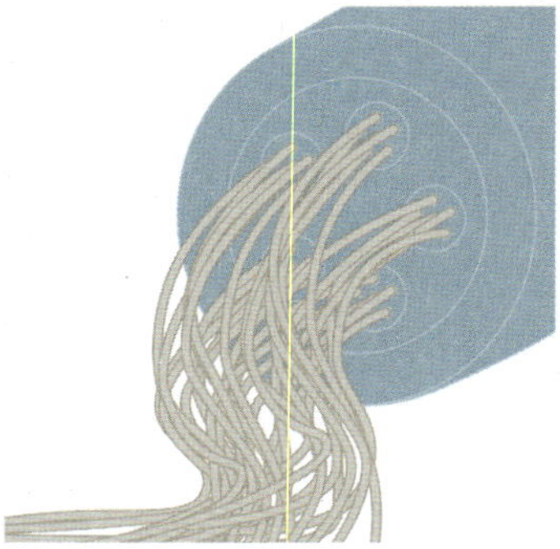

Wie auch immer, schon mit der Anschaffung einer ordentlichen Nudelmaschine steht einem fast der ganze Pastahimmel offen. Lediglich die industriell in speziellen Extrudern hergestellten Varianten wie die berühmten stranggepressten Spaghetti, Rigatoni oder Penne, die mit hohem Druck durch metallene Matrizen gedrückt werden, müssen dann nach wie vor fertig gekauft werden. Das ist nicht weiter tragisch, da der Markt eine Fülle von richtig guten Produkten bereithält, die man daheim selbst mit der entsprechenden Technik nicht reproduzieren kann. Es gibt zwar Hersteller, die für ihre Küchenmaschinen Aufsätze für die stranggepresste Nudelherstellung bereithalten, eine ernsthafte Alternative stellen sie aber nicht dar, weil man meistens am Tempo verzweifeln wird, mit dem diese Maschinen den Teig durch die Matrize pressen. Dann geht man lieber in der halben Zeit zum nächsten Feinkostladen und besorgt sich dort doppelt so gute Maccheroni aus einem Hartweizen bester Güte, an den man als Endverbraucher in Rohform sowieso nicht rankommt.

ZUBEHÖR FÜR SPEZIELLE PASTAFORMEN

Es gibt natürlich noch eine Vielzahl kleiner, mittlerer und größerer Hardware-Möglichkeiten, um die eigene Pastaproduktion zu erweitern. Für die Herstellung gefüllter Nudeln ist der Kauf eines Sets mit runden oder quadratischen Ausstechern hilfreich, wenn man es nicht schon der Plätzchenproduktion wegen in der Schublade hat. Ein Teigrad mit und ohne Wellen schadet nicht und ist in der Anschaffung kaum der Rede wert, ein profaner Pinsel kann einem wertvolle Dienste erweisen und einiges vereinfachen. Ein Gnocchibrett wird immer mal benötigt, um wie bei Garganelli Oberflächen zu gestalten, Tabletts für die Aufbewahrung fertiger Nudeln sind absolut sinnvoll (am besten ohne hohen Rand, damit die Nudeln direkt vom Tablett ins Wasser gleiten können) und auch ein Stahllineal, wie man es vom Tapetenschneiden oder vom Modellbau her kennt, kann ein Segen sein, wenn man Agnolotti fabriziert. Schon professioneller ist der Einsatz einer Bicicletta, eines verstellbaren Mehrfach-Teigrads, mit dem man Nudelbahnen im Handumdrehen zu gleichmäßigen

DIE WICHTIGSTEN TEMPERATUREN FÜR DIE PASTAKÜCHE

Temperatur (°C)	Pasta	Sauce
160–200	Pasta vorrösten	Rösten, bräunen, überbacken (al forno)
100		Dämpfen
80–100	Pasta final kochen	Pochieren, schmoren
65–75	Schmelzen und gelatinisieren von Stärken, vernetzen von Klebereiweiß	
60–70		Confieren
20–40	Teigbereitung	

Teilstücken schneidet, oder einer Chitarra (Nudelharfe), durch deren gespannte Drähte man Nudelteig drückt, um Spaghetti alla chitarra zu erhalten, was einem das Schneiden mit dem Messer erspart. Für die Herstellung von Fusilli oder Maccheroni al ferretto benötigt man einen zwar dünnen, aber stabilen, etwa 30 cm langen Draht oder Metallstift, über den man Nudelteigstücke aufrollt.

Je nach Form und Sorte trocknet man die Pasta auf einem Gitterblech oder einem Holzständer, damit die mühsam hergestellten Nudeln nicht schimmeln, wenn man sie weit im Voraus vorbereitet.

DAS PASSENDE KOCHGESCHIRR

Vom passenden Kochgeschirr wird im Verlauf dieses Buches immer wieder zu lesen sein. Dazu gehören ofenfeste Auflaufformen für alle überbackenen Nudelzubereitungen, ein großes Sieb, falls man Nudeln mal abgießen muss (was viel seltener der Fall ist, als man denkt), der wesentlich wichtigere Schaumlöffel zum Herausheben der Nudeln aus dem wertvollen Kochwasser, das in vielen Gerichten anschließend noch kulinarisch verwendet wird, und vielleicht eine Nudelzange, die das Herausfischen langer Bandnudeln vereinfacht. Und natürlich benötigt man einen einigermaßen großen Topf, der ausreichend Wasser fasst, um auch mal Nudeln für ein Dutzend Gäste zuzubereiten (siehe unser Experiment mit zu wenig Wasser in Konzept 5). Vor allem aber braucht man Pfannen oder auch Sauteusen mit ausreichend Fassungsvermögen, da viele, viele Nudelgerichte ihren wahren Charakter erst erhalten, wenn sie mit der auf sie abgestimmten Sauce dort vermengt werden (mehr dazu siehe Konzept 10). Nur in diesen beiden Utensilien können die Zutaten richtig geschwenkt werden, daher ist ihre Bedeutung nicht zu unterschätzen. Sie stehen am Ende einer unter Umständen langwierigen Zubereitung und tragen entscheidend zum Gelingen bei. Ihr Anspruch ist eine perfekte Carbonara? Ohne die entsprechende Sauteuse nicht denkbar. Oder Spaghetti al pomodoro, um die Sie selbst Ihre italienischen Nachbarn beneiden? Nur mit der entsprechenden Pfanne!

Zugegeben, dazu gehört noch ein wenig mehr, aber wenn Sie weiterhin aufmerksam lesen, werden Sie schon bald für Ihre Pasta gefeiert.

KÜCHENAUSSTATTUNG
Die richtige Küchenausstattung Seite 227

KONZEPT 1
PASTATEIG BRAUCHT MEHL, WASSER UND GEDULD

Alle Pastateige bestehen aus Mehl und Wasser. Ihr Verhältnis entscheidet über die Qualität des Teigs, der bei Pasta elastisch und reißfest sein muss. Denn aus einem dicken Teigbatzen sollen lange, dünne Nudeln oder dehnbare Formen zum Füllen entstehen. Die richtige Menge an Wasser, das als Quell- und Schmiermittel dient, ist für einen perfekt elastischen Teig ebenso entscheidend wie kräftiges Kneten und genügend Ruhezeit.

DIE WISSENSCHAFT DAHINTER

Der einfachste Pastateig besteht lediglich aus Mehl und Wasser. Dabei kann das Mehl variieren, denkt man etwa an Hartweizengrieß, Dinkel oder andere weizenartige Getreide. Die Rolle der verschiedenen Mehlsorten werden wir später noch unter die Lupe nehmen (siehe Konzept 2) und uns an dieser Stelle eher um die grundlegenden Eigenschaften der am Pastagenuss beteiligten strukturgebenden Bestandteile kümmern, nämlich Stärke und Protein.

Während sich Stärke nur in warmem Wasser (ab 65 °C) löst, verkleistert und daher erst beim Kochen der Pasta ins Spiel kommt, lösen sich Proteine teilweise in kaltem Wasser. Der Proteinanteil im Weizen ist deshalb für die Elastizität des Teigs verantwortlich. Nur er allein bestimmt die Wasserbindung im rohen Nudelteig und sorgt dafür, dass sich der Teig sehr dünn ausrollen und weiterverarbeiten lässt, ohne sich stark zusammenzuziehen oder zu reißen. Proteine, auch Eiweiße genannt, sind lange, oft trickreich gefaltete und geformte Molekülketten, die aus Aminosäuren bestehen. Die

DAS GLUTENNETZWERK

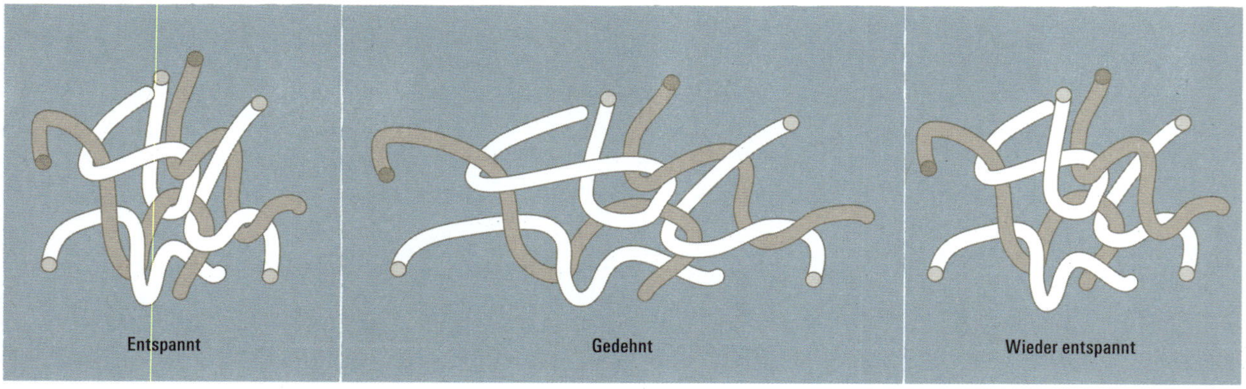

Proteinketten sind verschlauft und bilden Knoten. Wird daran rasch gezogen, dehnt sich das Netz aus, die Verschlaufungen und Verhakungen können sich nicht schnell genug lösen und neu ordnen. Wenn die Dehnungskräfte nicht mehr wirken, zieht sich das Netz wieder etwas zusammen. Diese molekularen Veränderungen lassen sich beim Teigkneten sogar makroskopisch, d. h. mit dem Auge, sichtbar verfolgen. Wir sehen zwar keine Moleküle, aber die Auswirkungen auf die Teigstruktur.

Natur stellt genau 20 verschiedene Aminosäuren zur Verfügung, aus denen alle Proteine in allen biologischen Systemen aufgebaut sind. Manche davon sind unpolar, andere polar, d. h. leicht positiv oder negativ geladen, und fünf Aminosäuren weisen sogar elektrische Ladungen auf. Werden diese unterschiedlichen Aminosäuren nun in einer bestimmten Abfolge in eine Molekülkette gezwängt, bilden sich starke, konkurrierende Wechselwirkungen aus, die einzelnen Teile ziehen sich wie kleine Magnete an oder stoßen sich ab, sodass sich die Proteinkette entsprechend faltet und strukturiert.

Das Klebereiweiß, das vorherrschende Protein in Weizen, besteht hauptsächlich aus zwei unterschiedlichen Proteinen: dem kurzkettigen Gliadin, das 266 Aminosäuren aufweist, und dem Glutenin, dessen lange Molekülketten bis zu 800 Aminosäuren enthalten können.

Gibt man zum Weizenmehl nun Wasser und beginnt zu kneten, nehmen die Weizenproteine etwas Wasser auf und entfalten sich unter den Kräften, die beim Kneten herrschen: Aus den stark geknäuelten Gebilden werden offene Ketten, die sich nun untereinander verheddern, verhaken und verschlaufen. Plus- und Minusstellen der geladenen und der polaren Aminosäuren ziehen sich gegenseitig an und bilden neue Netzstellen. Zugleich tendieren die unpolaren und damit wasserscheuen Aminosäuren dazu zusammenzuklumpen, um sich vor dem Wasser zu schützen. Dadurch entstehen ebenfalls schwache Verbindungen zwischen den Molekülketten. Auf diese Weise wird aus dem Mehl-Wasser-Gemisch ein elastischer, gummiartiger Teig. Es dauert allerdings eine Weile, bis sich alle Molekülketten neu und komfortabel vernetzt und arrangiert haben, d. h., der Teig nicht mehr bröckelig und brüchig ist. Bearbeitet man ihn jedoch lange genug, werden die Molekülketten zurechtgebogen und der Teig wird wunderbar elastisch.

Die richtige Menge an Wasser gibt dem Klebereiweiß zum einen genügend Raum zur Entfaltung und lässt zum Zweiten die Kettenmoleküle der Klebereiweiße gut aneinander abgleiten, wenn man den Teig dehnt, sodass er nicht reißt. Nimmt man zu viel Wasser, wird der Teig weniger elastisch, sondern immer flüssiger, bis er an einen Pfannkuchenteig erinnert. Zu wenig Wasser hingegen bietet den Proteinen nicht genügend Lösungsmittel, die Molekülketten können sich nicht entfalten und somit nicht untereinander verheddern, wie es für die Elastizität nötig ist. Der Teig bleibt mürbe und brüchig. Genau deswegen müssen alle Zutaten passen: das Mehl, der Klebergehalt und die Wasserzugabe. Dann braucht es nur noch Zeit. Da die langen Moleküle sich nur langsam bewegen, benötigt der Teig ausreichend Ruhe (mindestens 30 Minuten), bis die Moleküle physikalisch endgültig ins Gleichgewicht gelangen, sprich, ihre Gestalt erreicht haben, in der sie am entspanntesten in der gebotenen Umgebung sein können.

Der perfekte ausgeruhte Pastateig ist weder flüssig noch fest, sondern viskoelastisch: Wird er sehr langsam gezogen, deformiert er sich wie ein Kaugummi. Wird er schnell gezogen, dehnt er sich zunächst wie Gummi und reißt dann. Rollt man ihn schnell aus, schleicht sich der Teig anschließend wieder ein Stück zurück. Er erinnert sich an seinen Ursprungszustand und versucht, das nach Kneten und Ruhen mühevoll erreichte Gleichgewicht wieder herzustellen. Die mit Gewalt langgestreckten Moleküle ziehen sich wieder zusammen. Der Teig relaxiert, wie der physikalische Begriff für diesen Prozess lautet. Diese Relaxation ist umso heftiger, je mehr Gewalt angewandt wird, d. h. je stärker und rascher der Teig beim Rollen und Kneten ausgelenkt wird.

Was nach harter Physik klingt, und es tatsächlich auch ist, hat praktische Konsequenzen: Der Pastateig muss am besten langsam gerollt werden, sei es mit der Hand, sei es mit der Nudelmaschine. Am besten trimmt man ihn Stufe für Stufe in der Nudelmaschine, sodass er sich nur langsam verformt (siehe „Teig ausrollen", S. 31). Dabei werden die Proteine nach und nach neu strukturiert und in Form gebracht, sodass sich der Teig anschließend nicht mehr zusammenzieht.

DAS EXPERIMENT

In Anbetracht der Tatsache, dass in Italien kaum ein geübter Pastakoch die Zutaten für einen Nudelteig exakt abmisst, haben wir uns gefragt, welchen Einfluss das genaue Verhältnis von Wasser zu Mehl bzw. Hartweizengrieß auf die physikalischen Eigenschaften der Teige hat. Dazu haben wir drei einfache Teige aus jeweils 200 g Hartweizengrieß und Wasser geknetet, einmal im Verhältnis 2:1, also mit 100 ml Wasser (traditioneller Teig), einmal mit lediglich 75 ml Wasser (trockener Teig) und den dritten mit 125 ml Wasser (feuchter Teig). Alle Teige wurden in Folie gewickelt und haben dieselbe Zeit geruht. Sie wurden anschließend ohne weitere Zugabe von Grieß unter Zuhilfenahme einer elektrischen Nudelmaschine stufenweise ausgerollt. Um das Ergebnis besser zu visualisieren, wurden die ausgerollten Teige zuletzt aufgehängt.

DAS ERGEBNIS

Die Unterschiede in der Zubereitung und Verarbeitung sind eklatant. Der trockene Teig, der beim Kneten sehr viel Muskelkraft benötigt, ist auch nach dem Ruhen noch brüchig. Er wird nur dank der leistungsfähigen Nudelmaschine glatt und lässt sich dann sogar gut verarbeiten. Der Teig mit dem traditionellen 2:1-Verhältnis von Mehl zu Wasser ist mit dem üblichen Kraftaufwand gut zu kneten und lässt sich problemlos ausrollen und formen. Der feuchte Teig klebt sehr und lässt sich nur mithilfe einer Gabel kneten. Selbst nach der Ruhephase haftet er noch an den Fingern. Den Gang durch die Nudelmaschine schafft er nicht, weil er an den Walzen hängen bleibt. Ohne Zugabe von weiterem Grieß kann er nicht verarbeitet werden. Wir kneten daher noch etwas Grieß ein und lassen ihn ein zweites Mal ruhen.

Die elastischen Eigenschaften der Teige werden beim „Durchhängen" sichtbar: Der trockene Teig wirkt steif und wird durch das Eigengewicht der Teigbahn nur wenig gedehnt. Der feuchte Teig ist selbst nach der Grieß-Zugabe wesentlich weicher und hängt stark durch. Gekocht erzeugt er ein matschiges und weiches Mundgefühl, während der trockene Teig eine im Biss härtere Pasta ergibt.

DIE ERKENNTNIS

Schon kleine Unterschiede im Wasserhaushalt eines Nudelteigs machen sich bemerkbar. Für erfahrene Pastaköche bereits beim Kneten, für weniger erfahrene spätestens bei der Weiterverarbeitung, weil die Teige entweder zu schnell trocknen oder aber kleben und sich nicht vernünftig ausrollen lassen. Grundsätzlich kann man sagen, dass Teige, die sich mit geringem Kraftaufwand kneten lassen, immer eher zu feucht geraten. Das Wasser ist nicht vollständig eingebunden, daher klebt der Teig an den Händen.

Feuchte Teige können durch die nachträgliche Zugabe von Mehl oder Grieß während

ELASTISCHER PASTATEIG

Der Einfluss des zugegebenen Wassers äußert sich deutlich sichtbar in der Teigstruktur (obere Bildreihe) und in der Elastizität des Teigs nach dem Ausrollen (untere Bildreihe).

Pastateige nach dem Ruhen. Mit 75 ml Wasser. Der Teig ist so trocken, dass er auch nach ausgiebigem Kneten kein homogenes Ergebnis erzielt.

Mit 100 ml Wasser.

Mit 125 ml Wasser, nachdem bereits zusätzlich Grieß eingearbeitet wurde.

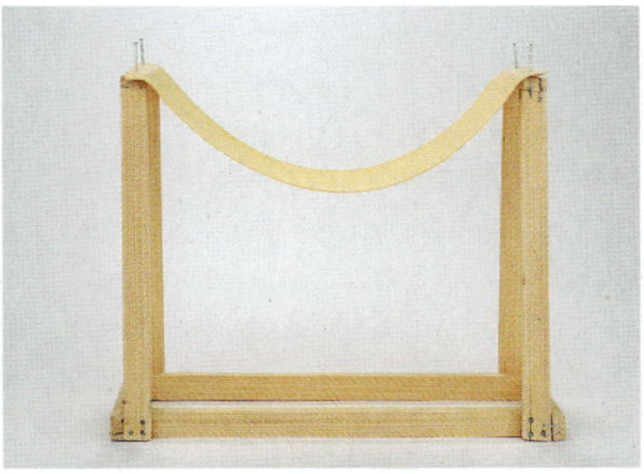

Die geringe Elastizität erzeugt den höchsten Scheitelpunkt.

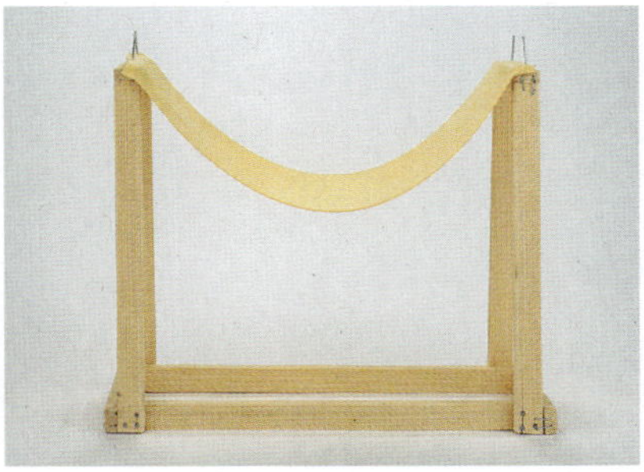

Das zusätzliche Wasser sorgt für eine größere Elastizität, sodass der Scheitelpunkt nach unten wandert.

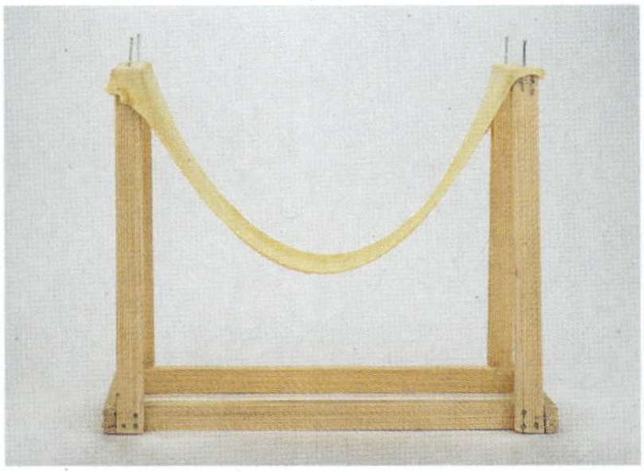

Der feuchte Teig hängt förmlich durch. Er ist unter seinem Eigengewicht plastisch so stark verformbar, dass eine vernünftige Verarbeitung kaum möglich ist.

des Ausrollens gerettet werden, verlängern aber die Arbeitszeit. Zu trockene Teige kann man durch häufiges Ausrollen wieder zum Leben erwecken. Eine absolute exakte Wassermenge lässt sich nicht genau beziffern, da die Restfeuchte der Mehle schwankt, Umgebungsfaktoren wie die Luftfeuchte Auswirkungen auf den Teig und seine Verarbeitungsdauer haben und außerdem verschiedene Nudelformen unterschiedliche Teigeigenschaften erfordern (siehe „Was tun mit zu trockenem oder feuchtem Teig", S. 34). Deswegen sollte man das ideale Verhältnis von 2:1 nur als solide Basis für den Nudelteig betrachten und diesen während der Weiterverarbeitung über die Zugabe von Mehl oder Grieß auf die jeweilige Nudelform und ihre Verarbeitungsdauer abstimmen.

NUDELTEIG IN DER PRAXIS: DIE GRUNDTEIGE

Die unglaublich große Auswahl an Nudelsorten erfordert verschiedene Teige mit sehr unterschiedlichen Eigenschaften. Denn je nachdem, ob frische oder getrocknete Nudeln für ein Rezept benötigt werden, ob sie gefüllt oder einfach so in den Topf kommen, hat das immer Auswirkungen auf die Beschaffenheit der Teige, deren Zusammensetzung und den Produktionsprozess. Die folgenden neu entwickelten Grundteige decken das breite Spektrum an Möglichkeiten ab, um am heimischen Herd für alle Fälle gerüstet zu sein. Und wenn Sie die richtige Feuchtigkeitsmenge beachten (auch beim Feintuning mit Ei und Öl) und sich dann noch mit derselben Hingabe um den Teig kümmern, wie es Generationen von Heimköchinnen und -köchen vor Ihnen getan haben, steht einem unvergesslichen Pastagenuss nichts im Wege.

GRUNDTEIG – DER MINIMALIST
(FÜR 1 PORTION)

Der Minimalist unter den Nudelteigen kommt nicht nur mit wenig Zutaten aus, er ist auch am weitesten verbreitet. Egal ob Spaghetti, die beliebteste aller Nudelsorten, Penne, Fusilli, Maccheroni, Rigatoni und wie sie alle heißen: Sie bestehen lediglich aus Hartweizengrieß und Wasser und werden nach der Teigbereitung durch Matrizen gepresst, um ihre unverwechselbare Form zu erhalten. Die industrielle Version gibt es getrocknet im Supermarkt. Auch zahlreiche kleine Manufakturen bieten hochwertige Erzeugnisse auf dieser Basis an. Und dann gibt es noch die mamma und nonna, die daheim aus denselben Zutaten weitere traditionelle Formen herstellen können, z. B. Orecchiette oder Cavatelli.

FÜR DEN NUDELTEIG

100 g	Hartweizengrieß (Semola di grano duro rimacinata)
1 g	Salz
50 ml	heißes Wasser

1. Den Hartweizengrieß und das Salz in eine Schüssel geben und mischen. Mit der Hand eine Mulde in die Mitte drücken. Das heiße Wasser in die Mulde geben. Mit einer Gabel nach und nach etwas Grieß einarbeiten, bis ein grober Vorteig entstanden ist.

2. Dann den Teig auf einer Arbeitsfläche von Hand weiterkneten, bis er glatt und homogen ist und an einer sauberen Hand nicht mehr kleben bleibt. Im Anschluss mindestens 30 Minuten unter einer umgedrehten Schüssel ruhen lassen, damit er während dieser Zeit nicht antrocknet, oder in Frischhaltefolie wickeln. Danach den Teig je nach Rezept ausrollen (siehe „Teig ausrollen“, S. 31), formen oder zuschneiden.

WARUM DAS REZEPT FUNKTIONIERT

Hartweizengrieß und Wasser – mehr braucht es nicht für ein perfektes Nudelglück. Täglich wird diese Kombination tonnenweise gemischt, geformt, getrocknet und verspeist! Wie im wissenschaftlichen Teil (siehe S. 26) beschrieben, sorgt der hohe Glutenanteil des Hartweizens dafür, dass der Teig nach dem Kneten und Ruhen elastisch ist. Er wird zu Nudeln verarbeitet, die man al dente genießen möchte. Und da die Erzeugnisse aus dieser Teigvariante nicht verderben, lohnt sich gleich die Produktion eines kleinen Vorrats.

GETROCKNETE NUDELN Für die Rezepte mit stranggepressten Nudelformen (z. B. trockene Risoni, Ditali oder Calamarata) gehen wir davon aus, dass Sie sich die Nudeln in guter Qualität im Einzelhandel besorgen. Bei allen anderen Nudeln, die auf der Basis von Hartweizengrieß und Wasser beruhen, wird das Füllen, Formen oder Schneiden Schritt für Schritt bei dem jeweiligen Rezept erklärt.

GRUNDTEIG – DER HEIMKLASSIKER
(FÜR 1 PORTION)

Der Heimklassiker ist vor allem im Norden Italiens zu Hause, wo man mehr gefüllte Nudeln isst. Durch die Zugabe von einem ganzen Ei ist er gehaltvoller und farblich etwas attraktiver als der Minimalist. Er ist sehr leicht zu verarbeiten und wird so gut wie immer erst zu dünnen Bahnen ausgerollt, die dann entweder portioniert und gefüllt oder einfach zu Bandnudeln geschnitten werden.

FÜR DEN NUDELTEIG

100 g	Weichweizenmehl (Type 00)
1 g	Salz
1	Ei (M, 50 g)

1. Das Mehl und das Salz in eine Schüssel geben und mischen. Mit der Hand eine Mulde in die Mitte drücken. Das Ei in die Mulde geben. Mit einer Gabel das Mehl nach und nach einarbeiten, bis ein grober Vorteig entstanden ist. Dann den Teig auf einer Arbeitsfläche von Hand weiterkneten, bis er glatt und geschmeidig ist. Im Anschluss mindestens 30 Minuten unter einer umgedrehten Schüssel ruhen lassen, damit er während dieser Zeit nicht antrocknet, oder in Frischhaltefolie wickeln.

2. Danach den Teig ausrollen – entweder mit einem Nudelholz (dem *matarello*) oder einer Nudelmaschine. Dabei sollte das Nudelholz genauso gerade wie die Arbeitsfläche sein. Bei der Nudelmaschine müssen die beiden Walzen absolut parallel laufen, da sonst der Teig nicht gleichmäßig dünn wird. Grundsätzlich ziehen wir eine Nudelmaschine mit einer breiteren manuell betriebenen Walze einer schmaleren elektrischen vor – das spart Zeit.

WARUM DAS REZEPT FUNKTIONIERT

Auch dieser wohlschmeckende Nudelteig ist millionenfach erprobt und beruht auf den Vorzügen der Zutaten Weichweizenmehl (Type 00) und Vollei, die hier optimal zusammenwirken. Die Proteine des Weichweizens und die des Eis ergänzen sich. Dabei steuert das Ei nicht nur die technologisch notwendige Feuchte bei, die darin enthaltenen Proteine verleihen dem Teig einen ganz anderen Biss. Denn der Widerstand, den man beim Zubeißen verspürt, entsteht nicht durch den ungegarten Kern im Innern der Nudel, sondern durch die kraftvolle Vernetzung der Proteine. Der dehnbare Teig eignet sich vor allem für die Zubereitung von Bandnudeln jeglicher Breite.

TEIG AUSROLLEN Mit einer Nudelmaschine geschieht das Ausrollen in zwei Phasen. In der ersten machen wir den Teig gefügig, d. h. nach dem Ruhen walzen wir den Teig durch die größte Öffnung der Maschine. Er wird zusammengelegt und erneut durchgelassen. Das geschieht so oft, bis der Teig eine trockene, ledrige Haptik hat. In der

zweiten Phase wird er von Stufe zu Stufe dünner gewalzt, bis die gewünschte Teigdicke erreicht ist. Für gefüllte Nudeln entspricht die Teigstärke der Füllung (siehe „rohe" und „gegarte Füllungen", S. 78), bei Bandnudeln richtet sie sich nach dem Querschnitt. Tagliolini haben beispielsweise einen quadratischen Querschnitt, das bedeutet, dass ein 2 mm dicker Teig in 2 mm dünne Streifen geschnitten werden muss.

TEIGBESCHAFFENHEIT Die Bahnen für Bandnudeln müssen so trocken wie möglich sein, um nach dem Schneiden nicht wieder zusammenzukleben. Die Teigbahnen für gefüllte Nudeln dagegen (z. B. Tortellini, Ravioli, Cappelletti) sollten etwas feuchter sein, da sie zum Füllen und Formen elastisch bleiben müssen. Bei größeren Mengen empfehlen wir, in Etappen vorzugehen. Also erst eine Teigbahn ausrollen, füllen und formen. Danach die nächste Bahn ausrollen, bis der Teig aufgebraucht ist. Währenddessen den Teig mit Frischhaltefolie abdecken, damit er nicht austrocknet.

GRUNDTEIG – DER ALLROUNDER

(FÜR 1 PORTION)

Der Allrounder ist unser Teig für alle Fälle. Da er jeweils zur Hälfte aus den beiden wichtigsten Mehlsorten besteht, vereint er auch deren Vorzüge: den Biss des grobkörnig gemahlenen Hartweizengrießes und die Flexibilität des sehr fein gemahlenen Weizenmehls mit seinen Proteinen. Und das Ei steuert noch Aroma bei.

FÜR DEN NUDELTEIG

50 g Hartweizengrieß (Semola di grano duro rimacinata)
50 g Weizenmehl (Type 405)
1 g Salz
1 Ei (M, 50 g)

1. Den Hartweizengrieß und das Mehl mit dem Salz in eine Schüssel geben und mischen. Mit der Hand eine Mulde in die Mitte drücken. Das Ei in die Mulde geben. Mit einer Gabel die Mehlmischung nach und nach einarbeiten, bis ein grober Vorteig entstanden ist.

2. Dann den Teig auf einer Arbeitsfläche von Hand weiterkneten, bis er glatt und geschmeidig ist. Im Anschluss mindestens 30 Minuten an einem kühlen Ort unter einer umgedrehten Schüssel ruhen lassen, damit er während dieser Zeit nicht antrocknet, oder in Frischhaltefolie wickeln. Danach den Teig je nach Rezept ausrollen, formen oder zuschneiden (siehe Abb. oben).

WARUM DAS REZEPT FUNKTIONIERT

Der Allrounder vereint die positiven Eigenschaften sämtlicher Teigzutaten, besonders die hochelastischen Proteine des Hartweizens und die des Eiklars. Beides bewirkt die Dehnbarkeit des Teigs und die Festigkeit nach dem Kochen. Wir verwenden ihn sowohl für die Herstellung von Bandnudeln als auch für gefüllte Nudeln sowie für geformte Pasta wie Farfalle oder Cavatelli. Bei besonderen Ansprüchen an den Nudelteig, z. B. wenn eine große Elastizität gewünscht wird, weichen wir auf einen anderen Grundteig wie z. B. den Flexiblen aus.

MAHLGRAD Der Hartweizengrieß, der in Italien für die Herstellung von Nudeln verwendet wird, ist feiner gemahlen als der Weizengrieß aus unseren Supermärkten. Fündig wird man in italienischen Spezialgeschäften, die eher die benötigten Mehle mit den entspre-

PRAKTISCHE WISSENSCHAFT
NUDELN SELBST TROCKNEN

Es gibt zwei Gründe, selbst hergestellte Nudeln zu Hause zu trocknen: erstens, um eigene Pasta al dente servieren zu können, da man hierfür getrocknete Nudeln benötigt, und zweitens, um sich einen Vorrat anzulegen, mit dem man dann wiederum jederzeit in den Genuss des ersten Grundes kommt. Das gilt übrigens für Teige mit und ohne Ei, wobei sich der besagte Al-dente-Biss nur bei reinen Hartweizengrießnudeln einstellen wird.
Am einfachsten lassen sich Nudeln an der Luft trocknen, besonders an Sonnentagen bei Hochdruckwetterlagen, wenn die Luftfeuchtigkeit wenig schwankt. Die Feuchtigkeit der Pasta dampft über die Oberfläche der Nudeln ab, solange bis ein thermodynamisches Gleichgewicht herrscht, d. h. bis die Feuchtigkeit der Umgebung der Feuchtigkeit im Innern der Pasta entspricht. Das dauert etwas, da Wasser an Salze sowie die polaren und geladenen Aminosäuren gebunden ist. Die genaue Zeit hängt letztendlich von der Teigdicke der hergestellten Nudel ab. Dünne Tagliolini trocknen auf einer Nudelspinne aufgehängt an schönen Tagen schon mal in einer knappen Stunde, zu Nestern geformte Pappardelle können leicht das Zehnfache brauchen. Je mehr Luftbewegung, desto besser, weil so die Feuchtigkeit schneller abtransportiert wird. Deswegen kann sich die Anschaffung einer Nudelspinne für alle Sorten von Bandnudeln lohnen, ebenso wie Lochbleche oder gelochte Kisten mit engmaschigem Muster für alle anderen Nudelsorten.
Kontrollierter lassen sich Nudeln im Umluftofen (mit leicht geöffneter Tür, damit auch hier die Feuchtigkeit entweichen kann) bei Temperaturen um 40 bis 50 °C trocknen. Alternativen sind Dörrautomaten oder professionelle Trockner (Excalibur).
Eine Restfeuchtigkeit von etwa 10 Prozent Wassergehalt ist mit diesen speziellen, technischen Hilfsmitteln durchaus zu erreichen. Will man einen noch niedrigeren Wassergehalt erzielen, um die Pasta länger haltbar zu machen, ist aus physikalischer Sicht ein Temperaturprogramm erforderlich, sprich, vortrocknen bei 40–50 °C, damit die Form und Oberfläche der Nudeln „fixiert" wird, nachtrocknen bei 60–70 °C. Erst im zweiten Gang sind 70 °C kein Problem, da die Schmelztemperatur der Stärke mit abnehmendem Wassergehalt stark steigt. Erhöht man die Temperatur zu früh, schrumpfen die Nudeln zu stark, bilden Risse an der Oberfläche und büßen an Qualität ein. Für gefüllte Nudeln gilt im Prinzip dasselbe: Je weniger Feuchtigkeit im Produkt enthalten ist, umso kleiner der Nährboden für den Verderb. Doch trocknen lassen sie sich nicht so gut (siehe „Gefüllte Nudeln haltbar machen", S. 35).

chenden Mahlgraden anbieten. Für den Fall, dass Sie dort auf eine italienische Packung stoßen, so ist Semola di grano duro rimacinata das korrekte Produkt – *semola* bedeutet Grieß und *grano duro* Hartweizen. *Rimacinata* ist das Adjektiv, das den kleinen, aber feinen Unterschied ausmacht. Für die perfekte Korngröße wird der Grieß zweimal gemahlen (eben *ri-macinato*), dann liegt sie irgendwo zwischen Mehl und Grieß. Im Deutschen lautet der entsprechende (allerdings kaum mehr gebräuchliche) Begriff für diesen Mahlgrad „Dunst".

GRUNDTEIG – DER FLEXIBLE

(FÜR 1 PORTION)

Der flexible Grundteig kommt am besten dann zum Einsatz, wenn wir dem Nudelteig beim Formen alles abverlangen. Das ist bei sehr gebogenen Formen wie Tortellini, Cappelletti oder Caramelle der Fall. Sein Ölanteil und die gegenüber den anderen Teigen leicht erhöhte Salzmenge sorgen für eine optimale Formbarkeit.

FÜR DEN NUDELTEIG

- 25 g Hartweizengrieß (Semola di grano duro rimacinata)
- 75 g Weichweizenmehl (Type 00)
- 2 g Salz
- 1 Ei (M, 50 g)
- 1 TL Olivenöl

1. Den Hartweizengrieß und das Weichweizenmehl mit dem Salz in eine Schüssel geben und mischen. Mit der Hand eine Mulde in die Mitte drücken. Das Ei und das Olivenöl in die Mulde geben. Mit einer Gabel die Mehlmischung nach und nach einarbeiten, bis ein grober Vorteig entstanden ist.

2. Dann den Teig auf einer Arbeitsfläche von Hand weiterkneten, bis er glatt und geschmeidig ist. Im Anschluss mindestens 30 Minuten unter einer umgedrehten Schüssel an einem kühlen Ort ruhen lassen, damit er während dieser Zeit nicht antrocknet, oder in Frischhaltefolie wickeln. Danach den Teig je nach Rezept ausrollen (siehe „Teig ausrollen", S 31), formen und füllen.

WARUM DAS REZEPT FUNKTIONIERT

Die erhöhte Menge Salz in diesem Grundrezept – üblich sind 1 g pro Ei, hier ist es das doppelte – bewirkt eine deutlich verbesserte Dehnbarkeit (siehe Konzept 4). Das Öl bietet den fettliebenden und wasserunlöslichen (hydrophoben) Aminosäuren eine geeignete Umgebung, sie lösen sich darin, das verbessert die Geschmeidigkeit und Dehnbarkeit des Teigs. Das Salz gibt wiederum den elektrisch geladenen wasserlöslichen (hydrophilen) Aminosäuren mehr Raum, sie klumpen nicht zusammen, wenn entgegengesetzte Ladungen aufeinandertreffen. Aus physikalischen Gründen kann man mit diesem Teig kaum etwas falsch machen. Auch dem Genuss steht nichts im Weg, weil die Zugabe von Fett das zusätzliche Salz geschmacklich neutralisiert.

RESTFEUCHTE Der flexible Teig wird hauptsächlich für gefüllte Nudeln verwendet. Seine Restfeuchte sollte beim Verarbeiten immer höher sein als die für Bandnudeln. Denn auch der flexibelste Teig verliert mit abnehmender Feuchte seine Eigenschaften. Eine gute Vorbereitung, schnelles Arbeiten und Restfeuchte sorgen dafür, dass sich der Teig optimal um die Füllung schmiegt.

PRAKTISCHE WISSENSCHAFT WAS TUN MIT ZU TROCKENEM ODER FEUCHTEM TEIG?

Wie wir im Experiment gesehen haben, kann man zu trockene und zu feuchte Teige mit zusätzlichem Arbeitsaufwand retten: So hilft bei einem zu feuchten Teig nur ein neuerliches Kneten mit zusätzlichem Mehl oder Grieß, bis eine substanzielle Verbesserung der Teigbeschaffenheit erzielt wird, die dann eine weitere Ruhephase bedingt. Ein zu trockener Teig hingegen wird durch mehrfaches Ausrollen geschmeidig und lässt sich verarbeiten.
Die ideale Teigbeschaffenheit wird aber auch von der gewünschten Nudelform bestimmt. Für die Herstellung von Bandnudeln ist ein trockener Teig sogar von Vorteil, weil die im Endergebnis ledrigen Teigplatten direkt zerschnitten werden können, ohne dass die einzelnen Nudeln dann wieder zusammenkleben. Werden gefüllte Nudeln angestrebt, muss der Teig hingegen eine ganze Weile nach dem Ausrollen so elastisch bleiben, dass man ihn wie gewünscht formen kann, ohne dass er bricht.
Tatsächlich ist die hohe Elastizität wegen des Glutens ein Alleinstellungsmerkmal der Teige aus den Getreiden der Weizenfamilie. Kein anderes Getreide oder Pseudogetreide bringt das Klebereiweiß Gluten in dieser Menge und Qualität mit. Daher ist es im Allgemeinen kaum ohne größeren Aufwand möglich, glutenfreie Teige herzustellen. (Zur Herausforderung glutenfreier Nudeln siehe S. 37.)

GRUNDTEIG – DER FESTLICHE

(FÜR 1 PORTION)

Der festliche Grundteig ist ideal für Nudeln zu besonderen Anlässen. Er besticht durch seine gelbe Farbe und ist sehr gehaltvoll. Das liegt vor allem am Fettgehalt der Eigelbe. Da deren Wassergehalt niedrig ist, entsteht ein sehr kompakter Teig mit einem guten Biss, auch ohne Hartweizengrieß. Der Festliche eignet sich am besten für Bandnudeln als erlesene Beilage. Oder für Nudeln mit speziellen, nicht alltäglichen Füllungen.

FÜR DEN NUDELTEIG

100 g	Weichweizenmehl (Type 00)
1 g	Salz
3	Eigelb (M, 60 g)

1. Das Weichweizenmehl mit dem Salz in eine Schüssel geben und mischen. Mit der Hand eine Mulde in die Mitte drücken. Die Eigelbe in die Mulde geben. Mit einer Gabel das Mehl nach und nach einarbeiten, bis ein grober Vorteig entstanden ist.

2. Dann den Teig auf einer Arbeitsfläche von Hand weiterkneten, bis er glatt und geschmeidig ist. Im Anschluss mindestens 30 Minuten an einem kühlen Ort unter einer umgedrehten Schüssel ruhen lassen, damit er während dieser Zeit nicht antrocknet, oder in Frischhaltefolie wickeln. Danach den Teig je nach Rezept ausrollen (siehe „Teig ausrollen“, S. 31), formen oder zuschneiden.

PRAKTISCHE WISSENSCHAFT
PASTATEIG VERARBEITEN

Ist der Teig nach der Ruhephase weder zu feucht noch zu trocken, nimmt man zur Weiterverarbeitung meistens Hartweizengrieß, auch wenn der Teig aus anderen Mehlsorten besteht. Sein leicht gröberer Mahlgrad hat den Vorteil, fertige Nudeln etwas mehr auf Abstand zu halten, als das ganz fein gemahlene Mehlsorten können. So kleben sie weder an der Walze der Nudelmaschine fest noch kleben sie am Ende der vielen Arbeit bei der zwischenzeitlichen Lagerung wieder zusammen.

PRAKTISCHE WISSENSCHAFT
GEFÜLLTE NUDELN HALTBAR MACHEN

Während man Pasta ohne Füllung selbst trocknen und dadurch haltbar machen kann, ist das bei gefüllten Nudeln (Ravioli, Tortellini, Cannelloni & Co) schwieriger. Das liegt am weitaus höheren Feuchtigkeitsgrad der Nudelfüllungen. Insbesondere wenn es sich um schnell verderbliche Zutaten wie z. B. Fisch handelt, überschreitet die Zeit, die für eine effektive Trocknung nötig ist, oftmals die Haltbarkeit der zur Füllung verarbeiteten Zutaten, sodass die Nudeln schneller verderben als sie trocknen. In diesem Fall ist nur eine Möglichkeit sinnvoll, nämlich das Einfrieren (vorausgesetzt, man möchte ohne Hilfsmittel wie Konservierungsstoffe auskommen).
Gefüllte Nudeln, die auf Vorrat produziert werden, kann man nach der Fertigstellung auf großzügig mit Grieß ausgestreuten Tabletts nebeneinander liegend einfrieren. Wichtig dabei ist, dass es keinen Kontakt zwischen den einzelnen Nudeln gibt, da sie sonst zusammenkleben. Die durchgefrorenen Nudeln kann man dann platzsparend in einer Kunststoffbox mit Deckel aufbewahren und bei Bedarf einzeln entnehmen. Durch das Frieren verlängert sich lediglich die Gardauer, ansonsten verhalten sich die gefrorenen Nudeln beim Kochen nicht anders als gerade fertiggestellte.

WARUM DAS REZEPT FUNKTIONIERT

Eigelb ist eine perfekte Kombination aus Wasser, Fett, Protein und Emulgatoren. Es ist die einzige Flüssigkeitsquelle für den Hartweizen und gleichzeitig ein exzellentes Schmiermittel. Die Teige werden fester und lassen sich schwer kneten. Der hohe Anteil an Emulgatoren (Lecithin) im Eigelb sichert einen stabilen Zusammenhalt des Teigs, auch unter der hohen mechanischen Belastung in der Nudelmaschine. Nudeln nach diesem Rezept überzeugen durch ein optimales Mundgefühl und ihren leicht festen Biss.

MEHLMENGE Je nachdem, wie gut man die Eier getrennt hat, d. h., je nachdem wie viel Eiweiß in den Nudelteig gelangt ist, muss die Mehlmenge eventuell etwas erhöht werden.

EIWEISSVERWERTUNG Bei diesem Teig bleiben viele Eiweiße übrig, diese kann man entweder einfrieren, für ein Dessert oder einen Kuchen verwenden. Oder bei Bedarf die Teigränder von gefüllten Nudeln damit bestreichen.

KONZEPT 2
DAS MEHL ENTSCHEIDET ÜBER DIE PASTA

Mehl ist nicht gleich Mehl. So unterscheidet man bei der für Pasta wichtigsten Getreidesorte, dem Weizen, zwischen Hart- und Weichweizen, die verschiedene Eigenschaften haben. Außerdem spielen Mahlgrade eine große Rolle, die dank moderner Müllereitechnik von feinstem Mehl bis hin zu grobem Grieß reichen können. Darüber hinaus gibt es noch weitere Getreidesorten sowie Pseudogetreide, aus denen sich beispielsweise glutenfreie Pasta herstellen lässt – was allerdings eine besondere physikalische Herausforderung darstellt.

DIE WISSENSCHAFT DAHINTER

Nudelteige müssen elastisch und dehnbar sein, damit sie sich gut ausrollen, schneiden oder formen lassen, ohne zu reißen. Insbesondere die hohen Druck- und Zugkräfte der Nudelmaschine lassen es wortwörtlich auf eine Zerreißprobe ankommen. Verantwortlich für die Elastizität des Teigs sind, wie in Konzept 1 beschrieben, die Proteine des Mehls. Daher fällt die Wahl meist auf Weizenmehle, denn kein anderes Getreide weist einen derart hohen Anteil an Klebereiweiß auf. Innerhalb der Weizenspezies gibt es allerdings deutliche Unterschiede, insbesondere zwischen Hartweizen (Triticum durum), der aus der Emmerlinie stammt, und Weichweizen (Triticum aestivum). Hartweizen wird oft als „Pastaweizen" bezeichnet, und das aus gutem Grund, denn er hat einige Eigenschaften, die für die Nudelzubereitung ideal sind. Zum einen sind bei Hartweizen Stärke und Proteine weniger stark aneinander gebunden, sodass sich die langen verknäulten Proteinmolekülketten beim Kneten mit Wasser rascher entfalten und Teig bilden können. Außerdem brechen beim Mahlen wegen des fehlenden Proteinschutzes die Stärkekörner eher auf, die Stärke wird „vorgeschädigt". Was negativ klingt, ist in Wahrheit ein Vorteil, denn so kann die Stärke beim Kochvorgang gut Wasser binden und quellen. Hartweizen muss daher nicht fein gemahlen werden, sondern eignet sich auch für grob gemahlenen Grieß. Grieß wiederum nimmt man gern für Pasta, weil er den Nudeln eine angenehme Bissfestigkeit verleiht.

Zum Zweiten zeichnet sich Hart- im Vergleich zu Weichweizen durch einen um etwa 3 Prozent höheren Glutengehalt aus, ohne dass der Stärkeanteil in gleichem Maße verringert wäre. Auch wenn 3 Prozent nicht viel erscheint, verbessert der leicht höhere Gehalt an hochmolekularem Glutenin und Gliadin (den beiden Hauptbestandteilen des Glutens) die Teigeigenschaften ganz erheblich. Dass und wie sich die langen Moleküle des Glutenins bei Wasserkontakt entfalten und untereinander neu vernetzen, also für Elastizität im Teig sorgen, haben wir bereits erläutert (siehe S. 27). Gliadin wiederum sorgt dafür, dass sich der Teig nach dem Dehnen nicht wieder stark zurückzieht, sondern plastisch bleibt. Das kugelförmige Molekül ist deutlich kleiner als die hochmolekularen Gluteninketten. Beim Teigkneten findet es zwischen den großen Gluteninmaschen Platz und quetscht sich zwischen diese, wobei sich seine positiv geladenen Aminosäuren in der Nähe der negativ geladenen des Glutenins anlagern (siehe Abb. S. 37). Dadurch kommen sich die Gluteninketten nicht mehr so nahe, die Netzwerkmaschen werden größer und weiter. Das Gliadinkügelchen wirkt also zwischen den Netzwerkmaschen als Abstandshalter und molekulares Schmiermittel. So kann Hartweizenteig der Verformung während der (industriellen) Pastaherstellung in Pastamaschinen (Extrudern) unter hohem Druck und hohen Dehnungen ohne Probleme standhalten und behält nach dem Ausrollen seine Form.

Auch beim Kochen der geformten Nudeln wirkt sich das weitmaschigere Proteinnetz positiv aus. Da beim Kneten die Stärkekörner, im Gegensatz zu Weichweizen, nicht aus dem Netzwerk gedrängt, sondern in den weiten Maschen gut eingebunden werden, tritt beim Kochen weniger Stärke aus: Das Kochwasser trübt sich weniger, die Wasserbindung ist höher und die Textur der Nudeln wird firm.

Warum nimmt man angesichts all dieser Vorteile überhaupt Weichweizenmehl? Zum einen besteht unser handelsübliches Mehl aus Weichweizen, und bei Pasta mit Ei oder Öl fallen die Vorteile des Hartweizens nicht mehr so ins Gewicht. Und zum Zweiten nimmt die weniger vorgeschädigte Stärke aus dem Weichweizen das Wasser beim Kochen langsamer auf und bindet dieses besser, was z. B. die Textur der Pasta geschmeidiger macht. Bei vielen hausgemachten frischen Nudeln (Pasta fresca) wie Ravioli oder Bandnudeln wird häufig eine Mischung aus Weich- und Hartweizen verwendet und deren Eigenschaften kombiniert.

Die zentrale Rolle des Glutens wird erst deutlich, wenn man versucht, glutenfreie Pasta selbst herzustellen, etwa auf der Basis der zweiten wichtigen Mehlkomponente, der Stärke. Ein kalter Teig aus Wasser und Stärke wird nie halten, denn die kalte Stärke kann das Wasser gar nicht aufnehmen. Es müssen stets andere Binde- und Schmiermittel eingesetzt werden. Eiklar ist hier wegen seiner Vernetzungseigenschaft ein Mittel der Wahl (siehe Konzept 3), wenn man glutenfreie Nudeln oder

GLIADIN UND GLUTENIN IM NETZWERK

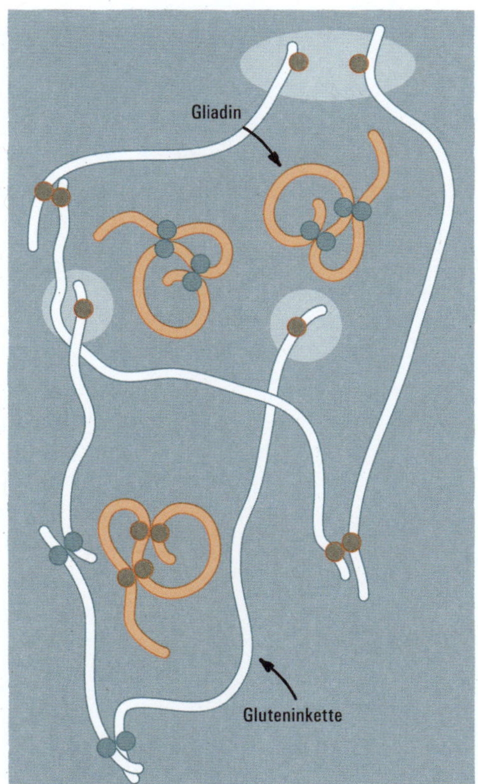

Gliadin (rot) ist mit sich selbst vernetzt und bildet weiche und formbeständige globuläre Proteine. Sie zwängen sich zwischen die Gluteninketten und verhindern Verschlaufungen und Verknotungen der langen Glutenine. Das Netzwerk wird weitmaschiger, dehn- und formbarer.

Pasta mit Roggenmehlanteil (wie im Rezept auf S. 46) selbst herstellen will.

Andere Proteine aus Pflanzen, z. B. Erbsen- oder Sojaprotein, binden zwar, aber vernetzen sich nicht genug. Sie können die physikalischen Eigenschaften des Glutens nicht nachstellen. Daher benötigt glutenfreie Pasta aus schlechter vernetzenden Mehlen, wie Sorghum, Mais, Reis und Buchweizen (auch Mischungen davon), die auch auf Eiklar verzichten will, stets Hilfsstoffe wie Methylzellulose, Xanthan oder Carrageen, wie sie von anderen (industriell hergestellten) Lebensmitteln bekannt sind. Diese wirken reibungsvermindernd, wasserbindend und sorgen für die viskoelastischen Eigenschaften wie auch die Reißfestigkeit, die beim Ausrollen in Nudelmaschinen notwendig sind.

Die einzige Ausnahme sind Glasnudeln, die lediglich aus Stärke bestehen. Dabei wird ein Teil der Stärke mit Wasser gekocht, bis eine Paste entsteht, die dann unter Zusatz von ungekochter, nativer Stärke in Pastamaschinen (Extrudern) zu dünnen Nudeln geformt und rasch abgekühlt wird. Dies funktioniert nur mit ganz bestimmten Stärken, die genügend lineare Stärkemoleküle mitbringen, die für eine gewisse Elastizität sorgen, etwa Mungbohnen-, Pfeilwurzel- oder Süßkartoffelstärke. Die Kochzeit von Glasnudeln ist kürzer, auch müssen sie eingeweicht werden, damit die (lineare) Stärke vorquellen kann und die Nudeln nicht beim Kochen zerfallen. Mit modernen Techniken zur Wärmevorbehandlung von Stärken lassen sich auch aus Pseudogetreiden wie Amaranth glutenfreie Glasnudeln herstellen.

DAS EXPERIMENT

Im ersten Experiment haben wir erkannt, dass die richtige Wassermenge enorm wichtig für ein perfektes Ergebnis ist. Da die unterschiedlichen Mehlsorten verschiedene Quelleigenschaften haben, also Wasser verschieden gut aufnehmen, wollten wir herausfinden, wie sich die gängigen Mehlsorten verhalten, wenn man ihnen Wasser zuführt. Dazu haben wir jeweils 5 g Weizenmehl, Hartweizengrieß und Roggenmehl auf Petrischalen mithilfe eines Rings zu einem flachen Kreiszylinder geformt, eine kleine Mulde hineingedrückt, je drei Tropfen Wasser aus einer Pipette hineingegeben und dieses 3 Minuten einwirken lassen, bevor wir das Ergebnis fotografisch festgehalten haben.

DAS ERGEBNIS

Das Ergebnis zeigt einen deutlichen Unterschied in der Wasseraufnahme und Benetzungsfähigkeit bei den einzelnen Mehlsorten. Der proteinreiche Hartweizengrieß bindet das meiste Wasser. Weichweizen zeigt zwar ebenfalls ein gute Benetzung und Wasseraufnahme, dennoch ist sie im Vergleich zu Hartweizen etwas reduziert. Roggenmehl zeigt das geringste Benetzungsverhalten, Wasser wird kaum aufgenommen.

DIE ERKENNTNIS

Zusammen mit den Betrachtungen aus Konzept 1 wird klar, dass die Benetzungs- und Quellfähigkeit stark von den im Mehl vorhandenen Molekülen abhängt, die kalt Wasser aufnehmen und quellen können. Im Hart- und Weichweizen ist es das in unterschiedlichen Mengen vorhandene Gluten. Die im Gluten vor-

QUELLVERHALTEN UNTERSCHIEDLICHER MEHLSORTEN

Der dunkle Fleck zeigt deutlich: Das ganze Wasser ist vom Hartweizengrieß aufgesogen worden.

Das Weizenmehl nimmt weniger Wasser auf, sodass es sich nicht so stark verfärbt.

Wasser und Roggenmehl verbinden sich kaum, beide Komponenten bleiben weitgehend getrennt.

handenen Proteine weisen eine hohe Zahl an elektrisch geladenen Aminosäuren (vor allem Glutaminsäure) auf, die die polaren Wassermoleküle um sich scharen. Je mehr Gluten das Mehl enthält (beim Hartweizen ist es mehr als beim Weichweizen), desto besser benetzt das Wasser zunächst die Oberfläche des Mehls und wird dann aufgesogen.

Die Speicherproteine des Roggens sind viel zu fest ineinander geklumpt und können bei neutralen pH-Werten kaum Wasser aufnehmen. Hier sind es vorwiegend Pentosane, leicht quellfähige Hemizellulosen, also schwach wasserlösliche Biopolymere. Diese sind allerdings nicht elektrisch geladen, sondern lediglich polar. Daher können sie nur wenig vom Wasser benetzt werden.

ROHSTOFF IN DER PRAXIS: DIE MEHLAUSWAHL

Mehl ist nicht gleich Mehl. Selbst Mehle derselben Getreideart unterscheiden sich von den Inhaltsstoffen her oder in der Zusammensetzung, weil jede Getreideernte unterschiedliche Ergebnisse hervorbringt. Die Wasseraufnahmefähigkeit, der Anteil an Proteinen, der Mahlgrad – alles hat direkte Auswirkungen auf die Beschaffenheit der Nudeln und somit auf die Formbarkeit des Teigs und das Mundgefühl. Insofern ist es wichtig, dass man sich bei der Herstellung eigener Teige bewusst macht, welches Mehl man für eine maßgeschneiderte Pasta am besten einsetzt. Bei Hartweizengrieß sollte man auf jeden Fall auf das italienische Produkt Semola di grano duro rimacinata zurückgreifen. Rimacinata bedeutet „doppelt gemahlen", der Grieß ist feiner. Der deutsche (wenig gebräuchliche) Begriff dafür lautet „Dunst".

GRÜNE DREIECKE MIT RICOTTA
TRIANGOLI VERDI CON RICOTTA
(FÜR 4 PORTIONEN)

Der grüne Nudelteig basiert auf einem Grundrezept, zum Färben des Teigs wird allerdings zusätzlich Chlorophyll aus frischem Spinat benötigt.

FÜR DEN NUDELTEIG

500 g Blattspinat, geputzt
200 g Hartweizengrieß (Semola di grano duro rimacinata)
200 g Weizenmehl (Type 405)
2 Eier (M, 100 g)

FÜR DIE FÜLLUNG

250 g Ricotta
Olivenöl
1 Schalotte, fein gewürfelt
1 Knoblauchzehe, fein gewürfelt
50 g frisch geriebener Parmesan + etwas zum Bestreuen
frisch geriebene Muskatnuss

FÜR DIE SAUCE

100 g Butter
1 Bund Salbei, grob zerkleinert

AUSSERDEM

Salz und frisch gemahlener schwarzer Pfeffer

1. Für die Spinatmatte bzw. zum Färben des Nudelteigs den Spinat waschen und in einer Schüssel mit reichlich Wasser pürieren, bis das Wasser dunkelgrün ist. Das Wasser durch ein feines Sieb in einen breiten Topf gießen, die Spinatreste abtropfen lassen und bis zur Verwendung aufheben. Das grüne Wasser erhitzen, nicht aufkochen. Bei ca. 70 °C beginnt sich der natürliche grüne Farbstoff, das Chlorophyll, an der Wasseroberfläche abzusetzen. Die Spinatmatte nach und nach mit einem Teesieb abschöpfen, solange das Wasser grün gefärbt ist.

2. Für den Nudelteig Hartweizengrieß mit Mehl und 1 Prise Salz in einer Schüssel mischen. Mit der Hand in die Mitte eine Mulde drücken. Die Eier aufschlagen, in die Mulde geben und mit einer Gabel verquirlen. Die Spinatmatte untermischen. Nach und nach das Mehl einarbeiten, bis ein grober Vorteig entstanden ist. Den Teig auf einer Arbeitsfläche weiterkneten, bis er glatt und geschmeidig ist. Je nachdem, wie viel Feuchtigkeit die Spinatmatte mit eingebracht hat, noch etwas Mehl oder Wasser zugeben. Der fertige Teig sollte nicht an der Hand kleben bleiben. Im Anschluss mindestens 30 Minuten unter einer umgedrehten Schüssel ruhen lassen, damit er während dieser Zeit nicht antrocknet, oder in Frischhaltefolie wickeln.

3. Für die Füllung den Ricotta in einem Sieb abtropfen lassen. Etwas Olivenöl erhitzen, Schalottenwürfel und Knoblauch darin bei geringer Hitze glasig andünsten und salzen. Die Spinatreste zugeben und kurz mitbraten. Dann in einer Schüssel etwas abkühlen lassen. Mit Parmesan und Ricotta mischen, mit Muskat, Salz und Pfeffer würzen.

4. Den Teig mit einer Nudelmaschine zu dünnen Bahnen ausrollen, diese in Quadrate von 7 cm Seitenlänge tei-

GRÜNE DREIECKE MIT RICOTTA, S. 40

PRAKTISCHE WISSENSCHAFT SPINATMATTE

In der Biophysik spielen die elektronenreichen Moleküle des Chlorophylls eine ganz besondere Rolle, denn sie sind notwendig für die Fotosynthese der Pflanzen, bei der Lichtenergie in Glukose, ATP (Adenosintriphosphat) und CO_2 umgewandelt wird. In der Küche lässt sich mit dem grünen Farbstoff, der in Spinat und Petersilie reichlich vorkommt, hervorragend experimentieren, sprich; Weißes effektiv grün färben!
In den Membranen der Pflanzenzellen von Blattgemüse befinden sich sogenannte Lichtsammlerproteine, die wie Sonnenlicht-Antennen wirken und aufgrund ihrer speziellen Zusammensetzung, Faltung und Gestalt sehr viele verschiedene Farbstoffmoleküle wie Chlorophyll oder Carotinoide einlagern. Jedes dieser Moleküle absorbiert eine Wellenlänge des sichtbaren Lichts besonders gut; jedes Fitzelchen Dämmerlicht jeder Wellenlänge wird geerntet, damit die Biochemie der Pflanze am Laufen bleibt. Bis zu 30 dieser Lichtsammlerproteine gruppieren sich zu Lichtsammlerkomplexen zusammen, sodass in der Membran eine hohe Konzentration an elektronenreichen Farbstoffmolekülen besteht. Die Farbstoffmoleküle sind nur locker an die Antennenproteine gebunden. Bringt man diese aus ihrer nativen Gestalt – durch mechanische Zerstörung der Pflanzenzellen und durch Erhitzen –, lösen sich die Farbstoffe aus dem Lichtsammlerkomplex und lassen sich küchentechnisch verwenden. Da die freien Farbstoffmoleküle nur bedingt wasserlöslich sind, lagern sie sich in wässriger Umgebung an der Oberfläche ab und man kann sie – wie bei der Spinatmatte – abschöpfen. Püriert und erhitzt man z. B. Spinat oder Petersilie in Öl, lösen sich die Moleküle sofort in Öl und färben dieses grün.

len. In die Mitte der Teigquadrate etwas Füllung geben und die Teigränder mit Wasser einpinseln. Die Quadrate zu Dreiecken falten und die Ränder andrücken. Die Triangoli in reichlich Salzwasser kochen, bis der Nudelteig gar und die Füllung warm ist.

5. Für die Sauce die Butter in einer Pfanne aufschäumen, den Salbei unterrühren. Die Nudeln abgießen und kurz in der Salbeibutter schwenken. Anrichten und mit geriebenem Parmesan servieren.

WARUM DAS REZEPT FUNKTIONIERT

In Teig für gefüllte Nudeln, die nicht al dente gekocht werden, ist das Ei eine optimale Zutat. Eiprotein ergibt zusammen mit dem erhöhten Proteingehalt des Hartweizengrießes einen ausreichend elastischen Teig, der sich gut um die Füllung legt. Und damit das Grün schön leuchtet und der Teig gut verarbeitbar bleibt, ergänzen wir das Rezept um etwas Weizenmehl, das mit seiner weißen Farbe eine bessere Grundlage für die Färbung ist.

GRÜNER FARBSTOFF (Chlorophyll) Zur Gewinnung wird der Spinat mechanisch bearbeitet. Durch Hacken und Pürieren werden die Pflanzenzellen zerstört und Teile der Zellmembranen ins Wasser dispergiert. Während der Hitzezufuhr lösen sich zunächst die Membranstücke auf, danach denaturieren die Lichtsammlerproteine (siehe „Spinatmatte“, links). Das grüne Gemisch aus Chlorophyll und Protein setzt sich an der Oberfläche ab und kann vorsichtig abgeschöpft werden. Chlorophyll schmeckt nach nichts und hat daher keinen Einfluss auf den Geschmack der Nudeln.

DÜNNE BANDNUDELN MIT SEPIATINTE
TAGLIOLINI AL NERO DI SEPPIA
(FÜR 4 PORTIONEN)

Zum Schwarzfärben der Nudeln wird dem Teig Sepiatinte zugefügt. Die geschmacksneutrale Tinte ist flüssig oder als Pulver erhältlich und färbt Saucen und Nudelteige schwarzbläulich. Flecken sind kaum ein Problem, denn die Tinte lässt sich gut auswaschen; wir empfehlen jedoch, den Teig nicht auf einer hölzernen Arbeitsfläche zu mischen, da die Tinte dort eventuell graue Flecken hinterlässt.

FÜR DEN NUDELTEIG

200 g	Hartweizengrieß (Semola di grano duro rimacinata) + etwas zum Bestäuben
200 g	Weizenmehl (Type 405)
4	Eier (M, 200 g)
8 g	Sepiatinte

FÜR DIE SAUCE

300 g	Tintenfische
	Olivenöl
1	Knoblauchzehe, fein gewürfelt
1	kleine rote Chilischote
150 ml	Weißwein
1	Lorbeerblatt
1 Bund	glatte Petersilie, fein gehackt

AUSSERDEM

Salz

DÜNNE BANDNUDELN MIT SEPIATINTE, S. 42

1. Für den Nudelteig Hartweizengrieß mit Mehl und 1 Prise Salz in einer Schüssel mischen. Mit der Hand in die Mitte eine Mulde drücken. Die Eier aufschlagen und in die Mulde geben, die Sepiatinte zugeben und beides mit einer Gabel verquirlen. Nach und nach das Mehl einarbeiten, bis ein grober Vorteig entstanden ist. Den Teig auf einer Arbeitsfläche weiterkneten, bis er glatt und geschmeidig ist. Im Anschluss mindestens 30 Minuten unter einer umgedrehten Schüssel ruhen lassen, damit er während dieser Zeit nicht antrocknet, oder in Frischhaltefolie wickeln.

2. Den Teig mit einer Nudelmaschine zu 2 mm dünnen Bahnen ausrollen. Diese mit Grieß bestäuben, aufrollen und mit einem Messer in 2 mm dünne Tagliolini schneiden. Oder durch den kleinsten Schneideaufsatz der Nudelmaschine geben, falls vorhanden.

3. Für die Sauce die Tintenfische unter fließendem kaltem Wasser abspülen. Die lila bis gräuliche Haut und das Rückgrat entfernen. Den Kopf und die Beine vom Körper (Tubus) trennen. Die Augenpartie wegschneiden, die Beine je nach Größe der Tintenfische klein schneiden. Den Tubus aufschneiden, flach ausbreiten und in dünne Streifen schneiden. Etwas Olivenöl in einer Pfanne erhitzen, Knoblauch und Chilischote darin bei geringer Hitze kurz andünsten. Die Tintenfischstücke zugeben, salzen und 2 Minuten mitdünsten. Weißwein und Lorbeerblatt zugeben und die Flüssigkeit offen um die Hälfte einkochen lassen.

4. Die Nudeln in reichlich kochendem Salzwasser 1 Minute garen. Mit einem Schaumlöffel herausnehmen und in der Sauce 1 Minute durchschwenken. Die Petersilie unterheben. Chilischote und Lorbeerblatt entfernen. Die Nudeln auf tiefen Tellern anrichten und sofort servieren.

WARUM DAS REZEPT FUNKTIONIERT

Für den typischen Biss von Bandnudeln bereiten wir einen Teig aus Weizenmehl (Type 405) und Ei zu. Die Zugabe von Hartweizengrieß verleiht den Tagliolini Spaghetti-Eigenschaften, da unsere Sauce nicht so stückig ist wie sonst bei Bandnudeln üblich. Er steigert den Biss und schafft mehr Saucenbindung, wenn wir die Nudeln mit etwas Nudelkochwasser und der darin gelösten Stärke direkt aus dem Topf zur Sauce in die Pfanne geben.

EINFACHE VERSION Man kann auch gekaufte, ungeschwärzte Nudeln verwenden. Zum Färben der Sauce geben wir dann die Sepiatinte nach dem Ablöschen mit Weißwein in die Pfanne. Die in der Sauce geschwenkten Nudeln färben sich in der kurzen Zeit ebenfalls schwarz, allerdings nur oberflächlich.

EIGELB-RAVIOLO MIT TRÜFFELSAUCE

RAVIOLI RIPIENO DI TUORLO AL TARTUFO

(FÜR 4 PORTIONEN)

Spinat, Eigelb und Trüffel – es existieren zahlreiche Varianten mit dieser klassischen Zutatenkombination. Da es kein alltägliches Gericht ist, kommt hier der festliche Nudelteig aus reinem Weichweizenmehl zum Einsatz. Zum Sattessen taugt der Raviolo jedoch nicht. Wir servieren deshalb nur einen Raviolo pro Person als Zwischengericht bei einem Feiertags-Menü.

FÜR DEN NUDELTEIG

2-faches Rezept Grundteig – der Festliche (siehe S. 35)
Hartweizengrieß (Semola di grano duro rimacinata) zum Arbeiten

FÜR DIE FÜLLUNG

250 g	Spinat, geputzt
3 Stängel	Kerbel, Blättchen abgezupft
30 g	Butter
1	Schalotte, fein gewürfelt
1	Knoblauchzehe, geschält und angedrückt
	Salz und Pfeffer
	frisch geriebene Muskatnuss
4	große Eier (L oder XL; evtl. ein paar mehr, falls beim Füllen 1 Eigelb kaputtgeht)

FÜR DIE SAUCE

20 g	schwarzer Périgord-Trüffel (Tuber melanosporum)
75 g	Butter
1	Schalotte, gewürfelt
30 g	Lauch, das Weiße in feine Streifen geschnitten
3	Champignons, in dünne Scheiben geschnitten
10 g	getrocknete Steinpilze
50 ml	Marsala
50 ml	Weißwein
400 ml	Kalbsfond
100 g	Sahne

AUSSERDEM

runder Ausstecher (Ø 9 bis 10 cm)

EIGELB-RAVIOLO MIT TRÜFFELSAUCE, S. 44

1. Den Nudelteig wie beschrieben (siehe S. 35) zubereiten, in Frischhaltefolie wickeln und mindestens 30 Minuten ruhen lassen.

2. Für die Füllung den Spinat in reichlich kochendem Salzwasser blanchieren, herausnehmen, eiskalt abschrecken, abtropfen lassen und ausdrücken, damit die Füllung nicht verwässert. Mit den Kerbelblättchen genauso verfahren. Den Spinat fein hacken. Die Butter zerlassen, Schalottenwürfel und Knoblauch darin glasig andünsten und salzen. Den Spinat zufügen und kurz mitdünsten. Den Knoblauch entfernen. Den Spinat mit Pfeffer und Muskat würzen und auf einem Teller auskühlen lassen.

3. Inzwischen die Eier einzeln trennen. 1 Eiweiß verquirlen (den Rest anderweitig verwenden, siehe „Eiweißverwertung", S. 35). Den Nudelteig zu drei dünnen Bahnen ausrollen, eine davon mit Eiweiß bestreichen. Die Kerbelblättchen mit Küchenpapier abtupfen und mit etwas Abstand darauf verteilen. Eine zweite Teigplatte darauflegen, andrücken und durch die kleinste Öffnung der Nudelmaschine rollen. Aus beiden Teigbahnen vier Kreise mit einem Durchmesser von 9 bis 10 cm ausstechen. Auf jeden Kreis ohne Kerbelblatt 1 gehäuften EL Spinat in die Mitte geben. Mit einem Teelöffel eine Mulde in die Häufchen drücken, sodass Platz für 1 Eigelb ist. In jede Mulde vorsichtig 1 Eigelb setzen. Die Teigränder mit Eiweiß bestreichen, vorsichtig mit den Kerbel-Teigplatten abdecken und die Teigränder andrücken. Die Ravioli bis zur Verwendung auf einen mit Grieß bestreuten Teller legen.

4. Für die Sauce den Trüffel mit einem Pinsel abreiben, vorsichtig so dünn wie möglich schälen und die abgeschälten Abschnitte beiseitelegen. Die Butter zerlassen, Gemüse, Pilze und Trüffelabschnitte darin andünsten, bis alles zusammenfällt. Marsala und Weißwein zugießen und vollständig einkochen lassen. Die Kalbsbrühe zugießen und offen bei geringer Hitze auf die Hälfte einkochen lassen. Die Sahne zugeben und einmal aufkochen. Die Sauce durch ein feines Sieb passieren und mit Salz und Pfeffer würzen.

5. Die Ravioli in reichlich kochendem Salzwasser 2 Minuten garen. Ravioli abtropfen lassen und auf tiefen Schalen anrichten. Die Trüffelsauce aufmixen und um die Ravioli gießen. Den übrigen Trüffel dünn über die Ravioli hobeln. Sofort servieren.

WARUM DAS REZEPT FUNKTIONIERT

Für diese speziellen Ravioli wird der Nudelteig über eine gebogene und äußerst fragile Füllung gelegt. Insofern sind Zutaten gefragt, die die Elastizität des Teigs anheben. Die Mehlauswahl, das Ei und etwas Salz im Teig leisten das. Darüber hinaus empfehlen wir, den Teig mit feuchten Händen zu kneten – diese minimale Wasserzugabe macht den Teig etwas weicher. Da wir die Ravioli mit einer rohen Eigelbfüllung zügig weiterverarbeiten, spielt das keine Rolle. Das zusätzliche Wasser wäre nur dann ein Nachteil, wenn die Nudeln im Anschluss getrocknet werden müssten.

SCHLUTZKRAPFEN

(FÜR 4 PORTIONEN)

Das Rezept aus dem Alpenraum erhält durch die Zugabe von Roggenmehl seinen unverwechselbaren Charakter. Es verleiht den Nudeln nicht nur optisch eine ganz eigene Note, auch geschmacklich sind Schlutzkrapfen ein Unikat, selbst wenn die Zutaten für die Füllung überall in Italien zum Einsatz kommen.

FÜR DEN NUDELTEIG

150 g	Roggenmehl (Type 997)
150 g	Weizenmehl (Type 405)
2	Eier (M, 100 g)
2 EL	Olivenöl

FÜR DIE FÜLLUNG

500 g	Blattspinat, geputzt
150 g	Butter
1	Zwiebel, fein gewürfelt
1	Knoblauchzehe, geschält
20 g	Weizenmehl (Type 405)
100 ml	Milch
	frisch geriebene Muskatnuss
1 Bund	Schnittlauch, in Röllchen geschnitten
100 g	frisch geriebener Grana padano

AUSSERDEM

Salz und frisch gemahlener schwarzer Pfeffer
runder Ausstecher (Ø 7,5 cm)

1. Für den Nudelteig beide Mehlsorten mit 1 Prise Salz in einer Schüssel mischen. Mit der Hand eine Mulde in die Mitte drücken. Die Eier aufschlagen und in die Mulde geben, das Olivenöl zugeben. Beides mit einer Gabel verquirlen. Nach und nach das Mehl einarbeiten, bis ein grober Vorteig entstanden ist. Den Teig auf einer Arbeitsfläche

weiterkneten und so viel Wasser einarbeiten, bis er glatt und geschmeidig ist. Im Anschluss mindestens 30 Minuten unter einer umgedrehten Schüssel ruhen lassen, damit er während dieser Zeit nicht antrocknet, oder in Frischhaltefolie wickeln.

2. Für die Füllung den Spinat in reichlich Salzwasser blanchieren, herausnehmen und eiskalt abschrecken. Den Spinat abtropfen lassen und ausdrücken, damit die Füllung nicht verwässert. Den Spinat fein hacken. 50 g Butter zerlassen, Zwiebelwürfel und Knoblauch darin bei geringer Hitze glasig andünsten, salzen und pfeffern. Das Mehl unter Rühren zugeben und 2 Minuten farblos anschwitzen. Die Milch einrühren, aufkochen und dicklich einkochen lassen. Den Spinat unterrühren und mit Muskat würzen. Die Füllung beiseitestellen und erkalten lassen. Die Hälfte der Schnittlauchröllchen unter die Füllung mischen. Den Knoblauch entfernen. Die Hälfte von dem geriebenen Käse unterheben. Die Masse mit Salz und Pfeffer würzen.

3. Den Teig mit einer Nudelmaschine zu 10 cm breiten, nicht zu dünnen Bahnen ausrollen. Die Füllung in gleichmäßigen Abständen mittig auf den Teigbahnen verteilen. Die Zwischenräume mit Wasser einpinseln, die einzelnen Bahnen über der Füllung zusammenklappen. Den Teig zusammendrücken und die einzelnen Schlutzkrapfen mit einem runden Ausstecher so ausstechen, dass etwas von der geraden Knickkante des Teigs erhalten bleibt.

4. Die Nudeln in reichlich Salzwasser kochen, bis der Teig gar und die Füllung warm ist. Die restliche Butter in einer breiten Pfanne langsam erhitzen, bis sie braun wird. Die Schlutzkrapfen darin schwenken und samt Butter auf Tellern anrichten. Mit de übrigen Schnittlauchröllchen und dem restlichen Käse bestreuen. Sofort servieren.

WARUM DAS REZEPT FUNKTIONIERT

Die Elastizität kann man bei bestimmten Teigen mit etwas Öl verbessern. Dieser Nudelteig besteht zu gleichen Teilen aus Roggen- und Weizenmehl sowie Eiern. Roggenmehl enthält im Vergleich zu Weizenmehl weder Kleber noch hochmolekulares Glutenin. Eines der Proteine im Roggen ist Secalin. Dieses Protein kann mithilfe eines Säuerungsmittels (Sauerteig) elastische Eigenschaften ausbilden. Da Nudelteig nicht gesäuert wird, helfen Eier bei der Bindung. Secalin ist aus vielen hydrophoben (wasserunlöslichen) Aminosäuren aufgebaut, und hier kommt das Öl ins Spiel. Ohne Öl klumpen diese hydrophoben Proteinteile beim Kneten zusammen. Das Öl legt sich nun beim Kneten als gutes Lösungsmittel um die hydrophoben Teile der Proteine und verhindert ihr Zusammenklumpen, es wirkt als Weichmacher. Der Teig wird elastischer und fügt sich den Quetsch- und Deformationsbedingungen in der Nudelmaschine deutlich leichter als ohne Öl.

BREITE KAKAO-BANDNUDELN MIT HIRSCHRAGOUT
PAPPARDELLE DI CACAO ALLA SELVAGGINA

(FÜR 4 PORTIONEN)

Bei der Zubereitung des Ragouts kommt es auf drei Dinge an: Das Fleisch erst Zimmertemperatur annehmen lassen, dann das Fleisch portionsweise kräftig anbraten und mehrfach mit Wein ablöschen (deglacieren).

FÜR DAS RAGOUT

750 g	Hirschschulter, zimmerwarm, 1 cm groß gewürfelt
	Pflanzenöl
150 g	rote Zwiebel, gewürfelt
1	Knoblauchzehe, gewürfelt

BREITE KAKAO-BANDNUDELN MIT HIRSCHRAGOUT, S. 47

100 g	Knollensellerie, gewürfelt
100 g	Möhren, gewürfelt
100 g	roter Apfel, gewürfelt
2 EL	Ketchup
200 ml	Rotwein
200 ml	roter Portwein
800 ml	Wildfond
2	Lorbeerblätter
3	Nelken
5	Wacholderbeeren
5	Pimentkörner
1 Zweig	Thymian
1 Zweig	Rosmarin
1 EL	Preiselbeeren (Glas)
	dunkler Balsamicoessig
5 Stängel	glatte Petersilie, fein gehackt

FÜR DEN NUDELTEIG

180 g	Hartweizengrieß (Semola di grano duro rimacinata) + etwas zum Bestreuen
180 g	Weizenmehl (Type 405)
40 g	Kakaopulver
4	Eier (M, 200 g)

AUSSERDEM

	Salz und frisch gemahlener schwarzer Pfeffer
100 g	Maronen
1	Birne, klein gewürfelt
	frisch geriebener Parmesan zum Bestreuen

1. Für das Hirschragout die Fleischwürfel mit wenig Salz würzen. Etwas Pflanzenöl in einem Schmortopf erhitzen, das Fleisch darin von allen Seiten goldbraun anbraten. Dabei immer nur so viel Fleisch anbraten, wie in den Topf passt. Ist nicht ausreichend Platz, das Fleisch in mehreren Portionen anbraten. Den Backofen auf 150 °C vorheizen.

2. Zwiebel-, Knoblauch-, Gemüse- und Apfelwürfel zugeben und etwas Farbe annehmen lassen. Das Ketchup einrühren und kurz mitbraten. Die Hälfte des Rotweins zugießen und vollständig einkochen lassen. Diesen Arbeitsschritt dreimal mit dem restlichen Rot- und Portwein wiederholen. Wenn alles verdampft ist, den Wildfond zugießen. Gewürze und Kräuter (bis auf die Petersilie) einlegen. Das Fleisch abgedeckt im heißen Ofen ca. 1½ Stunden schmoren, bis es zart ist.

PRAKTISCHE WISSENSCHAFT
BLANCHIEREN UND ABSCHRECKEN

Es klingt aufwendig und ist es auch: Viel Wasser zum Kochen bringen, grünes Gemüse wie Spinat, Wirsing, grüne Bohnen oder Lauch kurz hineingeben, wieder herausheben und sofort in Eiswasser abschrecken. Aber die Arbeit lohnt sich, denn ohne diesen Blanchiervorgang wird das schönste Gemüse grau statt grün. Chlorophyll ist ein Pigment, das ähnlich wie das rote und beim Erhitzen braun werdende Pigment Häm, das sich in Blut und Muskeln verbirgt, durch Oxidation seine Farbe ändert. Dafür ist die Oxidation des Magnesiumions im Zentrum des Chlorophylls verantwortlich bzw. ein Enzym, das Chlorophyll aus der Form bringt. Genau dieses Enzym muss inaktiviert werden. Das geschieht bei Temperaturen über 75 °C, wenn das grüne Gemüse für wenige Minuten in heißes Wasser getaucht wird. Das anschließende Eisbad verhindert eine weitere Oxidation durch zu lange Hitzeeinwirkung. Gleichzeitig wird der durch das Blanchieren begonnene Garvorgang beim Abkühlen gestoppt, das Gemüse bleibt hinreichend knackig.
Ein weiterer Vorteil des Blanchierens besteht im Erhalt des gemüseeigenen Vitamin C, also der Ascorbinsäure. Zerstört man die Zellwände des Gemüses durch Schneiden, Quetschen oder Hacken, wird das Enzym Ascorbinsäureoxidase freigesetzt und kommt mit der Ascorbinsäure im Inneren der Zellen in Berührung. Diese oxidiert sehr rasch zu Deshydroascorbinsäure – das Vitamin C ist verloren. Blanchieren verhindert dies, da die Ascorbinsäureoxidase bei Temperaturen um 60 °C deaktiviert wird.
Auch für das Einfrieren ist Blanchieren essenziell: Zum einen werden einige Pflanzenzellen dadurch bereits zum Platzen gebracht, sodass das Zellwasser während des Einfrierens keine unkontrollierten Schäden anrichtet, zum anderen sind Enzyme deaktiviert, die ein unkontrolliertes Verfärben während der Einfrier- und Auftauphase auslösen könnten.

3. Die Maronen mit einem Messer kreuzförmig einritzen, auf ein Backblech legen, zum Fleisch in den heißen Ofen geben und backen, bis sie weich sind. Dann herausnehmen und abkühlen lassen. Die Schale und die pelzige Haut darunter entfernen. Den genießbaren Teil in mundgerechte Stücke schneiden.

PRAKTISCHE WISSENSCHAFT
VOM SINN DES MEHRFACHEN DEGLACIERENS

Das mehrfache Deglacieren, d. h. das Ablöschen mit Wein, lohnt sich. Bei allen Bratgerichten mit Fleisch oder Gemüse sollte man nicht mit der ganzen Flüssigkeitsmenge auf einmal ablöschen, sondern portionsweise immer wieder Wein angießen, rühren, verdampfen lassen, angießen, rühren, verdampfen lassen, bis aller Rot-, Weiß- oder Portwein aufgebraucht ist. Das dauert zwar etwas länger, aber der Gewinn an Geschmack und Aroma ist immens, denn während dieses Vorgangs wird ein Großteil der Röst- und Karamellaromen festgelegt.

Bei jedem Ablöschen sinkt die Temperatur des Pfannenbodens zunächst auf 100 °C. Bei diesen Temperaturen entstehen „gekochte Aromen", die sonst fehlen würden. Außerdem werden bei dem Temperaturwechsel mehr Proteine zerlegt, es bildet sich Glutaminsäure, sprich, Umami-Geschmack. Steigt danach die Temperatur wieder über 100 °C, lösen sich Pektine und Hemizellulosen vermehrt aus dem Gemüse, weitere Karamellisierungsprozesse und eine erneute Maillardreaktion (bei der bei hoher Hitze aus Zuckern Röstaromen entstehen) finden im Temperaturbereich zwischen 100 °C und 150 °C statt, je nachdem, zu welchem Zeitpunkt der nächste Schluck Wein zugegeben wird. Auch das ist ein Kontrollparameter, um die Aromabildung (von Hand) zu steuern.

Wiederholt man diese Schritte mehrmals, bilden sich mehr gekochte Aromen und mehr dieser angenehm riechenden, schwerer flüchtigen Röststoffe, mehr Geschmacksstoffe und mehr Peptide für das herzhafte umami sowie den Eindruck von Mundfülle (kokumi). Die Sauce schmeckt deutlich intensiver. Und der erfreuliche Nebeneffekt dabei: Der meiste Alkohol ist aus der Sauce verschwunden. Vorher hat er allerdings durchaus seinen Sinn: Er löst das Fett und wasserunlösliche Bestandteile mit, dem festgebackenen Bodenbelag werden zwei Lösungsmittel angeboten.

Wenn man mehrfach deglaciert, ist übrigens die Verwendung des oft gescholtenen Ketchups nicht verkehrt. Der reichlich enthaltene Zucker aus Tomaten und zusätzlich zugegebener Haushaltszucker, Glukosesirup oder dergleichen, reagiert zum großen Teil zu Maltol, das nach Karamell duftet, zu Furanen, die fruchtig und röstig-nussig riechen, und zu röstigen Maillardprodukten, und lässt so die Aromadichte steigen. Die Sauce und die Pasta danken es – ganz besonders Kakaopasta mit ihren unterschwelligen schokoladigen Röstnoten, die dann perfekt passen.

4. Für den Nudelteig Hartweizengrieß mit Mehl, Kakaopulver und 1 Prise Salz in einer Schüssel mischen. Mit der Hand eine Mulde in die Mitte drücken. Die Eier aufschlagen, in die Mulde geben und mit einer Gabel verquirlen. Das Mehl einarbeiten, bis ein grober Vorteig entstanden ist. Den Teig auf einer Arbeitsfläche weiterkneten, bis er glatt und geschmeidig ist. Im Anschluss mindestens 30 Minuten unter einer umgedrehten Schüssel ruhen lassen, damit er während dieser Zeit nicht antrocknet, oder in Frischhaltefolie wickeln.

5. Danach den Teig mit einer Nudelmaschine zu einer dünnen Bahn ausrollen. Diese in 25 cm lange Segmente schneiden, mit etwas Hartweizengrieß bestreuen und längs einrollen. Die Rollen in 2 cm breite Stücke schneiden. Die einzelnen Pappardelle entrollen und bis zur Verwendung auf ein Tablett legen.

6. Das Ragout aus dem Ofen nehmen. Die Fleischwürfel aus der Sauce fischen. Die Sauce durch ein Sieb in einen Topf passieren und auf die gewünschte Konsistenz einkochen. Mit Preiselbeeren, Salz, Pfeffer und einem Schuss Balsamicoessig würzen. Die Fleischwürfel mit Petersilie, Birnenwürfeln und Maronenstücken in der Sauce erhitzen.

7. Die Nudeln in reichlich kochendem Salzwasser 1 Minute garen, abgießen und in der Sauce schwenken, bis sie sich mit der Sauce verbunden haben. Die Nudeln auf tiefen Tellern anrichten, mit der im Topf verbliebenen Sauce überziehen (nappieren) und mit geriebenem Parmesan bestreuen. Sofort servieren.

WARUM DAS REZEPT FUNKTIONIERT

Kakaopulver verändert in diesen kleinen Mengen die Teigeigenschaften über das Gluten des Weizens nur marginal. Da es hydrophob (wasserunlöslich) ist, werden seine Inhaltsstoffe beim Kneten mit Wasser nicht aktiv, geschweige denn freigesetzt. Die Netzwerkbildung des Glutens findet ungehindert statt. Erst beim Kochen der Nudeln werden Fette, bitter schmeckende Polyphenole und schokoladige Röstaromen frei.

ZIMMERWARM Entscheidend ist, dass das Fleisch Zimmertemperatur hat, bevor es portionsweise nach und nach angebraten wird. Das verhindert das Zäh- und Trockenwerden des sehr mageren Wildfleischs und fördert die Bildung von Röstaromen. Wir braten das Fleisch bei einer konstant hohen Temperatur an und achten mithilfe eines Küchenthermometers darauf, dass die Temperatur des Pfannen- oder Topfbodens nicht zu lange unter 130 °C fällt, wenn das Fleisch dazukommt. Ist die Fleischmenge zu groß, wird der Pfannen- oder Topfboden zu stark abgekühlt, die Fleischoberfläche röstet nicht und es muss erst wieder Hitze zugeführt werden. In dieser Zeit gart das Fleisch lang-

STEINPILZNUDELN MIT PARMASCHINKEN, S. 52

sam und die Temperatur steigt über 60 °C an. Dabei geben die Proteine Wasser bzw. Fleischsaft ab, das wieder verdampfen muss und die Herdplatte wiederum abkühlt. Das Braten verzögert sich, es findet keine Röstung statt, mehr Wasser läuft aus dem Fleisch und das Fleisch ist dahin.

FAUSTREGEL Fleisch nie direkt aus dem Kühlschrank anbraten, sondern immer eine gute Stunde vorher herausnehmen. Je kleiner die Fleischwürfel sind, desto kleiner die Bratportion in der Pfanne.

PRAKTISCHE WISSENSCHAFT
MAILLARDREAKTION UND WASSER

Erhitzt man Lebensmittel, entstehen aus den Aminosäuren der Proteine und Zuckern röstig duftende Stoffe, wie sie von Brotrinden, Fleischkrusten oder gegrilltem Gemüse bekannt sind. Damit diese sogenannte Maillardreaktion stattfindet, benötigt man in der Pfanne und im Ofen Temperaturen über 140 °C. Enthält z. B. Gemüse viel Wasser, findet die Reaktion erst dann statt, wenn genügend Wasser verdampft ist. Der Grund liegt in der Physik: Wasser muss bei 100 °C verdampfen, denn die thermische Energie bei dieser Temperatur ist hoch genug, um die Wassermoleküle, die im flüssigen Wasser eng rasch aneinander vorbeihuschen, voneinander zu trennen. Der Abstand der Moleküle zueinander vergrößert sich dramatisch, das Wasser tritt in die Dampfphase ein. Solange aber Wasser im Gemüse vorhanden ist und über die Oberfläche verdampft, kann die Temperatur dort nicht stark über 100 °C steigen. Erst wenn genügend verdampft ist, sodass die Wasseraktivität des verbleibenden Wassers unter 70 Prozent fällt, kann die Temperatur so hoch steigen, dass eine Maillardreaktion möglich ist (siehe Abb. S. 120).

Für das Anbraten von wasserreichem Gemüse wie z. B. Pilzen bedeutet das, dass man es möglichst heiß in der trockenen Pfanne kurz anbrät, sodass viel Wasser verdampft und an den Randbereichen ein paar Röstaromen entstehen. Wichtig ist, dass die Temperatur hoch genug ist, damit das Wasser tatsächlich verdampft und das Gemüse nicht im eigenen Wasser zu köcheln beginnt. Sobald man nach dem Anbraten Öl zugibt, beginnt der eigentliche Bratvorgang mit der Bräunungsreaktion: Röststoffe bilden sich rasch, das Gemüse wird braun.

STEINPILZNUDELN MIT PARMASCHINKEN
PASTA AI PORCINI CON PROSCIUTTO DI PARMA
(FÜR 4 PORTIONEN)

Bei diesem Rezept kommt es auf das richtige Anbraten der Pilze an, die natürlicherweise einen hohen Wassergehalt haben. Um etwas davon loszuwerden, bevor der eigentliche Bratprozess beginnt, geben wir sie trocken, also ohne Fett, in die heiße Pfanne, wo ein Großteil der Feuchtigkeit im Vorfeld verdampft. So behandelt, erhalten wir am Ende bissfeste, aromatische Pilze, die die Sauce nicht verwässern.

FÜR DEN NUDELTEIG

- 350 g Hartweizengrieß (Semola di grano duro rimacinata)
- 50 g Steinpilzpulver
- 4 Eier (S, 180 g)

FÜR DIE SAUCE

- Olivenöl
- 1 Schalotte, fein gewürfelt
- 1 Knoblauchzehe, geschält
- 150 g braune Champignons, grob zerkleinert
- 100 ml Weißwein
- 200 ml Geflügelbrühe
- 20 g getrocknete Steinpilze
- 5 Stängel glatte Petersilie, Stängel + grob gehackte Blätter
- 500 g frische Steinpilze
- 50 g Butter, gewürfelt
- 4 Scheiben Parmaschinken, in 1 cm breite Streifen geschnitten

AUSSERDEM

- Salz und frisch gemahlener schwarzer Pfeffer
- frisch geriebener Parmesan zum Bestreuen

1. Für den Nudelteig Hartweizengrieß mit 1 Prise Salz und Steinpilzpulver in einer Schüssel mischen. Mit der Hand eine Mulde in die Mitte drücken. Die Eier aufschlagen, in die Mulde geben und mit einer Gabel verquirlen. Nach und nach den Grieß einarbeiten, bis ein grober Vorteig entstanden ist. Den Teig auf einer Arbeitsfläche weiterkneten, bis er glatt und geschmeidig ist. Im Anschluss mindestens 30 Minuten unter einer umgedrehten Schüssel ruhen lassen, damit er während dieser Zeit nicht antrocknet, oder in Frischhaltefolie wickeln.

2. Für die Sauce etwas Olivenöl in einem Topf erhitzen, Schalottenwürfel und Knoblauch darin glasig andünsten und salzen. Die Champignons zufügen und zusammenfallen lassen. Den Weißwein zugießen und vollständig einkochen lassen. Die Geflügelbrühe, getrocknete Steinpilze und Petersilienstängel zufügen. Alles aufkochen und offen bei geringer Hitze um die Hälfte einkochen lassen.

3. Inzwischen die frischen Steinpilze mit einem Pinsel abbürsten und in 1,5 cm große Würfel schneiden. Den Teig mit einer Nudelmaschine zu dünnen Bahnen ausrollen. Diese mit einem (gezackten) Teigrad in 1 cm breite Streifen, sogenannte Mafaldine, schneiden.

4. Die Sauce durch ein feines Sieb in eine große Pfanne passieren. Die Steinpilzwürfel in einer zweiten heißen Pfanne ohne Fett kurz anrösten, damit sie etwas Wasser verlieren und Farbe annehmen. Dann etwas Olivenöl zugeben und die Pilze kurz kräftig anbraten.

5. Gleichzeitig die Nudeln in reichlich Salzwasser kochen, bis sie gar sind. Das geht sehr schnell, wenn sie erst kurz zuvor geschnitten wurden. Die Mafaldine mit einem Schaumlöffel herausnehmen und in die Sauce geben. Die gehackte Petersilie und Butterwürfel zugeben und durchschwenken. Mit Salz und 1 großzügigen Prise Pfeffer würzen. Die gebratenen Steinpilze und die Schinkenstreifen untermischen. Die Nudeln auf tiefen Tellern anrichten und mit geriebenem Parmesan bestreuen. Sofort servieren.

WARUM DAS REZEPT FUNKTIONIERT

Steinpilzpulver ist eine unproblematische Zutat. Dafür werden getrocknete Steinpilze zu Pulver vermahlen. Der Restwassergehalt der Pilze ist so niedrig, dass sie schwer zu rehydrieren sind. Wird Steinpilzpulver mit Hartweizengrieß und Wasser verknetet, beginnt der „Kampf" um das Wasser, den der glutenreiche Grieß gewinnt. Denn beim Kneten mit Wasser entfaltet sich das Gluten rascher als das wenige Protein in den Pilzgranulaten. Grob gesagt verhält sich das Pilzpulver ähnlich wie Stärke, die sich beim Kneten ebenfalls nicht verändert. Erst beim Kochen werden die Pilzgranulate ausreichend rehydriert und der Geschmack sowie die Aromen frei. Und diese landen dann beim Essen auf der Zunge und retronasal (über den Rachenraum) an den Riechzellen.

PILZE OPTIMAL BRATEN Wir braten die Pilze zunächst portionsweise in einer heißen Pfanne ohne Fett bei starker Hitze kurz an, dabei muss es in der heißen Pfanne zischen. Durch die große Hitze verdampft das Wasser in den Randbereichen, die Pilze erhalten an der allmählich trockener werdenden Oberfläche sogar ein paar Röststoffe. Wichtig ist, dass die Pfanne nicht mit Pilzen überfüllt wird, die Temperatur hoch genug ist, damit das austretende Wasser sofort verdampft. Sammelt sich durch eine zu niedrige Temperatur mehr Wasser als gewünscht an, sinkt die Temperatur sofort und noch mehr Wasser tritt aus. Die Pilze braten dann nicht mehr, sondern köcheln, verschrumpeln und verlieren an Biss. Nach dem Anbraten bei starker Hitze beginnt mit der Zugabe von Fett der eigentliche Bratprozess. Ab diesem Zeitpunkt geht alles sehr schnell, deshalb bereiten wir weitere Zutaten rechtzeitig vor.

PILZE ALS BEILAGE Für mehr Geschmack ein paar Schalottenwürfel, Schnittlauchröllchen, etwas Butter in Stückchen, vielleicht 1 Knoblauchzehe und 1 Spritzer Zitronensaft bereithalten. Nach der Ölzugabe die Pilze sofort unter Wenden anbraten (sautieren). Zwiebelwürfel und Knoblauch direkt nach dem Öl in die Pfanne geben und mitschwenken. Zur Bindung der Flüssigkeit die Butterstückchen zufügen. Die Pilze beiseitestellen, mit 1 Spritzer Zitronensaft und Schnittlauchröllchen aromatisieren. Erst zum Schluss salzen, da Salz Lebensmitteln Wasser entzieht, was unerwünscht ist.

LILA BLUTWURSTHALBMONDE AUF SAUERKRAUT
MEZZELUNE CON SANGUINACCIO E CRAUTI

(FÜR 4 PORTIONEN)

Die Kombination aus Blutwurst, Apfel und Sauerkraut erfreut sich in vielen Ländern größter Beliebtheit. Für unsere italienische Nudelversion kommt die Blutwurst in einen Nudelteig, der farblich auf das Innenleben abgestimmt ist und so auf die besondere Füllung verweist.

FÜR DEN NUDELTEIG

	Hartweizengrieß (Semola di grano duro rimacinata) zum Arbeiten
300 g	Weichweizenmehl (Type 00)
2	Eier (M, 100 g)
50 ml	Rote-Bete-Saft

FÜR DAS SAUERKRAUT

1	Gemüsezwiebel, fein gewürfelt
200 g	frisches Sauerkraut
100 ml	Weißwein
200 ml	Apfelsaft
1	Lorbeerblatt
4	Wacholderbeeren
2	Nelken
1	mehligkochende Kartoffel, gerieben

FÜR DIE FÜLLUNG

1	rote Zwiebel, fein gewürfelt
1	roter Apfel, fein gewürfelt
150 g	geräucherte Blutwurst, gepellt und fein gewürfelt
2 Stängel	Majoran, gehackt

LILA BLUTWURSTHALBMONDE AUF SAUERKRAUT, S. 53

AUSSERDEM

Salz
Pflanzenöl
Zucker und Pfeffer
runder Ausstecher (Ø 8 cm)
50 g Butter

1. Für den Nudelteig Hartweizengrieß mit Mehl und 1 Prise Salz in einer Schüssel mischen. Mit der Hand eine Mulde in die Mitte drücken. Eier und Rote-Bete-Saft in die Mulde geben und mit einer Gabel verquirlen. Nach und nach das Mehl einarbeiten, bis ein grober Vorteig entstanden ist. Den Teig auf einer Arbeitsfläche weiterkneten, bis er glatt und geschmeidig ist. Im Anschluss mindestens 30 Minuten unter einer umgedrehten Schüssel ruhen lassen, damit er während dieser Zeit nicht antrocknet, oder in Frischhaltefolie wickeln.

2. Für das Sauerkraut etwas Pflanzenöl erhitzen, die Zwiebel darin glasig andünsten und salzen. Das Sauerkraut zugeben und kurz mitdünsten. Den Weißwein zugießen und vollständig verdampfen lassen. Apfelsaft und so viel Wasser zufügen, bis das Sauerkraut knapp bedeckt ist. Die Gewürze zugeben. Das Sauerkraut abgedeckt bei geringer Hitze garen, bis es cremig weich ist, dabei zwischendurch eventuell etwas Wasser zugeben. Die Gewürze entfernen. Übrige Flüssigkeit offen einkochen lassen und das Sauerkraut mit der geriebenen Kartoffel binden. Mit je 1 Prise Zucker, Salz und Pfeffer würzen.

3. Für die Füllung etwas Pflanzenöl erhitzen, die Zwiebelwürfel darin glasig andünsten und salzen. Apfelwürfel zugeben und kurz mitbraten, damit sie nicht zerfallen. Die Blutwurst mit dem lauwarmen Zwiebel-Apfel-Mix mischen und erwärmen. Den Majoran unterheben. Die Füllung mit Salz und Pfeffer würzen.

4. Den Nudelteig zu dünnen Platten ausrollen und Kreise mit einem Durchmesser von 8 cm ausstechen. Je 1 TL Füllung darauf verteilen und die Teigränder mit etwas Wasser einpinseln. Die Teigkreise zu Halbmonden formen. Die Halbmonde mit der geraden Seite auf die Arbeitsfläche drücken, damit sie beim Anrichten auf dem Sauerkraut stehen bleiben.

5. Die Nudeln in reichlich Salzwasser kurz kochen, bis der Teig gar und die Blutwurstfüllung warm ist. Die Butter in einer Pfanne aufschäumen, die Halbmonde darin kurz schwenken, bis sie glänzen. Das Sauerkraut anrichten und die Halbmonde aufrecht daraufsetzen. Sofort servieren.

WARUM DAS REZEPT FUNKTIONIERT

Der Rote-Bete-Saft ist in erster Linie „gefärbtes Wasser", daher reduzieren wir die übliche Menge an Ei (siehe Grundrezept „Der Heimklassiker", S. 30) für den Teig entsprechend. Die im Gemüsesaft vorhandenen wasserbindenden Zucker und Pektine sowie die Reste an Zellmaterial aus der Knolle können allerdings nicht die Eiproteine ersetzen und wie diese einen elastischen und in der Nudelmaschine hochdeformierbaren Teig garantieren. Deswegen fügen wir dem Teig bei der Verarbeitung so viel Mehl (d. h. weiteres Protein) hinzu, bis die gewünschten Eigenschaften erreicht sind. Darüber hinaus machen wir uns hier die schneeweiße Farbe des Weichweizens als neutralen Hintergrund für das Lila des Rote-Bete-Saftes zunutze, dessen Farbton durch gelben Hartweizengrieß unweigerlich verfälscht würde.

KONZEPT 3
EI MACHT FRISCHE PASTA KÖNIGLICH GUT

Selbst gemachte Pasta gelingt besser, wenn man Eier verwendet. Der Teig lässt sich leichter in der Nudelmaschine ausrollen und bricht am Rand nicht so schnell ab, die Textur der gekochten Nudeln ist schön fest und Saucen haften gut. Offensichtlich unterstützen Eiklar und Eigelb die Weizenproteine bei der Teigbereitung genau an den richtigen Stellen. Besonders bei Bandnudeln (Tagliatelle, Fettuccine und Pappardelle) und bei stark gebogenen Pastaformen (Ravioli, Tortellini) ist das sehr vorteilhaft.

DIE WISSENSCHAFT DAHINTER

Wie wir bereits wissen, ist bei der Zubereitung des Teigs die Stärke des Weizens nicht maßgeblich beteiligt, weil sie nicht in kaltem Wasser quillt. Der Grund für die Teigverbesserung mit Eiern liegt wiederum im Verhalten des Glutens, also der Weizenproteine. Proteine bestehen aus Aminosäuren, die entweder unpolar, also wasserscheu (hydrophob), oder aber leicht polar bzw. elektrisch geladen und damit gut wasserlöslich (hydrophil) sind. Wird das Weizenmehl mit Wasser befeuchtet und geknetet, entfalten sich die langen Proteinketten des Glutens. Die hydrophoben Aminosäuren mögen dies gar nicht und klumpen zusammen, um sich bestmöglich vor dem Wasser zu schützen. Es bilden sich sogenannte β-Faltblätter, zwischen den Molekülketten, die für einen leichten Zusammenhalt des Teigs sorgen.

Komplizierter ist es bei den hydrophilen Aminosäuren. Es gibt (bei neutralen pH-Werten) drei positiv geladene Aminosäuren (Arginin, Lysin und Histidin) sowie zwei negativ geladene (Asparagin- und Glutaminsäure), die uns noch in Geschmacksfragen wiederbegegnen werden (siehe Konzept 13). Da sich gleich geladene Aminosäuren abstoßen, entgegengesetzt geladene jedoch anziehen, kommt es wieder zu Konflikten auf molekularer Ebene, die sich erst nach weiterem Kneten schlichten lassen. Dann bilden sich zusätzlich auch elektrostatische Netzstellen, die für einen elastischen Halt des Teigs sorgen. Allerdings hat das hochmolekulare Glutenin an manchen Stellen über seinen hohen Anteil an Glutaminsäure mehr negative elektrische Ladungen als positive, auch wenn die Ladung insgesamt ausgewogen ist. So kann die lange Gluteninkette, wenn sie sich beim Kneten entfaltet, an verschiedenen Stellen mit anderen geladenen Proteinen unterschiedlich wechselwirken.

Diese molekularen Prozesse der Teigbildung werden von Eiern nun in mehrfacher Hinsicht unterstützt. In den Eiklarproteinen befinden sich u. a. kugelige (globuläre) Proteine, die Albumine (genauer: Ovalbumin), die sich ebenfalls beim Kneten entfalten. Auch sie bestehen aus geladenen und ungeladenen Aminosäuren, haben jedoch einen Überschuss an positiven Ladungen. Daher passen Albuminketten und Gluteninketten sehr gut zusammen: Sie ziehen sich an und machen das elastische Proteinnetz stärker und reißfester.

Doch nicht nur das: Ovalbumine sind zudem hochgradig grenzflächenaktiv (wie sich an der Schaumbildung des Eiklars ablesen lässt), d. h., sie können zwischen hydrophilen und hydrophoben Bestandteilen (also auch Wasser und Öl) vermitteln. So fügen sich ihre wasserliebenden Teile gern an die hydrophilen Teile des Glutenins, binden sich aber zugleich an die hydrophoben Teile des Glutenins und schaffen damit neue Verbindungen im Molekülnetz.

Eigelbe wiederum bestehen aus Fetten, die in Nanotröpfchen verpackt sind. Diese Fetttröpfchen sind von Proteinen umgeben, die

ELASTISCHER PASTATEIG MIT EI

Der Vollei-Teig links (mit der orangefarbenen Klammer) dehnt sich minimal mehr als der tiefgelbe Eigelb-Teig (mit der grünen Klammer) in der Mitte. Der rechte, reine Eiweiß-Teig (mit der blauen Klammer) dehnt sich sichtbar weiter aus.

ebenfalls elektrische Ladungen tragen – ähnlich wie beim Eiklar mit einem leichten Überschuss an positiven Ladungen, die sich auf die negativen des Glutenins stürzen. Kommt es zum Kontakt, brechen die Proteinpartikel des Eigelbs beim Kneten auf und geben die Fette frei, was dann wiederum den hydrophoben Aminosäuren hilft. Umgeben von einem angenehmen Lösungsmittel, lockern diese ihren Zusammenschluss, die Verbindungen zwischen den Gluteninketten werden instabiler – mit der Folge, dass der Teig dehnbarer wird. Das mag schon jetzt kompliziert klingen und ist doch nur ein allererster Einblick in das Zusammenwirken einer Vielzahl von molekularen Details, die dafür sorgen, dass Teige mit Eiern reißfester, geschmeidiger und hochdehnbar sind – perfekt für Pastasorten, die gerollt und gefaltet werden müssen.

Auch beim Kochen der Nudeln helfen Eiklarproteine. Wie vom Eierkochen bekannt, wird Eiweiß beim Erwärmen über 71 °C fest, bei 81 °C sehr fest. Die Eiproteine bilden (wie bei Gluten, siehe Konzept 5) feste Schwefelbrücken aus. Anders als beim Eierkochen reagieren die Albuminketten in den gekochten Nudeln aber nicht nur unter sich, sondern verbinden sich außerdem mit den Gluteninketten in ihrer Nachbarschaft. Das Proteinnetz wird enger zusammengezurrt, die Stärke deutlich besser eingebunden, das Wasserhaltevermögen erhöht sich, sprich, die Textur wird deutlich fester. Daher stört es gar nicht, dass man den Zustand al dente bei frischen, selbst gemachten Nudeln aus physikalischen Gründen nicht erreichen kann (mehr dazu in Konzept 6). Die zusätzliche Bindung, die höhere Reißfestigkeit und die höhere Elastizität, die über die Eiproteine erreicht werden, erzeugen eine Art knackigen Effekt, der eine Al-dente-Textur kaum vermissen lässt.

Wegen dieser positiven Eigenschaften ist die Zugabe von Eiern auch wesentlich für glutenfreie Pastazubereitungen, wenn sie z. B. mit kleberfreien Getreiden oder Pseudogetreiden wie Buchweizen, Sorghum, Zwerghirse, Roggen oder Reis kombiniert werden. Die Elastizität der Eiklarproteine sowie die auf molekularem Level „schmierenden" Fette des Eigelbs simulieren das Zusammenspiel der im Gluten enthaltenen Proteine sehr gut.

DAS EXPERIMENT

Um zu überprüfen, wie sich der unterschiedliche Einsatz von Eiern bzw. von Eiweiß und Eigelb auf die Elastizität von Nudelteig auswirkt, haben wir drei verschiedene Teige hergestellt. Allen lag dieselbe Weizenmehl-Hartweizengrieß-Mischung (je 100 g) mit 1 Prise Salz (2 g) zugrunde, die wir dann jeweils um dieselbe Gewichtsmenge (100 g) Vollei, Eigelb oder Eiweiß ergänzt und zu einem glatten Teig geknetet haben. Alle Teige ruhten 30 Minuten und wurden dann ohne Zugabe von weiterem Mehl in einer Nudelmaschine in Bahnen von 2,5 mm Dicke ausgerollt. Die so erhaltenen Teigplatten haben wir in 2 cm breite und 35 cm lange Bandnudeln (Pappardelle) geschnitten und auf einem Holzstab aufgespannt. Anschließend haben wir an das Ende der Nudeln 20 g Gewicht in Form einer Klammer gehängt und sie für 3 Minuten der Schwerkraft ausgesetzt, um die „Kriecheigenschaften" der Teige zu messen.

DAS ERGEBNIS

Schon beim Kneten der Teige fällt ein deutlicher Unterschied auf. Die meiste Kraft erfordert der Teig mit reinem Eigelb. Er ist gefühlt viel trockener, was man dem etwas spröderen Ergebnis auch ansieht. Der Teig mit Vollei knetet sich angenehm und weist am Ende die gewünschte glatte Oberfläche auf. Der Teig mit nur Eiweiß ist am leichtesten zu kneten.

In der Nudelmaschine verhält sich der Teig mit Vollei ganz normal. Ihn hätte man zu allem weiterverarbeiten können. Dasselbe gilt für den Teig mit Eigelb, wobei dieser eine deutlich ledrigere, robustere Konsistenz an den Tag legt. Der Teig mit Eiweiß hingegen löst sich in der Nudelmaschine teilweise auf und ist letztendlich so nicht zu verwenden. Erst die mehrmalige Zugabe von Hartweizengrieß und ein immer neues Durchdrehen machen ihn einsatzbereit.

Die Unterschiede nach dem Aufhängen sind klein – was der relativ kurzen Zeit und dem geringen Gewicht geschuldet ist –, aber zu erkennen. Ein deutlicher Unterschied ist vor allem bei dem reinen Eiweißteig zu bemerken, der sich trotz kurzer Aufhängdauer sichtbar länger dehnt als die anderen beiden Teige. Die Teige mit Vollei und Eigelb dehnen sich fast gleichmäßig, wobei der Vollei-Teig einen winzigen Vorsprung aufweist.

DIE ERKENNTNIS

Eiklar trägt neben Protein (11 Prozent) auch viel Wasser (87 Prozent) in den Teig, das diesen regelrecht verflüssigt. Außerdem stehen die verschiedenen Proteinbestandteile in Konkurrenz zueinander. Die Aminosäure Cystein im Eiklar interagiert mit den Cysteinen des Glutenins aus dem Weizen, sodass zwar eine dehnbare Struktur, aber kein festes Proteinnetzwerk entstehen kann. In der Folge davon bleibt der Teig allzu elastisch und lässt sich nur schwer verarbeiten. Im Eigelb liegt deutlich weniger Wasser (50 Prozent) vor und außerdem ist der Proteingehalt etwas höher (16 Prozent), während der Fettgehalt bei 32 Prozent liegt. Kein Wunder, wenn der Eigelbteig am festesten wirkt, aber dennoch elastisch bleibt. Der höhere Proteinanteil wirkt verfestigend, der hohe Lecithingehalt des Eigelbs ebenso, wobei das Lecithin des Eigelbs zugleich Wasser emulgiert. Diese zwischen die Proteine gequetschten Tröpfchen wirken als Schmiermittel. Der Teig kann etwas weiter „kriechen".

Pasta macht man entweder aus proteinreichem Hartweizen plus Wasser, aus Weichweizen plus Vollei oder aus Weichweizen plus Eigelb. Bei Rezepten, die nur Eigelb verwenden, muss man beim Teig (je nach Mehl und dessen Klebereigenschaften) gegebenenfalls mit etwas Wasser nachbessern.

TORTELLI MIT KÜRBISFÜLLUNG, S. 60

EIER IN DER PRAXIS: VOLLEI, EIWEISS, EIGELB

Die Zugabe von Vollei oder Eigelb macht Pastateig dank der Eigenschaften der Eiproteine besonders elastisch und dehnbar und die gekochten Nudeln schön fest. Außerdem steuern Eigelbe in einem Nudelteig Farbe und aromatische Tiefe bei. Insofern verwundert es nicht, dass die vielen bekannten Rezepte mit einem hohen Eigelbanteil fast alle Feiertagen oder besonderen Anlässen vorbehalten waren. Aber auch ein simpler, mit Vollei zubereiteter Teig bringt sensorische Abwechslung in den Pasta-Speiseplan, sodass einem der Appetit auf Nudeln nie vergeht. Zu beachten ist nur, dass Eier mit ihrem hohen Wassergehalt den üblicherweise vorgesehenen Wasseranteil im Teig im Verhältnis eins zu eins ersetzen.

TORTELLI MIT KÜRBISFÜLLUNG
TORTELLI ALLA ZUCCA
(FÜR 4 PORTIONEN)

Gefüllte Nudeln brauchen bei der Zubereitung unsere ganze Aufmerksamkeit. So achten wir besonders beim Schließen der Nudeln darauf, dass keine Luft in der Füllung bleibt. Ansonsten schwimmen die Nudeln im Topf obenauf und garen ungleichmäßig. Deshalb drücken wir die Teigränder nicht gleich fest an, sondern streichen zuvor mit zwei Fingern von einem Ende der Tortelli zum anderen über den Teig.

FÜR DEN NUDELTEIG

3-faches Rezept Grundteig – der Festliche (siehe S. 35)
Hartweizengrieß (Semola di grano duro rimacinata) zum Arbeiten

FÜR DIE FÜLLUNG

1 kg Muskatkürbis, geputzt und grob gewürfelt
Olivenöl
1 Ei (M, 50 g)
75 g Amarettini, zerbröselt
50 g Senffrüchte (vorzugsweise Aprikose), fein gehackt
75 g frisch geriebener Parmesan + etwas zum Bestreuen
frisch geriebene Muskatnuss
120 g Butter

AUSSERDEM

Salz und frisch gemahlener schwarzer Pfeffer

1. Den Nudelteig wie im Grundrezept beschrieben (siehe S. 35) zubereiten. Im Anschluss mindestens 30 Minuten unter einer umgedrehten Schüssel ruhen lassen, damit er während dieser Zeit nicht antrocknet, oder in Frischhaltefolie wickeln.
2. Den Backofen auf 160 °C vorheizen. Ein Backblech mit Backpapier auslegen. Für die Füllung die Kürbiswürfel in einer Schüssel mit etwas Olivenöl und Salz mischen. Auf dem Backblech verteilen und im heißen Ofen in 20 Minuten garen, bis die Kürbiswürfel zerfallen.
3. Inzwischen das Ei trennen. Den Kürbis aus dem Ofen nehmen und kurz ausdampfen lassen, damit überschüssiges Wasser entweicht. Dann den Kürbis in einer Schüssel mit einer Gabel zerdrücken. Amarettinibrösel, Senffrüchte, Parmesan und Eigelb unterheben. Die Mischung mit Salz, Pfeffer und Muskat würzen.
4. Den Teig mit einer Nudelmaschine zu einer möglichst dünnen Bahn ausrollen. Diese in Quadrate von 7 cm Seitenlänge schneiden oder rund mit einem Durchmesser von 7 cm ausstechen. Ein Häufchen Füllung auf jedes Teigstück geben und die Teigränder mit dem übrigen Eiweiß einpinseln. Die Quadrate zu Dreiecken oder die Kreise zu Halbmonden falten. Für Tortelli die spitzen Teigenden zusammendrücken. Auf einem mit Grieß bestreuten Tablett bis zur Verwendung beiseitestellen.
5. Die Nudeln in reichlich Salzwasser kochen, bis sie gar sind. Die Butter zerlassen. Die Nudeln abgießen, auf tiefen Tellern anrichten und mit der zerlassenen Butter überziehen. Mit geriebenem Parmesan bestreuen und servieren.

WARUM DAS REZEPT FUNKTIONIERT

Tortelli stellen mit ihrer sehr verwundenen Form die höchsten Anforderungen an einen Nudelteig. Ohne Ei geht also bei dieser Teigzubereitung nichts, da die Proteine im Eigelb für eine besondere Elastizität des Teigs sorgen. Der Verzicht auf das Eiweiß hat dabei nur kulinarische Gründe. Eigelb steuert mehr Fett und somit mehr Aroma bei. Die tiefe Gelbfärbung des Teigs weist darauf hin, dass es sich um eine ganz besondere Nudel handelt.

TORTELLINI, TORTELLI UND TORTELLONI Im Handel bekommt man laut Packungsaufdruck fast immer Tortellini, egal wie groß sie sind. Doch je nach Größe gibt es einen Unterschied: Tortellini (sprachliche Verkleinerungsform von Tortelli) entsprechen der üblichen Standardgröße, wenn es um eine Suppeneinlage geht. Sie sind klein und passen bequem auf einen Löffel. Tortelli sind ein wenig größer und werden in einem Bissen mit der Gabel verspeist. Für den großen Appetit oder für spezielle Füllungen gibt es noch Tortelloni, die sind dann so groß, dass man sie in mehreren Bissen isst.

GEFÜLLTE RÖHRENNUDELN
CANNELLONI
(FÜR 1 AUFLAUFFORM VON 20 CM X 30 CM)

Cannelloni schmecken aufgewärmt noch mal so gut („Mehr Aroma und Geschmack durch Wiederaufwärmen", S. 165). Deshalb lohnt es sich, gleich etwas mehr zuzubereiten und an den folgenden Tagen zu genießen. Die angegebene Teigmenge reicht für eine Auflaufform von 20 cm x 30 cm. Für eine größere Form kann man die Teigmenge mit jeweils 50 g Hartweizengrieß und Mehl sowie 1 Ei strecken.

FÜR DIE FÜLLUNG

mindestens 2-faches Rezept von Ragù al ragù (siehe S. 178), kalt und vom Vortag

FÜR DEN NUDELTEIG

4-faches Rezept Grundteig – der Flexible (siehe S. 34)

FÜR DIE BÉCHAMELSAUCE

40 g Butter
1 Schalotte, fein gewürfelt
30 g Weizenmehl (Type 405)
750 ml kalte Milch
1 Lorbeerblatt
75 g frisch geriebener Parmesan + etwas zum Bestreuen
frisch geriebene Muskatnuss

AUSSERDEM

Salz und frisch gemahlener schwarzer Pfeffer
Olivenöl für die Form
Spritzbeutel mit Tülle (Ø 2,5 cm)

1. Die Füllung (siehe S. 178) am Vortag zubereiten und erkalten lassen.

2. Den Nudelteig wie im Grundrezept beschrieben (siehe S. 34) zubereiten. Im Anschluss mindestens 30 Minuten unter einer umgedrehten Schüssel ruhen lassen, damit er während dieser Zeit nicht antrocknet, oder in Frischhaltefolie wickeln.

3. Für die Béchamelsauce die Butter in einem Topf zerlassen, die Schalottenwürfel darin glasig andünsten und leicht salzen. Das Mehl unter Rühren zugeben und 2 Minuten farblos anschwitzen. Die kalte Milch einrühren und das Lorbeerblatt zugeben. Die Sauce bei geringer Hitze 15 Minuten köcheln lassen, bis sie die gewünschte Konsistenz hat.

PRAKTISCHE WISSENSCHAFT SENFFRÜCHTE

Senffrüchte sind ein schmackhaftes Beispiel für ein ganz besonderes Kandieren. Je nach Region und Vorliebe eignen sich dafür Aprikosen, Ananas, feste Birnen, Feigen, Honigmelonen, Limetten, Kirschen, Mangos, Orangenscheiben, Papaya, Pfirsiche, Physalis, Sternfrucht oder Zitronen. Es gibt viele einfache Rezepte, bei denen man die Früchte in Sirup gart und danach Senfpulver und Weißweinessig dazugibt. Dann sind die Früchte für einige Zeit haltbar. Es gibt aber noch eine andere Methode, die einen besseren, weniger süß-säuerlichen Geschmack liefert und die Idee der Salzfrüchte zitiert. Dazu legt man die nicht voll ausgereiften Früchte oder Fruchtstücke in Salzlake, bis sie leicht zu fermentieren beginnen. Danach werden sie gekocht und anschließend gestichelt und in einem Sirup kandiert, und zwar schrittweise: Die Früchte werden jeweils für eine gewisse Zeit in Lösungen mit steigender Zuckerkonzentration gelegt, sodass der Austausch des Wassers der Früchte mit der Zuckerlösung nach und nach erfolgt. Aus physikalischen Gründen ist dies sinnvoll. Geschieht der osmotische Austausch nicht sofort und vollständig, machen die Früchte einen ersten Schritt in Richtung Milchsäuregärung, die Einfluss auf Geschmack und Aroma hat. Der Kandierungsprozess beginnt nur langsam, erst in der zweiten oder dritten Zuckerlösungsstufe verändert sich die Konsistenz der Früchte und die typische Aromabildung nimmt ihren Lauf. Bei der finalen Zuckerkonzentration kommen die Senföle dazu und bringen ihr spezielles Aroma ein. Ist dieser Prozess abgeschlossen, müssen die Früchte noch mindestens 1 Woche lagern und reifen, bis das perfekte Aroma erreicht ist.

Noch warm durch ein Sieb in einen Topf passieren, um Lorbeerblatt und Schalottenwürfel zu entfernen. Den Parmesan unter die Sauce rühren. Die Béchamelsauce mit Muskat, Salz und Pfeffer würzen und bis zur Verwendung beiseitestellen.

4. Den Teig mit einer Nudelmaschine zu dünnen Bahnen ausrollen. Diese in kochendem Salzwasser 1 Minute vorgaren, herausnehmen und kalt abschrecken. Für eine 20 cm x 30 cm große Auflaufform die Teigbahnen in Quadrate von 10 cm Seitenlänge schneiden.

5. Den Backofen auf 180 °C vorheizen. Die Form mit Olivenöl einfetten. Die Teigquadrate auf eine Arbeitsfläche legen. Die kalte Bolognese in einen Spritzbeutel mit Tülle geben und an einer Längsseite auftragen. Den Teig um die Füllung rollen und die Röllchen in zwei Reihen in die Form legen. Die Béchamelsauce darübergießen und mit Parmesan bestreuen. Im heißen Ofen backen, bis die Oberfläche goldbraun ist.

WARUM DAS REZEPT FUNKTIONIERT

Die Teigplatten für unsere Cannelloni werden wie immer bei überbackenen Nudelrezepten vorgegart, weil sie später im Ofen – bei trockener Hitze – nicht mehr die Flüssigkeitsmenge aufnehmen, die für ein genießbares Ergebnis nötig ist. Da der Teig beim Vorgaren quillt, d. h. an Volumen zunimmt, schneiden wir die Teigbahnen erst nach dem Vorgaren auf die Größe der Auflaufform zu. Der Cannelloni-Teig quillt zwar auch noch im Ofen weiter, doch das Ei darin verhindert ein übermäßiges Wachstum, da dessen Proteine sich bei ca. 70 °C vernetzen und damit ein stabiles Teiggerüst herstellen.

RÖHRENNUDELN MIT KANINCHEN
GARGANELLI AL CONIGLIO
(FÜR 4 PORTIONEN)

Bei der Herstellung von Garganelli dürfen die quadratisch zugeschnittenen Teigplatten nicht größer sein als angegeben. Sich daran zu halten, fällt einem vielleicht etwas schwer, wenn man die Teigmenge im Blick hat. Mit größeren Zuschnitten ist man zwar schneller fertig, aber die Nudeln werden labberig, da sie viel Wasser aufnehmen, sich ausdehnen und ab einer gewissen Größe aus der Form geraten.

1	Kaninchen, küchenfertig
3 EL	Pflanzenöl
3 EL	Olivenöl
150 g	Gemüse gewürfelt (z. B. Knollensellerie, Möhre, Zwiebel)
1 EL	Tomatenmark
250 ml	Weißwein
1,2 l	Geflügelfond
1	Lorbeerblatt
100 ml	Wermut
2	große Artischocken
etwas	Zitronensaft
1	Schalotte, gewürfelt
2	Knoblauchzehen, geschält
2 Zweige	Thymian

FÜR DEN NUDELTEIG

3-faches Rezept Grundteig – der Allrounder (siehe S. 32)
Hartweizengrieß (Semola di grano duro rimacinata) zum Arbeiten

AUSSERDEM

Salz und frisch gemahlener schwarzer Pfeffer
100 g Taggiasca-Oliven (oder eine andere milde Sorte)
30 g Kapern (nonpareilles)
8 Stängel glatte Petersilie, fein gehackt
frisch geriebener Parmesan nach Belieben

1. Für den Kaninchenfond Vorder- und Hinterläufe abtrennen und kalt stellen. Die Rückenstränge samt Bauchlappen mit einem spitzen Messer von den Knochen lösen. Bauchlappen und Sehnen auf der Oberseite des Rückens abschneiden. Bauchlappen, Rücken und eventuelle Innereien ebenfalls kalt stellen. Die verbliebenen Knochen grob hacken.

2. Das Pflanzenöl in einem Topf erhitzen, Knochen und Parüren (siehe „Parieren", S. 91) darin goldbraun anbraten. Jeweils die Hälfte der Gemüsewürfel zugeben und Farbe annehmen lassen. Das Tomatenmark einrühren und kurz mitrösten. 100 ml Weißwein zugießen und vollständig einkochen lassen. Geflügelfond und Lorbeerblatt zugeben, aufkochen und bei geringer Hitze 3 Stunden ziehen lassen. Dabei zwischendurch den Schaum abschöpfen. Danach den Fond durch ein feines Sieb passieren.

3. Den Backofen auf 150 °C vorheizen. Vorder- und Hinterläufe mit wenig Salz würzen. 3 EL Olivenöl in einer ofenfesten Form erhitzen, das Fleisch darin von allen Seiten kräftig anbraten. Die übrigen Gemüsewürfel zugeben und goldbraun anbraten. 100 ml Weißwein und Wermut zugießen und vollständig einkochen lassen. Den Kaninchenfond zugeben. Das Fleisch abgedeckt im heißen Ofen schmoren, bis es von den Knochen fällt. Danach das Fleisch aus der Form nehmen und den Schmorfond durch ein Sieb passieren. Das Fleisch von den Knochen zupfen und etwas abkühlen lassen, dann mundgerecht klein schneiden und in den Schmorfond geben.

4. Den Nudelteig wie beschrieben (siehe S. 32) zubereiten und ruhen lassen. Den Teig mit einer Nudelmaschine zu dünnen Bahnen ausrollen. Diese in Quadrate von 6 cm Seitenlänge schneiden. Zwei gegenüberliegende Spitzen der Quadrate mit etwas Wasser einpinseln und die Teigstücke im 45°-Winkel mit dem Stiel eines Holzlöffels aufrollen. Für die geriffelte Struktur die so entstandenen Garganelli über ein Gnocchibrett rollen. Die Nudeln bis zur Verwendung auf ein mit Grieß bestreutes Tablett legen.

5. Kaninchenrücken, Bauchlappen und eventuelle Innereien in mundgerechte Stücke schneiden. Die Artischocken putzen. Die Blätter kurz oberhalb des Artischockenbodens und den Stiel kurz darunter abschneiden. Das sogenannte Heu herauskratzen, alle dunkelgrünen Stellen und Blattansätze abschneiden. Den freigelegten Boden in Stücke schneiden und in Wasser mit etwas Zitronensaft legen.

RÖHRENNUDELN MIT KANINCHEN, S. 62

PRAKTISCHE WISSENSCHAFT ARTISCHOCKEN

Bei der Zubereitung der Artischockenböden aus frischen Knospen ist rasches Handeln angesagt: Blätter abschneiden, Heu (falls vorhanden) herausschneiden und den Stiel präparieren. Dann sofort in Wasser mit reichlich Zitronensaft legen, sonst werden sie rasch braun. Was dahintersteckt, verrät uns der bittere Geschmack der Artischocken. Dieser Bittergeschmack wird von Polyphenolen ausgelöst, die rasch oxidieren. Die Oxidationsprodukte zeigen dann eine bräunliche Farbe. Man spricht in diesem Zusammenhang von enzymatischer Bräunung. Das Enzym, das Polyphenole oxidieren lässt, heißt Phenoloxidase (auch Polyphenoloxidase). Dieses Enzym ist normalerweise in den Zellmembranen fest verankert, sodass es nicht an die Polyphenole herankommt. Durch das Schneiden werden jedoch die Zellwände verletzt, einige Phenoloxidasen werden frei und beginnen, die Polyphenole zu Bräunungsstoffen (Melanine) umzuwandeln .

Gibt man aber Zitronensaft hinzu, kann man diese Reaktion verhindern. Verantwortlich dafür ist in geringem Maße die Zitronensäure, also der niedrige pH-Wert, in höherem Maße das in der Zitrone enthaltene wasserlösliche Vitamin C, also Ascorbinsäure, die das Enzym unwirksam werden lässt. Der Haushaltstipp lautet daher: Immer Zitronensäure (als Salz) und Ascorbinsäure vorrätig haben. Dann kann man die frischen Zitronen für kulinarischere Zwecke verwenden.

Noch wirksamer sind übrigens Lösungen mit der Aminosäure Cystein. Beträufelt man die Artischocken damit, findet selbst nach längerer Zeit kaum Bräunung des Gemüses statt. Experimentierfreudige bestellen sich daher Cystein (im Internet oder in der Apotheke, man braucht nur 0,1 g auf 1 l Wasser), das sich auch gut zur Verbesserung der Elastizität von Nudelteigen einsetzen lässt.

6. Reichlich Olivenöl in einer Pfanne erhitzen, Schalotten und Knoblauch darin glasig andünsten und salzen. Artischocken abtropfen lassen und mit Thymian zugeben. Übrigen Weißwein zugießen und vollständig einkochen lassen. Das Fleisch der Keulen samt Schmorfond zugeben und die Artischocken abgedeckt garen, bis sie weich sind. Kaninchenrücken und Innereien salzen und mit etwas Olivenöl in einer separaten Pfanne von allen Seiten goldbraun braten. Zusammen mit Oliven, Kapern und Petersilie zu den Artischocken geben. Die Sauce mit Salz und Pfeffer würzen.

7. Die Nudeln in reichlich Salzwasser kochen, bis sie gar sind. Mit einem Schaumlöffel herausnehmen, in der Sauce kurz schwenken und auf tiefen Tellern anrichten. Nach Belieben mit geriebenem Parmesan bestreuen.

WARUM DAS REZEPT FUNKTIONIERT

Der Allrounder-Grundteig ist von seiner Zusammensetzung her der passende Nudelteig für dieses Rezept, weil er einigen Ansprüchen gerecht werden muss. Er muss der charaktervollen Sauce Biss durch Hartweizengrieß entgegensetzen, zugleich aber elastisch und flexibel sein – was dank Ei gelingt.

DÜNNE BANDNUDELN MIT TRÜFFELN
TAJARIN AL TARTUFO
(FÜR 4 PORTIONEN)

Dieses Rezept ist sehr einfach, doch mit Trüffel wird es zu einem Gericht für besondere Anlässe. Tajarin sind nichts anderes als Tagliolini, also dünne Bandnudeln, deren Querschnitt mehr oder weniger quadratisch ist. Wie der berühmte weiße Albatrüffel, kommt auch dieses Rezept aus dem Piemont, wo der entsprechende Dialekt aus Tagliolini Tajarin macht. Der Wortstamm kommt in beiden Fällen von tagliare, dem italienischen Verb für schneiden. Sollte weißer Trüffel nicht verfügbar oder zu teuer sein, kann man alternativ auch schwarzen Trüffel nehmen. Leider ist der betörende Duft des weißen Trüffels, der im letzten Augenblick über die Nudeln gehobelt wird, nicht zu ersetzen.

FÜR DEN NUDELTEIG

400 g	Weichweizenmehl (Type 00) + etwas zum Bestäuben
1 Prise	Salz
3	Eier (M, 150 g)
3	Eigelb (M, 60 g)

FÜR DIE SAUCE

40 g	weißer Trüffel (wahlweise schwarzer)
100 g	Butter
200 ml	Geflügelfond
50 g	frisch geriebener Parmesan

1. Für den Nudelteig das Mehl mit 1 Prise Salz in einer Schüssel mischen. Mit der Hand eine Mulde in die Mitte drücken. Eier und Eigelbe in die Mulde geben und mit einer

PRAKTISCHE WISSENSCHAFT DER DUFT DER TRÜFFELN

Um den betörenden Duft der Trüffeln ranken sich viele Geschichten. Dabei ist Trüffel nie gleich Trüffel, und sein Kücheneinsatz hängt ein wenig von seiner Herkunft und seinem Geruch ab. Das Trüffelaroma fußt hauptsächlich auf starken Schwefelnoten, seine geruchliche Verwandtschaft zu fauligen Gerüchen ist daher nicht abwegig.

Im echten weißen (Alba- oder Piemont-)Trüffel (Tuber magnatum) stehen eher schweflige Verbindungen im Vordergrund, etwa Methylthiomethan und Dimethylsulfid, das den Hauptanteil am erdigwürzigen Aroma stellt und für die Duftverwandtschaft mit Knoblauch verantwortlich ist.

Der Duft des echten schwarzen (Périgord-)Trüffels (Tuber melanosporum) ist im wahrsten Sinne tierisch, denn der moschusartige Ton entstammt dem Molekül 5-Androst-16-en-3-on (vereinfacht oft Androsteron genannt) und ist der Lockstoff (Sexualpheromon) der Eber für die Sauen. Strukturchemisch ist dieses Molekül mit dem Testosteron eng verwandt, das aber eher schweißig und urinös riecht. Unterstützt wird das Aroma der schwarzen Trüffeln durch eine ganze Reihe schwefeliger Verbindungen, darunter wiederum das im weißen Trüffel dominante, leicht stechende Dimethylsulfid.

Aufgrund ihrer Beschaffenheit (und auch wegen des Preises) werden die beiden erstgenannten Trüffeln in der Pastaküche meistens unterschiedlich eingesetzt. Während der teurere weiße Albatrüffel meist roh über fertige Gerichte gehobelt wird, damit nichts von seinem betörenden und sehr flüchtigen Aroma im Verlauf eines Garprozesses verlorengeht, setzt man den schwarzen Trüffel meistens etwas Hitze und auch Fett aus, um sein Aroma besser einzubinden. So findet er sich in Füllungen oder Saucen wieder, wo er aufgrund seines geringeren Preises auch etwas üppiger eingesetzt werden kann.

Der Geruch der günstigen Wintertrüffeln (Tuber brumale) und Sommertrüffeln (Tuber aestivum) ist nicht mit echten Trüffeln zu vergleichen. Ihr Aroma setzt sich nahezu ausschließlich aus fettigen, wachsigen und Schwefelgerüchen zusammen. Das 5-Androst-16-en-3-on fehlt völlig oder ist so niedrig konzentriert, dass es nicht geruchsaktiv ist. Bei Sommertrüffeln zeigen sich fruchtige, grasige und leicht erdige Aromen, die ihre Charakteristik jedoch schon bei leichtem Erhitzen verlieren. Daher ist es am besten, diese zu Würfeln mit 2 mm Kantenlänge (Mirepoix) zu verarbeiten und sofort in ein wenig Öl (geschmacksneutrales oder Olivenöl, je nach Präferenz) zu legen. So lässt sich das Aroma auf Baguettescheiben oder in feine (kalte) Pasta- oder Gemüsesalate hinüberretten.

Die Geruchsintensität der echten Trüffeln sinkt während der Lagerung, der Duft wird nach und nach schwächer, daher ist ein rascher Verbrauch besser.

Gabel verquirlen. Nach und nach das Mehl einarbeiten, bis ein einigermaßen fester Vorteig entstanden ist. Den Teig auf einer Arbeitsfläche weiterkneten, bis er homogen und glatt ist. Im Anschluss mindestens 30 Minuten unter einer umgedrehten Schüssel ruhen lassen, damit er während dieser Zeit nicht antrocknet, oder in Frischhaltefolie wickeln.

2. Für die Sauce den Trüffel mit einem Pinsel abreiben, dann vorsichtig und so dünn wie möglich schälen. Zum Aromatisieren die abgeschälten Abschnitte mit der Butter in einem Topf leicht erhitzen. Die Butter durch ein Sieb passieren und kalt stellen.

3. Den Teig in 1 mm dicke Bahnen ausrollen. Diese mit Hartweizengrieß bestäuben, damit sie beim Aufrollen nicht zusammenkleben. Den aufgerollten Teig in 1 mm dünne Tagliolini oder 5 mm dünne Tagliatelle schneiden, danach sofort wieder entrollen, damit die Nudeln nicht aneinanderkleben. Falls der Teig zum Schneiden und Aufrollen zu feucht ist, die Teigbahnen auf der Arbeitsfläche etwas antrocknen lassen.

4. Die Nudeln in reichlich kochendem Salzwasser 1 Minute garen. Den Geflügelfond in einer breiten Pfanne aufkochen. Die Hitze reduzieren und die kalte Trüffelbutter zugeben. Die Nudeln mit einem Schaumlöffel in die Sauce geben. Den Parmesan einstreuen und schwenken, bis die Flüssigkeit cremig gebunden ist. Eventuell etwas Nudelkochwasser zugeben. Die Nudeln anrichten und sofort servieren. Am Tisch den geschälten Trüffel darüberhobeln.

WARUM DAS REZEPT FUNKTIONIERT

Wir haben den festlichen Grundteig ein wenig modifiziert, falls man den Nudelteig mit einem Nudelholz ausrollen möchte. Durch die Zugabe von ganzen Eiern erhöht sich leicht der Wasseranteil, sodass sich der Teig besser von Hand verarbeiten lässt. Diese dünnen Bandnudeln werden trotz Vollei schön gelb und sind ideal für feierliche Anlässe.

DÜNNE BANDNUDELN MIT TRÜFFELN, S. 65

RAVIOLI MIT ZIEGENFRISCHKÄSE
RAVIOLI AL FORMAGGIO FRESCO DI CAPRA
(FÜR 4 PORTIONEN)

Die Machart dieser Nudeln ist auf einen ganz bestimmten Ziegenfrischkäse abgestimmt, eine schnittfeste Rolle mit einem Durchmesser von 4cm. Um Arbeit zu sparen und der Pasta eine besondere Form zu verleihen, schneiden wir die Rolle einfach in dünne Taler, die durch den sich anschmiegenden Teig schimmern.

FÜR DEN NUDELTEIG
3-faches Rezept Grundteig – der Flexible (siehe S. 34)

FÜR DIE FÜLLUNG
300 g	Ziegenfrischkäse (Rolle)
4	getrocknete Aprikosen, fein gehackt
2 EL	getrocknete Cranberrys, fein gehackt
25 g	geröstete Pistazienkerne, fein gehackt
25 g	geröstete Pinienkerne, fein gehackt
1 TL	Honig
1 Zweig	Zitronenthymian, Blättchen abgezupft

FÜR DIE SAUCE
100 g	Butter
1	kleine rote Chilischote, ohne Kerne gewürfelt
2 Zweige	Zitronenthymian, Blättchen abgezupft

AUSSERDEM
	Olivenöl
	Salz und frisch gemahlener schwarzer Pfeffer
2	runde Ausstecher (Ø 6 cm und 9 cm)
	frisch geriebener Pecorino zum Bestreuen

1. Den Nudelteig wie beschrieben (siehe S. 34) zubereiten. Im Anschluss mindestens 30 Minuten unter einer umgedrehten Schüssel ruhen lassen, damit er während dieser Zeit nicht antrocknet, oder in Frischhaltefolie wickeln.

2. Für die Füllung 100 g Ziegenfrischkäse in eine Schüssel geben. Aprikosen, Cranberrys, Pistazien- und Pinienkerne, Honig, Zitronenthymian und etwas Olivenöl zum Frischkäse geben. Alles mit einer Gabel zerdrücken, bis die Masse homogen ist. Mit Salz und Pfeffer würzen.

3. Den restlichen Ziegenkäse mit einem leicht erhitzten Messer zu einer geraden Anzahl von 5 mm dicken Talern schneiden. Eine Hälfte der Taler auf Backpapier auslegen, diese mit der Frischkäsecreme belegen. Die übrigen Taler darauflegen und so andrücken, dass die Frischkäsecreme den ganzen Zwischenraum ausfüllt.

4. Den Nudelteig so dünn wie möglich ausrollen und kleine Kreise mit einem Durchmesser von 6 cm sowie größere Kreise mit einem Durchmesser von 9 cm ausstechen. Die Ziegenkäsepäckchen auf die kleinen Kreise setzen und die Teigränder mit Wasser einpinseln. Die größeren Kreise darauflegen und jeweils vorsichtig so über die Füllung bis zum kleineren Kreis ziehen, dass die Frischkäsefüllung als Wölbung sichtbar ist. Nach Belieben für ein optisch schöneres Ergebnis die Ravioli mit einem geblümten Ausstecher mit einem Durchmesser von 5,5 cm nochmals sauber ausstechen.

5. Für die Sauce Butter und 1 EL Olivenöl in einer breiten Pfanne erhitzen, Chilischote und Thymianblättchen darin kurz andünsten. Die Nudeln in reichlich kochendem Salzwasser 1 Minute garen. Mit einem Schaumlöffel herausnehmen und in der Sauce 1 Minute schwenken. Dann auf Tellern anrichten und mit geriebenem Pecorino bestreuen und servieren.

WARUM DAS REZEPT FUNKTIONIERT
Bei der Zubereitung dieser gefüllten Nudeln wirken riesige Kräfte, vor allem wenn wir den Teig so über die Nudelfüllung ziehen, dass diese sich so gut wie möglich abzeichnet. Damit der Teig nicht reißt, muss er maximal dehnbar sein. Das Zusammenwirken von Eiproteinen, den Aminosäuren aus den Mehlproteinen, Fett in Form von Öl und der elektrischen Ladung der Prise Salz sorgt für die enorme Elastizität.

RAVIOLI MIT ZIEGENFRISCHKÄSEE, S. 68

KONZEPT 4
EIN WENIG SALZ MACHT DEN NUDELTEIG GESCHMEIDIG

Salz ist viel mehr als nur Geschmacksträger. Denn Salz, in der Küche vorwiegend Natriumchlorid, löst sich im Wasser zu einem positiv geladenen Natrium- und einem negativ geladenen Chloridion. Diese Ionen beeinflussen die ebenfalls elektrisch geladenen Aminosäuren der Proteine, d. h. des Klebereiweißes im Weizen. Selbst geringe Mengen an Salz haben im Nudelteig große Effekte und bestimmen, wie elastisch, plastisch und geschmeidig er ist und wie gut er sich kneten und verarbeiten lässt. Viele Farbstoffe aus Gemüse oder Gewürzen hingegen haben aus demselben Grund keinen Einfluss auf die Eigenschaften des Teigs – sie färben ihn nur.

DIE WISSENSCHAFT DAHINTER

Um die Auswirkungen von Salz auf Nudelteige zu verstehen, müssen wir die elektrischen Eigenschaften von Proteinen noch einmal genauer betrachten. Proteine bestehen aus 20 Aminosäuren. Acht davon lösen sich nicht im Wasser, sie sind hydrophob, sieben sind polar, also leicht negativ oder positiv geladen und damit schwach wasserlöslich, und fünf Aminosäuren lösen sich sehr gut in Wasser, davon sind drei (Arginin, Histidin, Lysin) positiv geladen und zwei (Glutaminsäure, Asparaginsäure) negativ geladen. Genau auf die geladenen kommt es an, wenn man den Einfluss des Salzes verstehen will.

In jeder Molekülkette des hochmolekularen Weizenproteins Glutenin sind auf der ganzen Kette die Ladungen insgesamt eher ausgewogen, es gibt etwa gleich viele positive wie negative Ladungen, während im Gliadin, das ebenfalls Bestandteil des Klebereiweißes im Weizen ist, die positiv geladenen Aminosäuren etwas überwiegen. Wegen der elektrostatischen Anziehung an Stellen unterschiedlicher Ladung werden Glutenin und Gliadin unbeweglicher, sie bleiben aneinander hängen und können nur unter erhöhten Kräften voneinander gelöst werden. Diese Vernetzung ist zwar einerseits gewünscht, damit aus dem Mehl-Wasser-Gemisch ein dehnbarer Teig entsteht, andererseits darf sie nicht zu stark werden, denn sonst wird der Teig nur noch fest und nicht mehr elastisch. Er lässt sich darum nicht gut ausrollen oder strebt, einmal gerollt, anschließend wieder zu sehr in seine Ausgangslage zurück, er ist also nicht sehr plastisch und würde in der Nudelmaschine keine glatten homogenen Formen ergeben.

Hier schafft Salz Abhilfe. Gibt man etwas Salz (NaCl) in den Nudelteig, löst sich dieses in positiv geladene Natrium- und negativ geladene Chloridionen auf, die frei im Teig beweglich sind. Anders als die in den Molekülketten gebundenen Ladungen sind sie flink. Sie werden von den entgegengesetzten Ladungen in den sich langsamer bewegenden Aminosäuren in den Ketten angezogen und halten sich bevorzugt darum herum auf. Permanent heften wird allerdings ein positiv geladenes Natriumion auf einer negativ geladenen Aminosäure nicht, denn damit würde es seine Freiheit herumzuflitzen aufgeben (die Entropie senken, wie man in der Physik sagt). Indem sich die Salzionen aber zeitweise um die jeweils entgegengesetzten Ladungen der Molekülketten scharen, wird deren Anziehungs- und Abstoßungskraft stark abgeschwächt und schon können sich andere Gluteninketten oder Gliadine nicht mehr an die Kette binden. Sie bleiben beweglicher. Die Fließeigenschaften verbessern sich, der Teig fügt sich leichter den hohen Deformationen in der Nudelmaschine, ohne an den Rändern auszufransen, und bleibt nach dem Ausrollen eher in Form.

Zu viel Salz, etwa oberhalb von 2 Prozent der Gesamtteigmenge (ohnehin nicht mehr im essbaren Limit) wäre übrigens kontraproduktiv, denn die Salzionen schirmen nicht nur die Ladung der Molekülketten ab, sondern scharen auch insgesamt Wasser um sich. Bei zu viel Salz überwiegt dessen Wasserbindung. Das um die Ionen gebundene Wasser steht dann nicht mehr als Weichmacher für den Teig zur Verfügung. Gleichzeitig sind die Ketten wegen der hohen Abschirmung praktisch neutral – mit der Folge, dass sie weniger geordnete elektrostatische Netzstellen untereinander bilden. Anziehung und Abstoßung als ordnende Kräfte entfallen dadurch weitgehend, die Molekülketten kommen sich beim Kneten sehr nahe und verschlaufen und verknoten sich wie lange Schnüre. Der Teig ist insgesamt zunehmend steifer und weniger gut formbar.

Mit diesen Vorkenntnissen wird jetzt auch klar, warum man Pasta intensiv mit dem Chlorophyll aus Spinat (grün), Lycopin aus der Tomate (rot), dem β-Carotin der Karotte (orange) oder den Farbstoffen des Tintenfischs färben kann, ohne dass sich die Teigeigenschaften verändern. All die Farbstoffe sind organische Moleküle, die keine elektrische Ladung tragen oder kaum polar sind, sie sind hydrophob. Sie fügen sich problemlos in die Teige ein und gesellen sich dort zu den hydrophoben, wasserunlösli-

SALZ: MEHR ALS NUR GESCHMACK

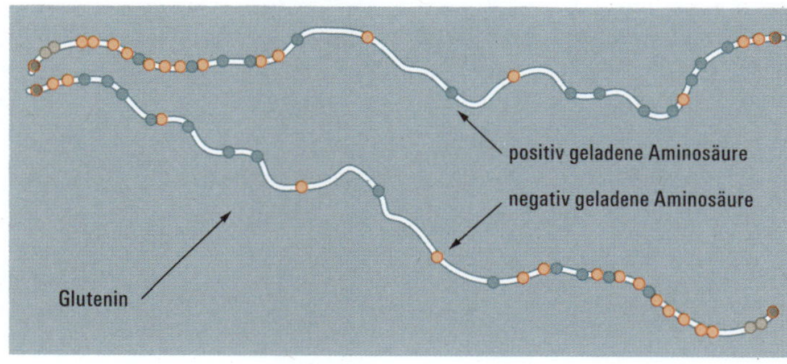

Der typische Ladungsverlauf in Glutenin. Nur die positiv (blau) und negativ (rot) geladenen Aminosäuren sind dargestellt.

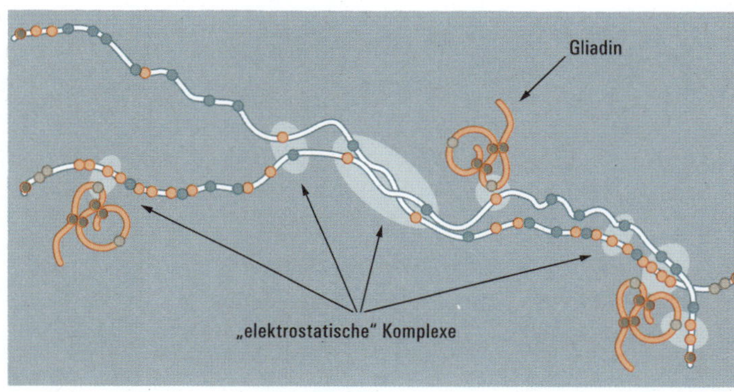

Wenn sich entgegengesetzte Ladungen anziehen und aneinander kleben bleiben, entstehen elektrostatische Komplexe zwischen den Gluteninketten. Die kleineren, kugeligen Gliadin-Moleküle enthalten ebenfalls positiv geladene Aminosäuren und docken an negativ geladene Aminosäuren des Glutenins an (eingekreiste Stellen an den beispielhaft dargestellten Gluteninketten).

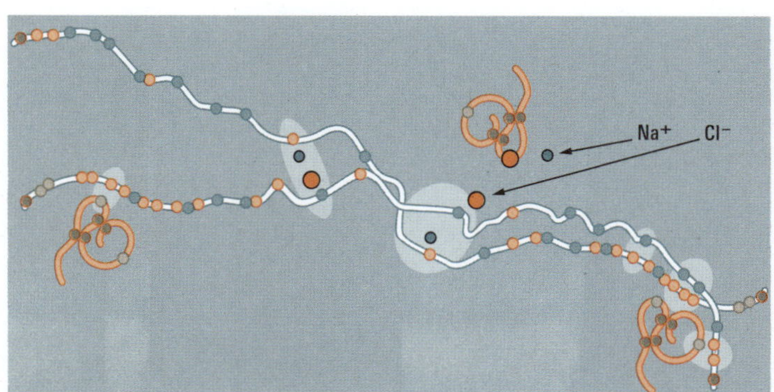

Die Wirkung von Salz ist erheblich, die positiven Natrium- und negativen Chloridionen finden überall Platz, suchen bevorzugt die Nähe der entgegengesetzten Ladungen an den Molekülketten und schirmen dadurch deren Ladungen ab. Die Proteinketten werden weniger geladen, die Netzwerkstruktur verändert sich. Elektrostatische Komplexe können sich nicht mehr bilden, das Netzwerk wird weitmaschiger.

ELASTISCHER PASTATEIG MIT UND OHNE SALZ

Der salzlose Pastateig weist die geringste Durchbiegung auf.

Mit 1 Prise Salz biegt sich die Nudelplatte am meisten durch und weist somit die höchste Dehnbarkeit auf.

chen Aminosäuren, ohne diese zu verändern. Man muss nur die Wassermenge bei der Teigbereitung berücksichtigen: Bei flüssigen Farbstoffen (z. B. Sepiatinte) gibt man weniger Wasser zu, bei Pulvern (Rote Bete, Spinat, Kurkuma …), die Wasser aufnehmen können, etwas mehr.

Käme man auf die Idee, statt Wasser Rotwein für die Pastateige zu nehmen, um den Nudeln eine Rotweinfärbung zu geben, scheitert das Unterfangen. Im Rotwein sind adstringierende Tannine, die zu den Gerbsäuren (Tanninsäure) gehören und stark polare Hydroxylgruppen (OH) enthalten. Ähnlich wie höherwertige Salze (siehe „Warum Vollkornpasta weiches Wasser braucht", rechts) fügen sie Proteine zusammen, die Gluteninketten werden über die Gerbsäuren zusätzlich verklumpt, die Fließeigenschaften der Teige sind dahin. Wie immer zeigen die relevanten Wechselwirkungen auf molekularer Skala, was in der Küche möglich ist und was nicht.

DAS EXPERIMENT

Um die Teigelastizität bei unterschiedlichem Salzgehalt zu untersuchen, haben wir drei Teige aus jeweils 100 g Hartweizengrieß, 100 g Weizenmehl und 2 Eiern (100 g Vollei) geknetet. Ein Teig blieb salzfrei. Zwei Teigen haben wir Salz hinzugefügt, einmal eine übliche Menge, also die berühmte Prise (1 g pro Ei) und einmal eine fast ungenießbare Menge (4 g pro Ei). Danach wurden die drei Teige auf die gleiche Stärke ausgerollt und in Teigbahnen derselben Länge geschnitten, die dann wiederum nacheinander aufgehängt wurden. Anhand der Durchbiegung der drei Teige konnten wir ihre Elastizität überprüfen.

DAS ERGEBNIS

Die Unterschiede im „Durchhängen", die wir als Gradmesser für die Elastizität genommen haben, sind nicht sehr groß. Mit 211 mm Abstand von der Tischkante ist der Scheitelpunkt des ungesalzenen Teigs am höchsten, die Durchbiegung folglich am geringsten. Der Teig mit wenig Salz hängt etwas mehr durch und pendelt sich bei 197 mm ein. Interessanterweise liegt der sehr salzige Teig ziemlich genau dazwischen, nämlich bei 201 mm. Das deckt sich mit unserem Gefühl beim Ausrollen, bei dem der salzlose Teig den straffesten Eindruck machte.

DIE ERKENNTNIS

Die Salzmenge im Nudelteig hat nicht nur geschmackliche Auswirkungen auf den Teig, sondern beeinflusst die Kneteigenschaften und die Elastizität stark. Logisch, denn es liegen elektrische Ladungen vor, die die Proteine direkt be-

Eine hohe Salzzugabe reduziert die Durchbiegung wieder. Sie macht den Teig also weniger elastisch (und ungenießbar).

einflussen. Die Ionen des Salzes schirmen die Ladungen der (elektrisch geladenen) Aminosäuren ab, unterschiedliche Ladungen können sich nicht mehr so stark anziehen, gleiche Ladungen auf den Proteinketten nicht mehr so stark abstoßen. Der Teig wird damit kaugummiartiger. Zu viel Salz verfestigt den Teig indes wieder, weil seine Ionen zum einen viel Wasser binden und zum anderen die elektrischen Ladungen der langen Molekülketten voneinander abschirmen, sodass diese sich nicht mehr durch Abstoßung und Anziehung zueinander ordnen, sondern ineinander verknoten und den Teig ebenfalls versteifen. Aber diese Salzmengen sind bereits unkulinarisch hoch, die Nudeln sind im besten Sinne versalzen (das Experiment diente lediglich der Wissenschaft).

Für unsere Zwecke lässt sich festhalten, dass ein wenig Salz auf jeden Fall einen elastischeren Teig ergibt, sodass man immer eine etwas größere Prise hinzugeben sollte, wenn man die Absicht hat, Nudeln zu füllen, die beim Verschließen stark deformiert werden müssen.

PRAKTISCHE WISSENSCHAFT

WARUM VOLLKORNPASTA WEICHES WASSER BRAUCHT

Bei der Teigzubereitung spielen nicht nur die einfach geladenen Natrium- und Chloridionen des Kochsalzes eine Rolle, sondern auch Ionen von Salzen mit höherer Valenz, nämlich die zweiwertig positiv geladenen Kalzium- und Magnesiumionen. Sie kommen im harten Wasser, aber auch in den Mehlen selbst, vor. Mit der Typennummer (405, 550 oder 1050) steigen der Mineralgehalt und damit die Konzentration der Ionen aus den äußeren Schichten des Korns. Deshalb ist das physikalische Verhalten der Vollkornmehle während der Teigbereitung mitunter kritisch.
Da wegen der höheren Ladung das Kalzium (Ca2+) tatsächlich stärker von negativ geladenen Aminosäuren auf den Gluteninketten fixiert werden kann, wird dort die Ladung umgedreht, aus minus wird plus! Diese positive Ladung kann wiederum eine negative Ladung einer anderen Kette binden. Der Teig klumpt stärker zusammen. Das allein ist noch kein Problem, das man nicht z. B. mit der Zugabe von Ei oder Öl lösen könnte. Übersteigen jedoch die zweiwertigen positiven Ionen eine kritische Grenze, ist wegen der starken Abstoßung der „vollständig" positiv geladenen Gluteninketten keine Teigbildung mehr möglich. Praktisch bedeutet das: Der Teigzusammenhalt wird schlechter, wenn mit fein gemahlenem kalziumhaltigen Vollkornmehl und hartem, kalziumhaltigen Wasser gleichzeitig gearbeitet wird. Den umgekehrten Effekt gibt es nicht. Zweifach negativ geladene Ionen gibt es kaum, es sei denn, man führt sie zu. Das wären z. B. spezielle Phosphate (die zumindest in Brotteig als Hilfsmittel zugelassen sind).

SALZ IN DER PRAXIS: BIEGSAME UND GEFÜLLTE TEIGE

Bis auf wenige Ausnahmen besteht ein Nudelteig nie aus vielen Zutaten. Umso wichtiger ist deren genaue Zusammensetzung. Die übliche Prise Salz, die vielen Speisen nur geschmacklich zu etwas mehr Glanz verhilft, hat im Falle der Nudeln eine ganz wichtige technologische Funktion. Das bisschen Salz benötigen wir in allen Rezepten für einen stark strapazierten Nudelteig. Denn es macht den Teig wesentlich elastischer, sodass ihm die Deformationen, die er durch das Formen zu beispielsweise Tortelli, Cappelletti oder einfachen Ravioli erfährt, nichts anhaben können. Rechnet man üblicherweise mit 1 Gramm pro Vollei, darf es bei flexiblen Teigen gerne das Doppelte sein. Wasser wäre nur ein Nachteil, wenn die Nudeln im Anschluss getrocknet werden.

LACHS-AGNOLOTTI IN LILA SENFSAUCE
AGNOLOTTI AL SALMONE CON SALSA DI SENAPE
(FÜR 4 PORTIONEN)

Der violette Senf (moutarde violette) für die Sauce kommt aus Zentralfrankreich und erhält seine typische Farbe durch die Zugabe von rotem Traubenmost. Kaufen kann man ihn im Internet oder in speziellen Feinkostläden. Wer nicht fündig wird, nimmt die entsprechende Menge normalen Senf, da die Sauce noch mit Rote-Bete-Saft eingefärbt wird.

FÜR DEN NUDELTEIG
3-faches Rezept Grundteig – der Flexible (siehe S. 34)

FÜR DIE FÜLLUNG
600 g Lachsfilet
Salz und frisch gemahlener schwarzer Pfeffer
1 TL Sahnemeerrettich (Glas)
150 g eiskalte Sahne

FÜR DIE SAUCE
Olivenöl
2 Frühlingszwiebeln, das Weiße fein gewürfelt
2 Champignons, gewürfelt
100 ml Wermut (z. B. Noilly Prat)
400 ml Fischfond
100 g Sahne
50 ml Rote-Bete-Saft
1 TL scharfer Senf
1 TL grober Senf
2 EL lila (bzw. violetter) Senf

AUSSERDEM
1 Spritzbeutel mit Tülle (Ø 1,2 cm)

1. Den Nudelteig wie beschrieben (siehe S. 34) zubereiten. Im Anschluss mindestens 30 Minuten unter einer umgedrehten Schüssel ruhen lassen, damit er während dieser Zeit nicht antrocknet, oder in Frischhaltefolie wickeln.

2. Inzwischen für die Füllung das Lachsfilet von der Haut befreien. Aus dem dickeren Mittelteil 20 gleich große Würfel à 20 g schneiden und kalt stellen. Übrigen Lachs grob hacken und kurz anfrieren lassen. Danach in einer Küchenmaschine mit 1 großzügigen Prise Salz mischen und stoßweise pürieren, damit die Masse nicht zu heiß wird. Den Sahnemeerrettich stoßweise untermixen. Die eiskalte Sahne einarbeiten, bis eine streichfähige Masse entsteht. Die Masse mit Salz und Pfeffer würzen, in einen Spritzbeutel mit Tülle füllen und kalt stellen.

3. Für die Sauce etwas Olivenöl erhitzen, Frühlingszwiebeln und Pilze darin kurz andünsten und salzen. Den Wermut zugießen und vollständig einkochen lassen. Den Fischfond zufügen und offen auf die Hälfte einkochen lassen. Die Sauce durch ein Sieb in einen Topf passieren. Sahne, Rote-Bete-Saft und alle Senfsorten zugeben und einmal aufkochen. Mit Salz und Pfeffer würzen.

4. Den Nudelteig zu einer langen, dünnen Platte ausrollen. Mit einer geraden Kante lange Bahnen von 7 cm Breite abschneiden. Die Fischfüllung mit dem Spritzbeutel an einer Längsseite auftragen. Dann den restlichen Nudelteig mit Wasser einpinseln. Den Teig über die Füllung schlagen und eventuell enthaltene Luft herausdrücken, indem man mit einem Finger über die lange Teigbahn streicht. Die Füllung mit beiden Händen im Abstand von 3 cm so zusammendrücken, dass gefüllte Abschnitte entstehen. Für ein-

LACHS-AGNOLOTTI IN LILA SENFSAUCE, S. 74

SARDISCHE CULURGIONIS MIT KARTOFFELFÜLLUNG, S. 77

PRAKTISCHE WISSENSCHAFT SALZ UND KÄLTE SIND WICHTIG FÜR EINE PERFEKTE FARCE

Salz übernimmt nicht nur in Brot- und Nudelteigen physikalische Aufgaben, sondern ebenso in kulinarischen Kombinationen von Fisch und Sahne. Ähnlich wie im Nudelteig schirmen die Natrium- und Chloridionen des Salzes nämlich die Anziehungs- und Abstoßungskräfte zwischen den Fisch- und Sahneproteinen ab. Will man eine Fischfarce herstellen, wird diese dank Salz nicht zu fest, sondern bleibt geschmeidig und ist später wie gewünscht streichbar.
Ebenso wichtig sind niedrige Temperaturen, daher muss der Fisch angefroren werden. Beim Pürieren mit dem Mixer entsteht Reibungswärme, die sonst schnell 30–40 °C übersteigen kann. Dann beginnen aber bereits die Albumine und Muskelproteine des Fisches zu denaturieren und untereinander zu verklumpen (wie man an der raschen Garung der Fische bei Temperaturen unter 50 °C leicht erkennen kann). Die Masse wird dann nicht mehr homogen, die Plastizität der Farce ist selbst während der Herstellung nicht mehr gewährleistet. Darauf kommt es aber an, denn die Sahne liefert neben Protein (Molkeprotein und Casein) jede Menge Fett, das in die Farce emulgiert werden muss, und zwar in kleinen Tröpfchen, damit sie cremig wird und sich das Fett weder beim Ausstreichen noch beim späteren Kochen von der Proteinmasse trennt! Dafür muss das Fett der Sahne beim Pürieren weitgehend fest bleiben. Da Milchfett (Butter) bereits knapp über Zimmertemperatur wachsig wird und bei 30– 32 °C schmilzt, muss die Sahne möglichst kühl sein, d. h. aus dem Kühlschrank kommen. Sind Fisch und Sahne kalt und salzig genug, sind die festen Fettpartikel dick und sicher von emulgierenden und dennoch nicht verklumpten Proteinen umgeben. Die Masse ist streichbar. Beim Kochen schmilzt das Fett, bleibt aber in den winzigen Tröpfchen gefangen und sorgt beim Essen für ein cremiges Mundgefühl.

zelne Agnolotti die Zwischenräume mit einem Teigrädchen abtrennen.

5. Die Nudeln in reichlich Salzwasser 2 Minuten kochen, bis der Teig und die Füllung gar sind. Agnolotti abtropfen lassen und auf tiefen Tellern anrichten. Die rohen Lachswürfel zwischen die Nudeln setzen. Die Sauce mit einem Stabmixer aufschäumen und um die Nudeln gießen. Sofort servieren.

WARUM DAS REZEPT FUNKTIONIERT

Bei der Zubereitung der Farce spielen die Temperatur und die Salzmenge eine entscheidende Rolle. Der Lachs wird vor dem Pürieren angefroren, denn die Temperatur muss während des Mixens niedrig bleiben – ansonsten kann die Farce gerinnen. Zur Vermeidung einer großen Reibungshitze wird auch nur stoßweise aufgemixt. Und die Sahne muss direkt aus dem Kühlschrank kommen. Das Salz erhöht die Wasserbindung, deshalb kommt es gleich zu Beginn der Zubereitung in der Menge dazu, die man für ein gutes Endergebnis braucht. Man kann problemlos so viel Sahne verwenden, bis man am Ende ein cremig-sattes Mundgefühl hat.

SARDISCHE CULURGIONIS MIT KARTOFFELFÜLLUNG
CULURGIONIS D'OGLIASTRA
(FÜR 4 PORTIONEN)

Culurgionis d'Ogliastra, benannt nach der gleichnamigen Region im Osten Sardiniens, ist eine eingetragene Herkunftsbezeichnung. Damit wacht das italienische Landwirtschaftsministerium über deren Herstellung und Zusammensetzung, die eindeutig definiert ist, wenngleich es einen kleinen Spielraum gibt. Das traditionelle Rezept verlangt nach regionalem Käse (Casu axedu) und Schweineschmalz (strutto). Beide Zutaten sind in unseren Breiten nicht oder nur schwer erhältlich. Sie können durch anderen Schafskäse wie den weitverbreiteten Pecorino sardo, durch Butter oder Olivenöl ersetzt werden. Keinen Spielraum lässt hingegen die Form zu. Sie erfordert sehr geschickte Hände und viel Übung, um die fertigen Culurgionis wie eine Weizenähre aussehen zu lassen. Ihr zur Ehre wurde diese Nudelform vor langer Zeit erfunden. Nicht zuletzt deswegen werden Culurgionis vor allem an hohen kirchlichen Feiertagen serviert, an denen man den damit verbundenen Aufwand gerne auf sich nimmt.

FÜR DEN NUDELTEIG

300 g	Hartweizengrieß (Semola di grano duro rimacinata) + etwas zum Arbeiten
175 ml	Wasser
2 EL	Olivenöl
6 g	Salz

FÜR DIE FÜLLUNG

600 g mehligkochende Kartoffeln
100 g Casu axedu (säuerlicher Schafskäse aus Sardinien, wahlweise Pecorino sardo), gerieben
75 g Schweineschmalz
1 Schalotte, fein gewürfelt
3 Stängel Minze, in feine Streifen geschnitten

AUSSERDEM

Salz und frisch gemahlener schwarzer Pfeffer
runder Ausstecher (Ø 10 cm)
500 ml Sugo al pomodoro (siehe S. 162)
frisch geriebener Pecorino sardo zum Bestreuen

1. Für den Nudelteig 175 ml Wasser aufkochen und kurz abkühlen lassen. Hartweizengrieß und Salz in einer Schüssel mischen. Mit der Hand in die Mitte eine Mulde drücken. Wasser und Olivenöl zugeben und mit einer Gabel verquirlen. Nach und nach den Hartweizengrieß einarbeiten. Den Teig auf einer Arbeitsfläche weiterkneten, bis er glatt und homogen ist. Im Anschluss mindestens 30 Minuten unter einer umgedrehten Schüssel ruhen lassen, damit er während dieser Zeit nicht antrocknet, oder in Frischhaltefolie wickeln.

2. Für die Füllung die Kartoffeln in Salzwasser weich garen. Dann pellen und durch ein Sieb drücken. Den geriebenen Käse unter die noch warmen Kartoffeln mischen. 25 g Schweineschmalz mit 1 Prise Salz erhitzen, darin die Schalottenwürfel andünsten, bis sie weich sind. Das restliche Schmalz zugeben und zerlassen. Beides unter die Kartoffel-Käse-Masse heben. Die Masse mit Salz und Pfeffer würzen. Die Minze unter die Füllung mischen.

3. Den Nudelteig mit der Nudelmaschine zu 2 mm dicken Bahnen ausrollen. Aus diesen Kreise mit einem Durchmesser von 10 cm ausstechen. 1 EL Füllung in die Mitte der Teigkreise setzen. Die Teigkreise in die halb geschlossene Hand legen, sodass die gefüllte Nudelplatte an einen Taco erinnert. Mit der anderen Hand von einem Ende her den Teigrand verschließen, indem man die gegenüberliegenden Teigenden mit wechselnden Bewegungen des Zeigefingers und Daumens zusammendrückt. Dabei fällt überschüssige Füllung heraus. Die geschlossenen Culurgionis (sie sehen wie eine Ähre aus) auf ein mit Grieß bestreutes Tablett legen, bis alle fertig sind.

4. Die Nudeln in reichlich Salzwasser kochen, bis der Teig und die Füllung gar sind. Die Tomatensauce erwärmen und auf tiefen Tellern verteilen. Die Nudeln herausnehmen, abtropfen lassen und auf der Sauce anrichten. Mit geriebenem Pecorino servieren.

WARUM DAS REZEPT FUNKTIONIERT

Für diese komplexe Nudelform, insbesondere für das Umschließen der Füllung, benötigen wir einen sehr flexiblen und relativ feuchten Teig. Flexibel, weil das Zukneifen der Finger dem Teig auf winzigstem Raum einiges abverlangt, und feucht, weil wir die Teigränder nicht mit Wasser oder Ei benetzen. Denn ein korrekt ausgeführter Verschluss ist dauerhaft und zusätzliche Feuchte setzt die Teigstabilität herab, sodass die Form darunter leidet. Deswegen kommt in Anlehnung an unseren flexiblen Grundteig (siehe S. 34) ein Teig zum Einsatz, bei dem die Zugabe von Öl und Salz die notwendige Elastizität erzeugt und der erhöhte Hartweizengrießanteil das Wasser der sehr feuchten Füllung bindet.

ROHE FÜLLUNGEN Wie bei allen gefüllten Nudeln sollte die Teigstärke immer auf die Füllung abgestimmt sein. Bei einer rohen Nudelfüllung, z. B. bei einer Fischfarce (siehe S. 74), muss die Teigstärke den gesamten Garprozess der Füllung durchstehen, ansonsten serviert man eine rohe Füllung oder einen labbrigen Nudelteig.

GEGARTE FÜLLUNGEN Sie sind etwas unkomplizierter, da sie „nur" noch auf Temperatur gebracht werden müssen, wobei es genauso unangenehm ist, wenn der Teig schon gar und die Füllung nicht heiß genug ist. Die Füllung für unsere Culurgionis ist bereits genießbar.

TEIGSTÄRKE UND GARZEIT Es gibt wenig Nudeln, die quantitativ reichhaltiger gefüllt sind als diese. Insofern benötigt die Füllung etwas Zeit, um Temperatur anzunehmen. Nämlich dieselbe Zeit, die der Nudelteig zum perfekten Garen braucht. Das wiederum hängt von der Wassertemperatur oder der Temperatur der Füllung ab, bevor die Nudeln ins Kochwasser kommen. Dafür braucht man etwas Erfahrung. Um das herauszufinden, sind nicht viele Versuche nötig, da wir mit einer Teigstärke von 2 mm bereits einen allgemein gültigen Hinweis geben. Sollte der Teig bei den ersten Versuchen schon gar und die Füllung noch nicht ausreichend warm sein, muss der Teig ein wenig dicker sein. Theoretisch kann man auch die Füllmenge reduzieren. Da Culurgionis aber nur prall gefüllt formstabil sind, muss gleichzeitig auch der Durchmesser der ausgestochenen Teigkreise kleiner sein. Wir empfehlen, so lange zu experimentieren, bis die korrekte Teigstärke feststeht.

MIT VIERERLEI KÄSE GEFÜLLTE NUDELN
CAPPELLETTI AI QUATTRO FORMAGGI
(FÜR 4 PORTIONEN)

Cappelletti erinnern von der Form her an Tortellini. Der Name leitet sich von dem italienischen Wort cappello (Hut) ab, deshalb gibt es auch einen optischen Unterschied. Perfekt geformte Cappelletti sehen nämlich wie das Biedermeiermodell eines Hutes aus, wobei die Füllung den Platz des gedachten Kopfes einnimmt.

FÜR DEN NUDELTEIG
3-faches Rezept Grundteig – der Flexible (siehe S. 34)
Hartweizengrieß (Semola di grano duro rimacinata) zum Arbeiten

FÜR DIE FÜLLUNG
50 g	Butter
1	Schalotte, fein gewürfelt
40 g	Weizenmehl (Type 405)
350 ml	kalte Milch
1	Lorbeerblatt
	frisch geriebene Muskatnuss
100 g	Ricotta
50 g	frisch geriebener Parmesan
50 g	frisch geriebener Pecorino
100 g	Gorgonzola

AUSSERDEM
	Salz und frisch gemahlener schwarzer Pfeffer
	runder Ausstecher (Ø 7 cm)
500 ml	Sugo al pomodoro (siehe S. 162)

1. Den Nudelteig wie beschrieben (siehe S. 34) zubereiten. Im Anschluss mindestens 30 Minuten unter einer umgedrehten Schüssel ruhen lassen, damit er während dieser Zeit nicht antrocknet, oder in Frischhaltefolie wickeln.

2. Inzwischen für eine dickliche Béchamelsauce die Butter zerlassen, die Schalottenwürfel darin glasig andünsten. Das Mehl unter Rühren zugeben und 2 Minuten farblos anschwitzen. Die kalte Milch einrühren und das Lorbeerblatt zugeben. Die Sauce kurz köcheln lassen, bis sie dickflüssig ist. Mit Salz, Pfeffer und Muskat würzen und das Lorbeerblatt entfernen. Ricotta, geriebenen Parmesan und Pecorino sowie den Gorgonzola zufügen und unter Rühren auflösen. Die Sauce beiseitestellen und erkalten lassen. Dabei wird sie so dick, dass man sie in kleinen Häufchen auf den Nudelteig setzen kann.

3. Den Teig mit einer Nudelmaschine zu einer möglichst dünnen Bahn ausrollen. Aus dieser Kreise mit einem Durchmesser von 7 cm ausstechen. Auf jeden Teigkreis ein kleines Häufchen Käsefüllung geben und die Teigränder mit etwas Wasser einpinseln. Die Kreise zu Halbmonden falten. Für Cappelletti die spitzen Teigenden zusammendrücken. Auf einem mit Grieß bestreuten Tablett bis zur Verwendung beiseitestellen.

4. Die Nudeln in reichlich Salzwasser kochen, bis der Teig gar und die Füllung warm und cremig ist. Die Tomatensauce erwärmen und auf Tellern anrichten. Die Cappelletti herausnehmen und auf die Sauce legen. Sofort servieren.

WARUM DAS REZEPT FUNKTIONIERT
Die hohen Deformationskräfte beim Falten der Cappelletti verlangen nach einem äußerst elastischen Teig. Für die gewünschte Elastizität

sorgen Ei und Salz im verwendeten Grundteig (siehe S. 34). Die Füllung für die Cappelletti ist so zähflüssig, dass sie sich ausnahmsweise auch nach dem Teig richten kann.

BÉCHAMELSAUCE Bei der Zubereitung der Sauce kann nichts schiefgehen, dennoch möchten wir kurz darauf eingehen. Zum Andicken wird das Mehl in der Butter mit der Schalotte angeschwitzt – und genau das ist der Trick. Mehl quillt und kleistert nur, wenn sich die Mehlkörner mit heißem Wasser umgeben. Hier aber umhüllt heißes Butterfett die Mehlkörner. Durch die hohe Temperatur schmilzt ein Teil der Stärke, ohne stark zu quellen. Durch die Zugabe der kalten Milch wird die Butterschicht von den Mehlkörnern rasch abgewaschen, Stärke und Protein sind zur Wasseraufnahme bereit. Die Molke der Milch lässt die Mehlkörner aufquellen, die Sauce verdickt schnell und klumpenfrei. So wird die Sauce schön sämig.

ERBSENBONBONS
CARAMELLE AI PISELLI
(FÜR 4 PORTIONEN)

Die Erbsenfüllung wird wie ein Bonbon in den Nudelteig gewickelt, deshalb bekam diese Nudelform auch kurzerhand den entsprechenden Namen.

FÜR DEN NUDELTEIG
3-faches Rezept Grundteig – der Flexible (siehe S. 34)
Hartweizengrieß zum Arbeiten

FÜR DIE FÜLLUNG
30 g Butter
1 Schalotte, fein gewürfelt
250 g Sahne
200 g Erbsen (TK)
1 Stängel Minze, fein gehackt

FÜR DIE SAUCE
100 g Butter
1 Bio-Limette, Abrieb und einige Spritzer Saft

AUSSERDEM
Salz und frisch gemahlener schwarzer Pfeffer
frisch geriebener Parmesan

1. Den Nudelteig wie beschrieben (siehe S. 34) zubereiten. Im Anschluss mindestens 30 Minuten unter einer umgedrehten Schüssel ruhen lassen, damit er während dieser Zeit nicht antrocknet, oder in Frischhaltefolie wickeln.

2. Inzwischen für die Füllung die Butter erhitzen, die Schalottenwürfel darin glasig andünsten und salzen. Die Sahne zugießen und offen auf die Hälfte einkochen lassen. Die TK-Erbsen zufügen und alles einmal aufkochen, dann abgießen und die Sahne auffangen. Die Erbsen im Aufsatz einer Küchenmaschine oder mit einem Stabmixer zu einer glatten Paste pürieren und nur so viel Sahne untermixen, bis sie die gewünschte Konsistenz hat. Die Minze unter die Erbsenpaste heben. Mit Salz und Pfeffer würzen.

3. Den Teig mit einer Nudelmaschine zu dünnen 10 cm breiten Bahnen ausrollen. Dann im Abstand von 10 cm ein kleines Häufchen Füllung in die Mitte der Bahnen setzen. Die Zwischenräume mit Wasser einpinseln, den Teig über der Füllung zusammenklappen und andrücken. Die einzelnen Nudeln mit einem (gewellten) Teigrad auseinanderschneiden. Die Teigenden links und rechts der Füllung wie bei einem Bonbonpapier entgegengesetzt verdrehen. Die Nudeln bis zur Verwendung auf ein mit Grieß bestreutes Tablett legen.

4. Die Nudeln in reichlich kochendem Salzwasser 2 Minuten garen. Für die Sauce die Butter in einer Pfanne zerlassen, mit Limettenabrieb und einigen Spritzern Limettensaft aromatisieren. Die Caramelle vorsichtig herausnehmen und kurz in der Limettenbutter schwenken. Mit geriebenem Parmesan bestreut servieren.

ROTE-BETE-RAVIOLI IN MOHNBUTTER
RAVIOLI RIPIENI DI BARBABIETOLA AL BURRO DI PAPAVERO
(FÜR 4 PORTIONEN)

Wenn man es tatsächlich schafft, den Nudelteig so dünn auszurollen, dass die Farbigkeit der Füllung hindurchschimmert, dann beeindrucken diese Ravioli auch optisch.

FÜR DEN NUDELTEIG
3-faches Rezept Grundteig – der Flexible (siehe S. 34)
Hartweizengrieß (Semola di grano duro rimacinata) zum Arbeiten

ERBSENBONBONS, S. 80

FÜR DIE FÜLLUNG

	Olivenöl
250 g	Rote Bete, fein gewürfelt
1	rote Zwiebel, fein gewürfelt
200 ml	Rote-Bete-Saft
1 TL	Sahnemeerrettich (Glas)
1 Bund	Schnittlauch, in Röllchen geschnitten
	Himbeeressig
200 g	Ricotta

AUSSERDEM

	Salz und frisch gemahlener schwarzer Pfeffer
100 g	Butter
25 g	Dampfmohn
	frisch geriebener Parmesan nach Belieben

1. Den Nudelteig wie beschrieben (siehe S. 34) zubereiten. Im Anschluss mindestens 30 Minuten unter einer umgedrehten Schüssel ruhen lassen, damit er während dieser Zeit nicht antrocknet, oder in Frischhaltefolie wickeln.

2. Inzwischen für die Füllung etwas Olivenöl in einem Topf erhitzen, die Rote-Bete-Würfel darin kurz andünsten, dann die Hälfte abnehmen und beiseitestellen. Zwiebelwürfel, eventuell etwas Olivenöl zugeben und glasig andünsten, dann salzen. Den Rote-Bete-Saft zugießen und köcheln lassen, bis die Rote Bete gar ist. Die restliche Flüssigkeit offen einkochen lassen. Danach mit 1 bis 2 EL Olivenöl zu einer glatten Paste pürieren. Die Paste abkühlen lassen. Dann mit Sahnemeerrettich, Schnittlauchröllchen, Salz, Pfeffer und 1 Schuss Himbeeressig würzen. Das Püree mit den übrigen Rote-Bete-Würfeln und Ricotta verrühren, eventuell mit Salz und Pfeffer würzen.

3. Den Teig mit einer Nudelmaschine zu zwei dünnen und 7 cm breiten Bahnen ausrollen. Auf eine Bahn im Abstand von 7 cm ein kleines Häufchen Füllung in die Mitte setzen. Die Zwischenräume mit Wasser einpinseln und die zweite Teigbahn über die Füllung legen. Den Teig zwischen den Häufchen andrücken. Die einzelnen Nudeln mit einem (gewellten) Teigrad in quadratische Ravioli schneiden. Die

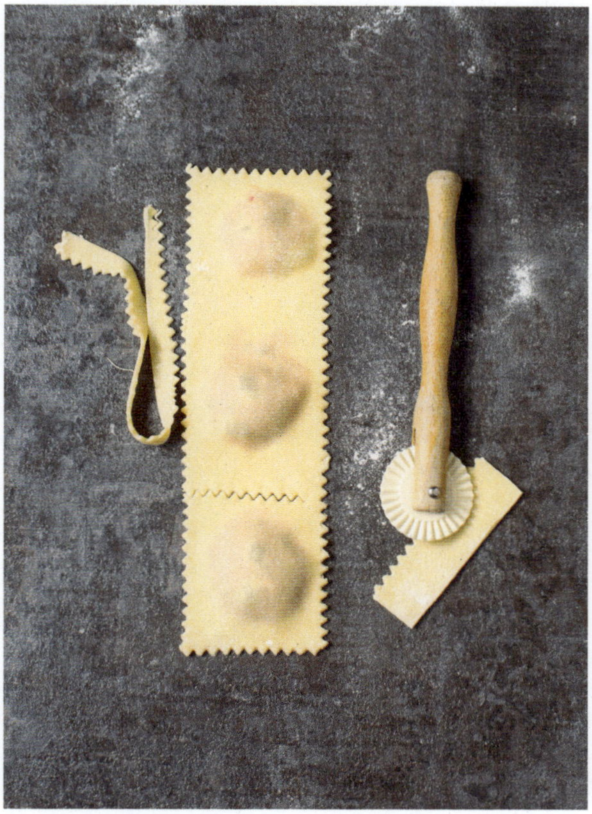

Nudeln bis zur Verwendung auf ein mit Grieß bestreutes Tablett legen.

4. Die Nudeln in reichlich Salzwasser kochen, bis sie gar sind. Die Butter in einer breiten Pfanne zerlassen und den Mohn unterrühren. Die Ravioli vorsichtig herausnehmen und in der Mohnbutter schwenken. Nach Belieben mit geriebenem Parmesan bestreut servieren.

PRAKTISCHE WISSENSCHAFT

FRISCHE RAVIOLI

Ihre Herstellung ist zeitaufwendig, deshalb legen wir die fertigen Ravioli auf ein mit Hartweizengrieß bestreutes Tablett. Die Grießunterlage ist wichtig, denn die frischen Ravioli sind noch nicht im Gleichgewicht. Beim Falten und Verschließen wird Wasser aus den stark gefalteten Teilen in die weniger beanspruchten Regionen gequetscht. Erst beim Ruhen kommt es zum Ausgleich. Innerhalb des Nudelteigs und auch aus der Füllung wandert das Wasser, möchte Feuchtigkeitsunterschiede ausgleichen und wird durch die molekularen Bedingungen behindert oder beschleunigt. Dies geschieht auch auf der Auflage, wenn das Wasser das mit Grieß bestreute Tablett erreicht. Das Gluten im Mehl quillt auf und die Stärke nicht, so wird ein Festkleben auf der Unterlage verhindert.

SCHWARZE BANDNUDELN MIT TINTENFISCH UND ROGEN

TAGLIOLINI NERI CON SEPPIA E BOTTARGA

(FÜR 4 PORTIONEN)

Der Rogen der Meeräsche ist an sich schon, kurz in der Pfanne gebraten, etwas Köstliches. Auch geräuchert schmeckt er sehr gut. Wird der Rogen jedoch am Stück gesalzen und anschließend getrocknet, wie in vielen mediterranen Ländern üblich, erhält man eine Art „goldenen Kaviar".

FÜR DEN NUDELTEIG

200 g	Hartweizengrieß (Semola di grano duro rimacinata) + etwas zum Bestäuben
200 g	Weizenmehl (Type 405)
4	Eier (M, 200 g)
8 g	Sepiatinte

FÜR DIE SAUCE

300 g	Tintenfische
2	Orangen
	Olivenöl
1	Knoblauchzehe, fein gewürfelt
150 ml	Weißwein
1	Lorbeerblatt
1 Bund	glatte Petersilie, fein gehackt

AUSSERDEM

Salz
etwas Bottarga (getrockneter Fischrogen der Meeräsche)

1. Für den Teig Hartweizengrieß mit Mehl und 1 Prise Salz in einer Schüssel mischen. Eine Mulde in die Mitte drücken, die aufgeschlagenen Eier und die Sepiatinte zugeben, beides mit einer Gabel verquirlen. Nach und nach das Mehl einarbeiten, bis ein grober Vorteig entstanden ist. Den Teig auf einer Arbeitsfläche weiterkneten, bis er glatt und geschmeidig ist. Im Anschluss mindestens 30 Minuten unter einer umgedrehten Schüssel ruhen lassen.

2. Den Teig mit einer Nudelmaschine zu 2 mm dünnen Bahnen ausrollen. Diese mit Grieß bestäuben, aufrollen und mit einem Messer in 2 mm dünne Tagliolini schneiden.

3. Für die Sauce die Tintenfische unter fließendem, kaltem Wasser abspülen. Die lila bis gräuliche Haut und den innenliegenden Schulp entfernen. Die Augenpartie und die Beine vom Körper (Tubus) trennen. Die Augenpartie wegschneiden, die Beine je nach Größe der Tintenfische klein schneiden. Den Tubus aufschneiden, flach ausbreiten und in dünne Streifen schneiden.

4. Die Schale der Orangen samt weißer Haut abschneiden. Die Fruchtfilets zwischen den Trennhäutchen herausschneiden, den Saft auffangen. Den Knoblauch in einer kleinen Pfanne in etwas Olivenöl bei geringer Hitze glasig andünsten. Die Tintenfischstücke zugeben, salzen und 2 Minuten mitdünsten. Weißwein und Lorbeerblatt zugeben und die Flüssigkeit offen einkochen lassen. Den Orangensaft zugießen, aufkochen und um die Hälfte einkochen lassen.

5. Die Nudeln in reichlich kochendem Salzwasser 1 Minute garen. Mit einem Schaumlöffel herausnehmen und in der Sauce 1 Minute schwenken. Petersilie und Orangenfilets unterheben. Auf tiefen Tellern anrichten und etwas getrockneten Fischrogen darüberreiben. Sofort servieren.

PRAKTISCHE WISSENSCHAFT

DAS GEHEIMNIS DER BOTTARGA

Bottarga schmeckt salzig und hat aufgrund der freien Aminosäuren einen typischen herzhaften Umami-Geschmack, der von einem leichten Bitterton (aufgrund von bitterschmeckenden Peptidstücken) begleitet wird. In der Anfangsphase des Trocknens bilden sich verschiedene Aromen, die ihr einen ganz besonderen Duft verleihen. Bottarga duftet fettig, wachsig, nach Gurken und Fisch, aber auch nach Nüssen, Mandeln und Karamell.

Dass der Rogen beim Trocknen, im Gegensatz zu Schinken oder Rohwürsten, nie wirklich extrem hart wird, liegt an seinem sehr breiten Fettsäurespektrum. Hervorzuheben ist vor allem sein außergewöhnlich hoher Anteil an langkettigen essenziellen Omega-3-Fettsäuren, wie Eicosapentaensäure (EPA) und Docosahexaensäure (DHA), die in der Bottarga in hohen Konzentrationen vorkommen: Sie werden durch das Salzen und Trocknen vor rascher Oxidation effektiv geschützt.

Bottarga kann in Scheiben geschnitten werden, sie passt zu Salaten und veredelt selbst Kartoffelsalat; geraspelt dient sie als Salzersatz auf gedämpften und gebratenen Fischen. Sogar in Tatar von abgehangenem Rindfleisch macht der Rogen eine ähnlich gute Figur wie Kaviar.

SCHWARZE BANDNUDELN MIT TINTENFISCH UND ROGEN, S. 84

KONZEPT 5
PASTA BENÖTIGT WASSER UND HOHE GARTEMPERATUREN

Selbst der beste Pastateig und die schönsten Spaghetti, Orecchiette oder Ravioli sind roh ungenießbar. Die Nudeln müssen gegart werden, damit sie nicht nur verdaulich sind, sondern im besten Fall ein kulinarischer Genuss. Rösten, backen oder braten hilft in diesem Fall nicht weiter. Die Stärke im Weizen braucht Wasser, und zwar heißes, damit sie quellen kann. Erst im Zusammenspiel zwischen Stärke und Proteinen, Wasser und Hitze entsteht das beliebte Pasta-Mundgefühl von glitschig bis al dente. Beim Abkühlen verändert sich die Konsistenz wieder.

DIE WISSENSCHAFT DAHINTER

Der einfachste Pastateig besteht lediglich aus Mehl und Wasser. Dabei kann das Mehl zwar variieren (siehe Konzept 2), doch die strukturgebenden Bestandteile bleiben stets dieselben: Stärke und Protein. Bei der Herstellung des Pastateigs spielen die Proteine, insbesondere das Klebereiweiß Gluten, eine sehr große Rolle, denn sie sind für die Teigbindung verantwortlich. Mischt man reines Gluten mit kaltem Wasser, erhält man einen gummiartigen Teig, der sich durch seine Elastizität auszeichnet. Rührt man hingegen reine Stärke in ein Glas mit Wasser ein, bildet sich zunächst eine milchige Suspension. Nach dem Rühren setzt sich die Stärke unten ab, das Wasser klärt sich mit der Zeit wieder auf. Im Unterschied zu Gluten interessiert sich die Stärke für das kalte Wasser nicht. Das ist kein Wunder, wenn man den Aufbau und die Funktion der Stärkekörner im Weizen unter die Lupe nimmt.

Die im Weizenkorn dichtgepackten Stärkekörner dienen dem Saatkorn als Energiespeicher. Neben den Aminosäuren aus dem Speicherprotein Gluten benötigt das keimende Korn auch Glukose, also „Traubenzucker“, für das Zellwachstum. Würde das Stärkekorn reine (niedermolekulare) Glukose einbauen, würde das Weizenkorn bei Befeuchtung sofort wegen des osmotischen Drucks platzen. Eine Keimung wäre unmöglich, die Pflanze könnte nicht überleben. Daher muss der Energieträger Glukose „osmotisch sicher“ im Weizenkorn verpackt werden. Die Natur behilft sich mit zwei riesigen Stärkemolekülen: Amylose und Amylopektin. Beide sind aus einzelnen Glukosen aufgebaut (polymerisiert) und können sich erst bei Bedarf enzymatisch in einzelne Glukosemoleküle verwandeln. Nur diese dienen den Zellen als Treibstoff bzw Energie. Die beiden großen Moleküle sind im Stärkekorn streng hierarchisch angeordnet und so ineinander verschränkt, dass eine äußerst stabile, kristalline, wasserabweisende Struktur entsteht (siehe Abb. links).

Die Krux ist daher das kalte Wasser. Hätten wir die Stärke in heißes Wasser eingerührt, hätte sie physikalisch reagiert und einen kleis-

STÄRKE: VOM KORN BIS ZUM MOLEKÜL

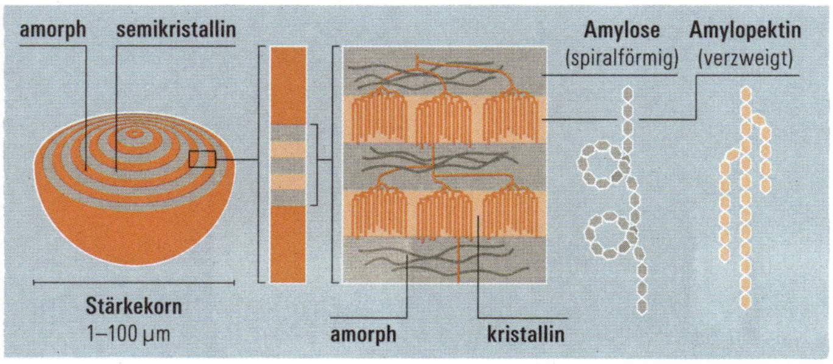

Stärke ist hierarchisch aufgebaut: Die 10 bis 100 Mikrometer (µm) großen Stärkekörner sind ringförmig gepackt. Amylose ist ein lineares, in Helices geschraubtes Molekül, Amylopektin ist hochgradig verzweigt und eng kristallin gepackt. Im Korn gibt es daher regelmäßige, harte Kristalle, das kalte Wasser kann nicht eindringen.

NUDELN BEI UNTERSCHIEDLICHER GARTEMPERATUR

Eingeweichte Nudel mit milchig verfärbter Stärke in den Randbereichen, bei 70 °C gargezogene Nudel, deren nicht gelatinisierte Stärke als gelber Kreis im Innern zu erkennen ist, in sprudelndem Wasser gekochte Nudel mit dem typischen weißen Al-dente-Ring im Kern.

terartigen Brei gezaubert. Gleiches lässt sich beobachten, wenn man Stärke und Wasser zusammen erwärmt. Zunächst passiert wenig, aber sobald die Wassertemperatur über 65 °C steigt, quillt die Stärke plötzlich auf. Tatsächlich beginnen die Stärkekörner bei dieser Temperatur zu schmelzen. Dies kann man unter dem Mikroskop und mit polarisiertem Licht genau beobachten. Die Kristallinität des Amylopektins nimmt ab, Wasser dringt ein, die Stärkekörner quellen auf. Schließlich kann die Oberfläche der Stärkekörner dem Quelldruck nicht mehr standhalten, sie platzt, Amylopektin tritt aus. Nun schieben sich die gequollenen verzweigten Stärken so weit wie möglich ineinander, verzahnen sich über die abgespreizten Amylopektinärmchen und bilden eine Paste. Diesen Vorgang nennt die Wissenschaft Gelatinisierung (um sie von der klassischen „Gelierung" zu unterscheiden). Sie ist zentral für die Textur gekochter Pasta. Die Gelatinisierung würde übrigens ohne ausreichend Wasser nicht funktionieren, denn der Schmelzpunkt des Amylopektins hängt stark vom Wassergehalt ab und steigt mit abnehmendem Wassergehalt deutlich an. Dies werden wir in Konzept 8 direkt nutzen, wenn wir, dem Aroma zuliebe, Pasta vor dem Kochen anrösten.

Die Hitze bewirkt aber auch etwas beim Gluten! Denn erst beim Erhitzen wird die beim Kneten erzeugte elastische Proteinnetzstruktur fixiert. Verantwortlich dafür ist die Aminosäure Cystein, die eine Seitengruppe aus Schwefel und Wasserstoff enthält (und sich auch in Eiklar findet, siehe Seite 57). Treffen zwei Cysteine aufeinander, geben sie bei Temperaturen ab etwa 65–70 °C jeweils ein Wasserstoffatom ab und bilden aus zwei Schwefelatomen untereinander eine Schwefelbrücke, die sogenannte Disulfidbrücke. Diese Brücke ist eine sehr stabile chemische Verbindung, die die Proteinketten permanent stark vernetzt.

Diese Vernetzungsreaktion findet auf einer Zeitskala von etwa 1 bis 5 Minuten statt, je nach Beweglichkeit der Gluteninmoleküle und je nachdem, ob es sich um frische oder getrocknete Pasta handelt. Die passenden Cysteine müssen sich erst finden und benötigen etwas Zeit für die chemische Reaktion.

Frisch gekochte Pasta hat die perfekte Textur, weil das Wasser von der Stärke optimal aufgenommen ist. Wassergehalt und Molekülstruktur passen am besten zusammen. Lässt man warme Nudeln abkühlen, verändern sie sich auf molekularer Skala. Während die Gluten-Wasser-Bindung erhalten bleibt, reagiert die Stärke auf die sinkende Temperatur. Wasser verdampft, die ausgestreckten Amylopektinärmchen „erinnern" sich an ihre Kristallstruktur vor dem Schmelzen und rekristallisieren. Die Nudeln werden etwas härter.

Lässt man die Nudeln in Sauce abkühlen, kristallisiert die Stärke zwar ebenfalls, denn die Temperatur ist dabei die treibende Kraft. Das Wasser wird aus der geschmolzenen Stärke gequetscht und wandert zum Gluten, bzw. dessen geladenen und polaren Aminosäuren, die genug Kapazität haben, das Wasser aufzufangen. Die Nudel wird aber in der Sauce weniger trocken, und beim Wiedererwärmen lassen sich die Effekte bei der Nudel umkehren.

DAS EXPERIMENT

Um herauszufinden, ob Nudeln auch unterhalb von 100 °C gegart werden können, was im Sinne des Energiesparens sicherlich wünschenswert wäre, haben wir dieselben Rigatoni, die laut Packungsangabe 11 Minuten Gardauer benötigen, unterschiedlichen Garprozessen unterworfen. Einmal haben wir ein paar Nudeln lediglich bei Zimmertemperatur in Wasser gelegt und viermal so lang wie angegeben gewartet, einmal bei knapp 70 °C 22 Minuten lang gegart und einmal die empfohlenen 11 Minuten sprudelnd gekocht.

DAS ERGEBNIS

Die eingeweichten Nudeln werden irgendwie weich, wirken an der Oberfläche aber breiig und sind ungenießbar, weil sie ein unangenehmes gummiartiges und breiiges Mundgefühl erzeugen. Bei 70 °C und 22 Minuten Gardauer wird zwar ein genießbares, aber kein befriedigendes Ergebnis erzielt, das sich auch nach 33 Minuten nicht verbessert. Da der längere Zeitraum natürlich einen höheren Energiebedarf erzeugt, hat man bei der geringen Temperatur weder geschmacklich noch energetisch etwas gewonnen. Bei 100 °C und 11 Minuten wird das beste und gewünschte Mundgefühl erzeugt.

DIE ERKENNTNIS

Zwar quellen Proteine in kaltem Wasser auf, die Stärke bleibt davon jedoch unberührt. Sie kann bei Temperaturen unterhalb 65 °C kein Wasser aufnehmen. Erst oberhalb 65 °C schmilzt das Amylopektin aus der Stärke, aber die Energie reicht nicht aus, um sie in kurzer Zeit voll quellen zu lassen. Gleichzeitig beginnt das Glutenin, sich über Disulfidbrücken untereinander zu vernetzen, und zwängt die noch unvollständig gequollene Stärke in das Gluteninnetz. Deswegen wird auch in diesem Fall keine gute Textur erzielt. Das übliche Kochen bei 100 °C ist damit nach wie vor die beste Wahl für das besondere, „saftig-schlotzige" Pastagefühl, das sich sogar ohne Sauce einstellt.

Die wichtigste Erkenntnis dabei ist, dass wir immer beide Prozessparameter benötigen: die Hitze zum finalen Vernetzen des Glutens und zum Schmelzen der Stärke, das Wasser zum Gelatinisieren der Stärke. Erst beide Prozesse zusammen garantieren das perfekte Pastaglück.

NUDELSALAT VITELLO TONNATO, S. 90

KALTE NUDELGERICHTE IN DER PRAXIS: SALATE UND TERRINEN

Egal ob Pasta warm oder kalt gegessen werden: Für ein perfektes Ergebnis und einen maximalen Genuss führt kein Weg an kochendem Wasser mit 100 °C vorbei. Werden Nudeln danach bei niedrigen Temperaturen verzehrt, spielt außerdem die Sauce eine noch bedeutendere Rolle als ohnehin schon. Sie ist dann nicht nur sinnvolle aromatische Ergänzung, sondern bewahrt die Nudeln vor dem unerwünschten Austrocknen und dem dauerhaften Zusammenkleben.

NUDELSALAT VITELLO TONNATO

INSALATA DI PASTA AL VITELLO TONNATO

(FÜR 4 PORTIONEN)

Je nach Jahreszeit reichern wir den Salat auch noch mit Gemüse an. Grüner Spargel, Stifte von Staudensellerie oder Zuckerschoten sind für diesen Salat bestens geeignet.

400 g	Kalbshüfte am Stück, pariert
	Salz und frisch gemahlener schwarzer Pfeffer
	Pflanzenöl
100 ml	Weißwein
1	Zwiebel, geschält
1	Lorbeerblatt
2	Nelken
1	Möhre, geschält
50 g	Knollensellerie, geschält
50 g	Lauch, geputzt
10	Pfefferkörner

FÜR DIE MAYONNAISE

2	Eier, hart gekocht und gepellt
1 Dose	Thunfisch, abgetropft
60 g	Kapern (nonpareilles)
2	in Salz eingelegte Sardellenfilets
50 ml	Olivenöl
etwas	Zitronensaft

500 g	trockene Maccheroni lisci oder Mezze zite

1. Die parierte Kalbshüfte mit Salz und Pfeffer würzen. Etwas Pflanzenöl in einem Topf erhitzen, das Fleisch darin von allen Seiten kräftig anbraten, bis die Oberfläche leicht gebräunt ist. Die Hüfte herausnehmen und die Parüren (siehe S. 91) darin goldbraun anbraten. Den Bratensatz mit dem Weißwein ablöschen und die Hüfte wieder einlegen.

2. So viel Wasser zugießen, bis das Fleisch bedeckt ist. Die Zwiebel mit Lorbeerblatt und Nelken spicken. Mit Gemüse und Pfefferkörnern in die Brühe geben. Das Wasser auf 70 °C erhitzen und das Fleisch darin ziehen lassen, bis es eine Kerntemperatur von 54 °C hat (eventuell ein Kernthermometer verwenden). Je nach Dicke der Hüfte dauert das bis zu 2 Stunden. Das Fleisch aus der Brühe nehmen, wenn die gewünschte Temperatur erreicht ist. Dann bei Zimmertemperatur auskühlen lassen, danach in den Kühlschrank stellen.

3. Für die Mayonnaise die Eier halbieren und die Eigelbe herauslösen. Die Eigelbe in einen Messbecher geben, die Eiweiße in kleine Würfel schneiden und beiseitestellen. Den Thunfisch, die Hälfte der Kapern, die Sardellen und das Olivenöl in den Messbecher geben und alles glatt pürieren. So viel kalte Kalbsbrühe zugeben, bis die gewünschte Konsistenz erreicht ist. Mit Salz, Pfeffer und etwas Zitronensaft würzen.

4. Die Nudeln in reichlich kochendem Salzwasser al dente garen. Dann abgießen, sofort mit der Mayonnaise mischen und abkühlen lassen. Das Fleisch in Streifen (in der Länge der Maccheroni) schneiden. Mit den restlichen Kapern und den Eiweißwürfeln unter die Nudeln heben. Eventuell mit Salz und Pfeffer würzen.

WARUM DAS REZEPT FUNKTIONIERT

Auch wenn die Nudeln kalt gegessen werden, müssen sie zunächst gekocht werden – am besten bei 100 °C. Bei dieser Temperatur verringert sich die Garzeit und die Nudeln laugen nicht länger als unbedingt nötig aus. Aus demselben Grund schrecken wir die Nudeln auch nicht ab. Damit die Nudeln aber nach dem Abschütten nicht aneinanderkleben, benötigen sie eine passende Sauce, die verhindert, dass sich die oberflächlich vorhandenen Stärkemoleküle verbinden. Das übernimmt bei

PRAKTISCHE WISSENSCHAFT
GEKOCHTE EIER ALS SAUCENGRUNDLAGE

Die Sauce des Vitello tonnato (siehe Rezept auf der linken Seite) ist ein Beispiel für die Emulgierfähigkeit von gekochten Eiern. Tatsächlich lassen sich Mayonnaise ähnliche, cremige Saucen aus Öl und wässrigen Flüssigkeiten wie Brühen, Fonds oder anderen Saucen problemlos herstellen, wenn man sehr hart gekochte Eier sehr fein einmixt. Allerdings ist die Konsistenz im Vergleich zu klassischen Eigelb-Mayonnaisen deutlich verschieden, es liegt nämlich ein anderer Emulsionstyp vor, eine sogenannte Pickering-Emulsion, benannt nach dem Entdecker S. U. Pickering, der diesen Mechanismus bereits 1907 beschrieb. Er funktioniert nur mit Eiern, die bereits sehr hart gekocht sind. Diese werden beim Mixen in kleine, elastische Partikel zerteilt und entfalten damit, zusammen mit den anderen winzigen Trümmern z. B. aus Fisch und Gemüse, ihre emulgierende, d. h. Wasser- und Ölphasen verbindende Wirkung: Beim Einmixen des Olivenöls werden Eigelb und Eiklar in kleine Stücke zerrissen, die mit zunehmender Drehzahl immer kleiner werden. Gleichzeitig wird das Öl in immer kleinere Tröpfchen gemixt und den Eipartikeln bleibt nichts anderes übrig, als sich um die Öltröpfchen zu legen. Ist diese Pickering-Mayonnaise erst einmal stabil, kann auch das Wasser des zugegebenen Fonds der Emulsion nichts mehr anhaben. So kann die Konsistenz sicher eingestellt werden: von mayonnaiseartig bis vollkommen cremig, wie es sich für eine Vinaigrette gehört.

diesem Salat eine Sauce auf Mayonnaisebasis, die durch den Einsatz von gekochtem Eigelb hitzeunempfindlich ist.

PARIEREN Für diesen Salat benötigt man höherwertige Teile vom Kalb. Da das Fleisch bei sehr kleiner Hitze lediglich ziehen soll, müssen zuvor alle Sehnen entfernt werden. Denn im Laufe des Garprozesses, der kurz und nicht heiß genug ist, würden sie ungenießbar bleiben. Man nennt diesen Arbeitsschritt parieren, die dabei anfallenden Abschnitte Parüren.

SAFTIGKEIT Eine Kerntemperatur unter 60 °C erhält jedes Fleisch saftig. Dies ist die Grenztemperatur, bei der nicht zu viel Fleischsaft in den Garfond übergeht, da Muskelproteine und Kollagen weder verklumpen noch sehr schrumpfen. So ist immer noch ein homogener Austausch zwischen Fond und Fleischsaft möglich und damit auch eine Aromatisierung des Fleisches. Bis die Kerntemperatur erreicht ist, wird

PRAKTISCHE WISSENSCHAFT
TRÖPFCHENKÄFIGE IN DER MAYONNAISE

Die klassische Mayonnaise nutzt, ähnlich wie die Sauce Carbonara (siehe Konzept 14), die Phospholipide und Proteine des rohen Eigelbs. Diese in Eigelb reichlich vorhandenen Moleküle sind grenzflächenaktiv, d. h. sie vermitteln zwischen wässrigen und öligen Phasen und dienen im Ei zur Stabilisierung der eigenen Mizellen. Um Phospholipide und Proteine aus ihrem natürlichen Verbund zu lösen, schlägt man die Eigelbe zu Beginn etwas vor. Des Weiteren darf die Temperatur nicht zu niedrig sein, denn höhere Temperatur bedeutet stets höhere thermische Energie der Moleküle. Je wärmer es ist, desto leichter lassen sich die Phospholipide aus ihren Mizellen und den Lipoproteinen lösen. Führt man nun gleichzeitig eine große Menge Öl zu, bietet diese den aktivierten Phospholipiden neue Möglichkeiten, sich grenzflächenaktiv zu betätigen, daher ist eine Öl-in-Wasser-Emulsion mithilfe des Eigelbs leicht möglich.
Am einfachsten geht es so: Die Eigelbe in einen engen Messbecher geben, etwas Salz dazu, das Öl daraufkippen und mit einem guten Stabmixer die Mayonnaise hochziehen. Dabei beginnt der Stabmixer am Boden des Messbechers, die Zutaten zu emulgieren. Dort ist erst mal kein Öl vorhanden, da es oben schwimmt. Zieht man nun den eingeschalteten Stabmixer ganz langsam nach oben, wird das zwischen die Messer geratende Öl nach und nach eingearbeitet, bis der Mixer an der Oberfläche angekommen ist und alles Öl idealerweise in der Mayonnaise aufgegangen ist. Bei diesem Vorgang verteilen sich die Moleküle auf ihren zugewiesenen Plätzen und bilden um die immer kleiner werdenden Öltropfen Tröpfchenkäfige, aus denen das Öl nicht mehr leicht entkommen kann. Je kleiner und zahlreicher diese Käfige sind, desto stabiler und cremiger ist die Mayonnaise. Nicht von ungefähr sprechen Wissenschaftler von einem Jamming-Effekt.

aus dem Bindegewebe Kollagen Gelatine. Und die Garzeit ist kurz genug, bei der das Fleisch noch nicht à la pulled veal zerfasert.

KALTES FLEISCH SCHNEIDEN Gegartes Fleisch lässt sich bei niedriger Temperatur, also direkt aus dem Kühlschrank, am besten in exakte Würfel schneiden. Der Grund dafür ist die entstandene Gelatine im Fleisch. Diese bindet das Wasser (Säfte) im Fleisch und wird quasi zu einem Gel. Die Muskelfasern sind so gut gebunden, dass man das Messer genau führen kann.

NUDELSALAT MIT FARFALLE, RUCOLA UND PARMESAN

INSALATA DI FARFALLE CON RUCOLA E PARMIGIANO

(FÜR 4 PORTIONEN)

Mit selbst gemachter Mayonnaise aus Eigelb und Pflanzenöl schmeckt dieser Nudelsalat noch mal so gut. Die Eigelbe müssen absolut frisch sein. Wichtig für das Gelingen ist außerdem, das Öl nicht auf einmal unterzuschlagen, sondern nach und nach.

2	sehr frische Eigelb
1 EL	Senf
einige	Spritzer Zitronensaft
	Salz und frisch gemahlener schwarzer Pfeffer
1	Knoblauchzehe, geschält
1	in Salz eingelegte Sardelle, fein gehackt
1 TL	Kapern (nonpareilles), fein gehackt + etwas Einlegewasser
150 ml	Pflanzenöl
	Zucker
500 g	trockene Farfalle
250 g	Rucola, geputzt
150 g	Parmesan, mundgerecht gehobelt

1. Für die Mayonnaise die Eigelbe in einer Schüssel oder in einem Messbecher mit Senf, 1 Spritzer Zitronensaft und 1 Prise Salz vermischen. Knoblauch, Sardelle und Kapern plus Einlegewasser zugeben und mit einem Schneebesen unterschlagen oder mit einem Stabmixer untermixen. Nach und nach das Pflanzenöl einarbeiten, bis die gewünschte Konsistenz erreicht ist. Die Mayonnaise mit Salz, Pfeffer, 1 Prise Zucker und etwas Zitronensaft würzen.

2. Die Nudeln in reichlich kochendem Salzwasser al dente garen. Dann abgießen, kalt abschrecken und abtropfen lassen. Die Nudeln mit der Mayonnaise mischen. Den Rucola unterheben und den Salat mit dem gehobelten Parmesan garnieren.

EIKLAR-MAYONNAISE Wer keine Eigelb-Mayonnaise mag, ersetzt die Eigelbe durch Eiweiße. Die Mayonnaise wird dadurch etwas leichter und ist ebenso stabil – und ist mal etwas übrig, kann man sie im heißen Ofen sogar gelartig verfestigen und ein anderes Mal verwenden.

NUDELSALAT MIT SELBST GETROCKNETEN TOMATEN

INSALATA DI PASTA CON POMODORI SECCHI

(FÜR 4 PORTIONEN)

Der Star in diesem Salat sind selbst getrocknete Tomaten. Es ist unglaublich, wie viel Aroma selbst Tomaten, die noch nicht auf ihrem aromatischen Höhepunkt sind, erhalten, wenn man sie sorgsam zu Hause trocknet. Das braucht zwar etwas Zeit, doch diese Mühe lohnt sich.

1 kg	Strauchtomaten
1	Knoblauchzehe, geschält
	Salz
1 Zweig	Rosmarin, Nadeln abgezupft
1 Zweig	Thymian, Blättchen abgezupft
35 g	Puderzucker
100 ml	Olivenöl
500 g	trockene Casarecce oder Gemelli
500 g	Mozzarella, abgetropft
100 g	Pesto (siehe S. 218)
	dunkler Balsamicoessig nach Geschmack
1 Bund	Basilikum, Blätter abgezupft

PRAKTISCHE WISSENSCHAFT BESCHLEUNIGTES TOMATENTROCKNEN MIT EXTRA-GESCHMACK

Es gibt zwei Hauptgründe, um Lebensmittel zu trocknen: die Haltbarmachung und die Aroma- bzw. Geschmacksverdichtung. Der Nachteil ist: Es dauert seine Zeit. Es gibt jedoch eine Möglichkeit, den Trockenvorgang zu beschleunigen und zugleich den Geschmack noch zu intensivieren, nämlich indem man das frische Gemüse – z. B. gehäutete Tomaten – mit einer Mischung aus Zucker und Salz beizt. Dabei geschieht Folgendes: Beide ziehen das Wasser osmotisch rasch aus dem Gemüse – noch schneller im Ofen unter höherer Temperatur – und bringen beim Eindiffundieren in die Tomaten die Pflanzenzellen zum Platzen, sodass die Aromen frei werden. Damit diese sich nicht verflüchtigen, gibt man über die Beize zusätzlich Olivenöl, das die Aromen bindet. So entwickeln sich die Tomaten zu wahren Geschmacks- und Aromabömbchen. Am besten eignen sich Kirschtomaten, sie haben den höchsten Anteil an freiem Glutamat, das für herzhaften Umami-Geschmack sorgt und sich mit der Säure, dem Zucker und dem Salz bestens verträgt.

1. Die Tomaten oben und unten mit einem scharfen Messer kreuzförmig einritzen. Die Tomaten für 10 Sekunden in kochendes Wasser geben, herausnehmen, eiskalt abschrecken, enthäuten, vierteln und entkernen. (Die Kerne anderweitig verwenden.)

2. Den Backofen auf 80 °C vorheizen. Ein Backblech mit Knoblauch einreiben. Das Blech mit Salz bestreuen. Rosmarin und Thymian auf dem Blech verteilen. Die Tomatenviertel auf dem Backblech ausbreiten, mit Puderzucker und Salz bestreuen. Alles mit Olivenöl begießen. Die Tomaten im heißen Ofen bei geöffneter Tür trocknen lassen, bis sie flach auf dem Blech liegen und verschrumpelt sind. (Oder das Blech auf die Terrasse stellen und die Tomaten von der Sonne mehrere Stunden trocknen lassen.)

3. Die Nudeln in reichlich kochendem Salzwasser al dente garen. Dann abgießen und in einer Schüssel mit wenig Olivenöl mischen, damit sie nicht kleben. Die Nudeln abkühlen lassen. Den Mozzarella in der Größe der Nudeln in Streifen schneiden. Die getrockneten Tomaten ebenfalls in Streifen schneiden. Die Nudeln mit dem Pesto und dem Essig nach Geschmack mischen. Die Käse- und Tomatenstreifen samt Öl unterheben. Mit Basilikum garnieren und servieren.

PRAKTISCHE WISSENSCHAFT GELATINE – ERINNERUNG AN FORM

Gelatine ist das gekochte und gereinigte Protein aus dem Bindegewebe Kollagen, das auch die Fonds aus Knochen und die Saucen aus Bäckchen fest werden lässt. Gelatineplatten sind getrocknet und amorph, d. h. die Proteinketten liegen unregelmäßig durcheinander (physikalisch sind sie ein Glas, wie getrocknete Pasta auch). Weil sie amorph sind, lassen sie sich leicht einweichen: Das kalte Wasser dringt problemlos in die unregelmäßigen, instabilen Strukturen ein, die Gelatine wird weich.

Gibt man eingeweichte Gelatine in ausreichender Menge in eine Tomatensauce, erinnern sich die Proteinketten an ihre Herkunft, sie sind in der Lage, sich unvollkommen wieder zu verbinden, und so entsteht nach längerer Zeit, etwa über Nacht, wieder ein Gel. Die längere Gelierzeit hat einen ähnlichen Grund wie die lange Kochzeit von Bindegewebe: Bindegewebe ist wie ein Drahtseil aus drei Proteinketten gewickelt und braucht Zeit, um sich zu Gelatine zu entwickeln. Wird Gelatine fest, werden die Zöpfe wieder teilweise geflochten – auch das dauert seine Zeit.

NUDELTERRINE MIT AUBERGINEN, S. 95

WARUM DAS REZEPT FUNKTIONIERT

Wir garen die Nudeln für diesen Salat bei 100 °C, weil dann das Mundgefühl am besten ist. Damit sich die gewünschte Konsistenz der Nudeln auch im kalten Zustand nicht zu stark verändert und der Salat etwas Zeit zum Durchziehen hat, machen wir ihn mit einer ölbasierten Salatsauce an. Der feine Fettfilm legt sich beim Durchziehen um die Nudeln und verlangsamt die Wasserverdunstung der gegarten Nudeln. So trocknet der Nudelsalat nicht so schnell aus und bleibt frisch.

TOMATEN HÄUTEN Das ist nicht nur für ein angenehmes Mundgefühl wichtig, sondern auch für eine gleichmäßige Trocknung sowie für die Aromatisierung. Zuerst kommen die Tomaten kurz in ein heißes Wasserbad, die wasserarme Haut wird angegart und das Fruchtfleisch im Innern bleibt roh. Dabei lockern sich die Pektine, Hemizellulosen und Glycoproteine, die die Haut fest an das Fruchtfleisch kleben. Die Spannung in der Haut und die gelockerte Verbindung lässt die Haut platzen und sie löst sich wie von selbst.

NUDELTERRINE MIT AUBERGINEN
TIMBALLO DI PASTA ALLE MELANZANE
(FÜR 4 PORTIONEN)

Wie bei vielen anderen aufwendigen Rezepten, werden wir am Ende belohnt. Und zwar mit einer für ein kaltes Nudelgericht ausgefallenen Optik und reichlich „dolce far niente" zum Essenszeitpunkt, sodass wir uns ganz und gar dem Genuss hingeben können.

3	längliche Auberginen
	Salz und frisch gemahlener schwarzer Pfeffer
	Olivenöl
25 g	frisch geriebener Parmesan
4 Blatt	weiße Gelatine
500 ml	Sugo al pomodoro (siehe S. 162)
250 g	trockene Ziti
6 Stängel	Basilikum, Blätter abgezupft

AUSSERDEM

1	Terrinenform in der Länge der Nudeln (ca. 1 l Fassungsvermögen)

1. Den Backofen auf 160 °C vorheizen. Ein Backblech mit Backpapier auslegen. 1 Aubergine längs halbieren. Das Fruchtfleisch kreuzförmig einritzen. Die Schnittflächen mit Salz und Pfeffer würzen und mit etwas Olivenöl beträufeln. Die Hälften mit der Schnittfläche nach oben auf das Backblech legen und im heißen Ofen backen, bis das Fruchtfleisch weich ist. Das Fruchtfleisch noch warm mit einem Löffel aus der Schale lösen und in einem Sieb abtropfen lassen. Dann fein hacken und den geriebenen Parmesan unterheben. Das Fruchtfleisch bis zur Verwendung beiseitestellen.

2. Restliche Auberginen längs in 5 mm dünne Scheiben schneiden, diese auf ein Backblech legen, leicht salzen und 20 Minuten ruhen lassen. Das Salz abspülen und die Auberginenscheiben trocken tupfen. Reichlich Olivenöl erhitzen, die Scheiben darin portionsweise goldbraun ausbacken. Die Scheiben auf Küchenpapier abtropfen lassen, dann mit Salz und Pfeffer würzen.

3. Die Gelatine in kaltem Wasser einweichen. Die Tomatensauce erhitzen und eventuell abschmecken. Die Gelatine ausdrücken und in der heißen Tomatensauce auflösen. Die Nudeln in Salzwasser etwas länger als bissfest kochen. Die Nudeln abgießen. Ein Viertel davon abnehmen und in einer Schüssel mit der gehackten Aubergine mischen. Übrige Nudeln mit der Tomatensauce mischen und etwas abkühlen lassen.

4. Die Terrinenform zuerst mit Frischhaltefolie, dann mit Auberginenscheiben leicht überlappend auslegen. Die Scheiben jeweils 5 cm über den Rand der Form hinausragen lassen. Auf einer Arbeitsfläche ein leicht überlappendes Rechteck aus Auberginen in der Breite der Tunnelform auslegen. Quer dazu die Auberginennudeln vollflächig ausbreiten. Das Ganze zu einer kompakten Rolle aufwickeln.

5. Die Terrinenform ein Drittel hoch mit Tomatennudeln füllen, dabei Basilikumblätter einstreuen. Die Auberginenrolle in der Mitte platzieren und die Hohlräume mit den übrigen Tomatennudeln und Basilikum ausfüllen. Die Terrine ein wenig andrücken und die herausragenden Auberginenscheiben über die Nudeln schlagen. Über Nacht in den Kühlschrank stellen. Zum Servieren die Terrine stürzen und die Frischhaltefolie entfernen. Die Terrine mit einem scharfen Messer in daumendicke Scheiben schneiden und zimmerwarm servieren.

PFLANZLICHE ALTERNATIVE Anstelle von Gelatine kann man auch Agar-Agar verwenden. Dieses Geliermittel aus Algen wird mit der Sauce verrührt und aufgekocht. Es geliert innerhalb von 20 Minuten, beim Abkühlen sogar schon zwischen 50 °C und 40 °C. Die Sauce wird etwas fester als mit Gelatine.

KONZEPT 6
PASTA AL DENTE GELINGT NUR MIT TROCKENEN NUDELN

Pasta wird gern al dente, also bissfest, gekocht und verzehrt. Der noch leicht harte, nicht vollständig gekochte Kern in der Mitte der Nudel erzeugt ein besonderes Mundgefühl und macht die Sensorik von Pastagerichten spannender. Doch was bedeutet al dente im Lichte der Wissenschaft und wann und wie kann die perfekte Textur erreicht werden?

DIE WISSENSCHAFT DAHINTER

Pasta al dente zu kochen (von ital. dente = Zahn), benötigt entweder Fingerspitzengefühl – oder eine grobe Abschätzung der Kochzeit. Eine Faustregel lautet etwa, 1 Minute vor Ablauf der auf der Packung angegebenen Kochzeit zum ersten Mal zu probieren. Das Ergebnis hängt allerdings auch von der Nudelform ab. Während eine Al-dente-Textur bei Nudeln mit einheitlicher Form relativ leicht gelingt, ist sie bei kunstvoll geformter Pasta kaum möglich, das beste Beispiel dafür sind Farfalle. Meist ist der Kern definitiv al dente, während die Schmetterlingsflügel schon breiig weich sind.

Mit dem Wissen aus den Konzepten 1 und 3 ist es einfach, dem Geheimnis der Al-dente-Textur auf die Spur zu kommen. Getrocknete Nudeln sind spröde. Spaghetti etwa brechen beim Biegen, sofern keine physikalischen Spezialtricks angewandt werden, in viele, mindestens drei Stücke, ähnlich wie ein gleich dünnes Glasstäbchen. Aus physikalischer Sicht sind getrocknete Nudeln tatsächlich in einem glasartigen Zustand, auch wenn sie nicht durchsichtig sind. Dieser Glaszustand erklärt sich, wenn wir unter dem Mikroskop in die trockene Nudel hinein und auf die Moleküle blicken. Dabei wird sichtbar, wie starr die Proteine auf ihren Plätzen verharren. Die Stärkekörner ohnehin, denn sie sind als große, feste Partikel viel träger als die dünnen Molekülketten. Doch auch diese können sich in dem trockenen Teig kaum bewegen, höchstens extrem schwach zittern. Werden die Spaghetti von außen gebogen, müssen und können im Inneren die Molekülketten dieser Bewegung ein wenig nachgeben. Ist die Deformationskraft jedoch zu stark, können sie der Auslenkung nicht mehr folgen: Das Molekül reißt, dann das nächste, das übernächste usw. Es bilden sich Mikrorisse, um der Spannung nachzugeben. Die Risse wachsen sehr schnell immer weiter, die Nudel bricht auseinander.

Vor dem Trocknen der Pasta war genügend Wasser in der Nudel vorhanden, das Wasser ist das Schmiermittel zwischen den Molekülketten. Die flinken Wassermoleküle huschen durch das Proteinnetzwerk und geben

SPAGHETTI BRECHEN, MOLEKÜLE AUCH

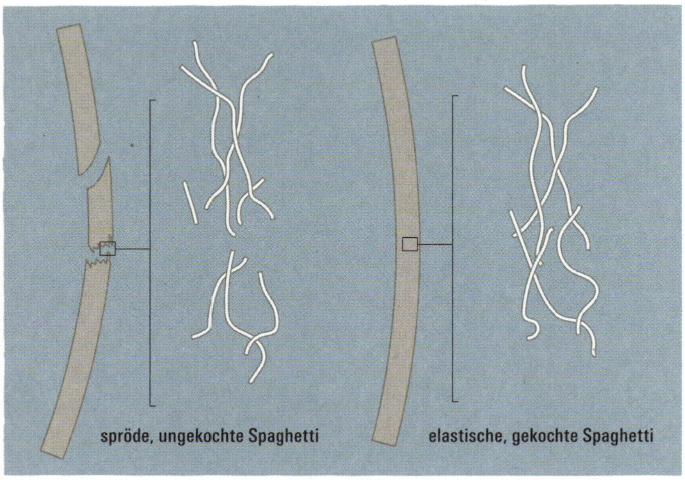

Ungekochte Spaghetti brechen leicht. An den Bruchkanten reißt das Glutennetzwerk, und damit die Gluteninketten (links). Gekochte Spaghetti sind elastisch und können stark gebogen werden, das Glutennetzwerk reißt nicht, es hält zusammen.

RIGATONI UNTER DEM KERNSPINTOMOGRAFEN

Unter dem Kernspintomografen wird die graduelle Wasseraufnahme von Rigatoni beim Kochen sichtbar. Die Ringe zeigen das in die Nudel eingedrungene Wasser. Die Höhe der Ringe entspricht der Wasserkonzentration in der Nudel.

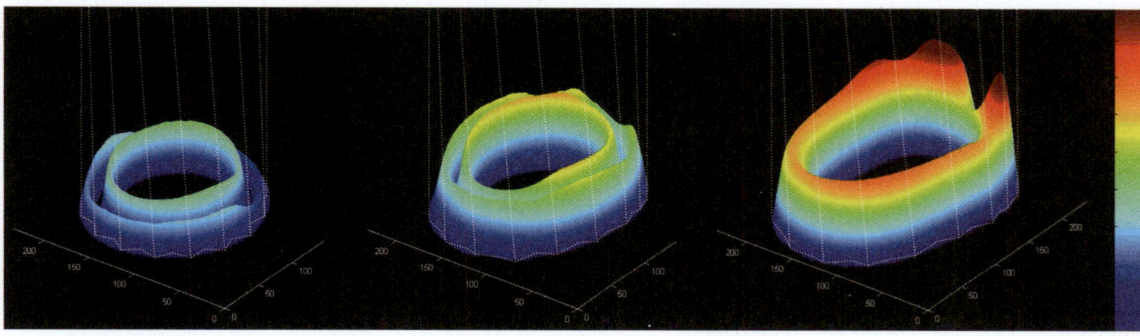

Ganz zu Beginn des Kochens dringt nur eine geringe Wassermenge in die Ränder und an den Oberflächen des Nudelröllchens ein (blau).

Nach etwa 6 Minuten ist der Wassergehalt höher (hellbau, grün, gelb), allerdings ist noch kein Waser bis zum Zentrum der Nudel vorgedrungen, deshalb sind weiterhin zwei Ringe zu sehen. Zwischen ihnen befindet sich der glasige Al-dente-Kern.

Nach etwa 11 Minuten hat das Wasser die gesamte Nudel durchdrungen. Selbst das Zentrum des Nudelröllchens ist nun rot. Die Nudel ist matschig.

den Molekülketten genügend Bewegungsfreiheit. So können sich, wie in Konzept 1 erläutert, die Molekülketten viel weiter bewegen und der gummiartige Teig kann den beim Biegen und Ziehen auferlegten Deformationen folgen, ohne zu reißen. Das Trocknen, und damit der Wasserentzug, ist also verantwortlich für diesen Übergang von „Gummi zu Glas".

Beim Kochen von Pasta wird wieder Wasser zugeführt, was neben dem Gelatinisieren der Stärke und dem Fixieren des Glutennetzes (siehe Konzept 5) zur Folge hat, dass die Moleküle in der Nudel von Neuem beweglicher werden. Daher wird dort, wo Wasser hingelangt, die Nudel wieder weich und jetzt gummiartig (durch das Gluten) und breiig (durch die gelatinisierte Stärke). Dort, wo das Wasser nicht sofort hingelangt, nämlich im Nudelkern, bleibt das trockene Gluten spröde und die Stärke kristallin und hart. Für den typischen Al-dente-Biss ist dabei vor allem der noch glasartige Kern des Glutennetzes verantwortlich, denn dessen Struktur ist im Mund deutlich zu spüren, während die Stärkekörner viel zu klein sind, um auf der Zunge und zwischen den Zähnen wahrgenommen zu werden.

Die gewünschte Al-dente-Textur wird also über die Wasserwiederaufnahme der Nudeln geregelt, d. h. über die Kochzeit. Die Garung muss rechtzeitig gestoppt werden, bevor der Kern der Nudel komplett rehydriert ist. Dort soll die die Stärke kristallin bleiben. Die Kochzeit wiederum hängt von dem Trocknungsgrad der Pasta ab: Je frischer und feuchter die Nudeln, desto beweglicher die Molekülketten und desto besser die Wärmeleitung. Die Wärme aus dem Kochwasser diffundiert rascher nach innen, die mit reichlich Wasser umgebenen Stärkekörner gelatinisieren schnell. Frische Nudeln sind im Handumdrehen gar. Eine Al-den-

GARFORTSCHRITT BEI GEKAUFTEN RIGATONI NACH JE 1 MINUTE GARZEIT

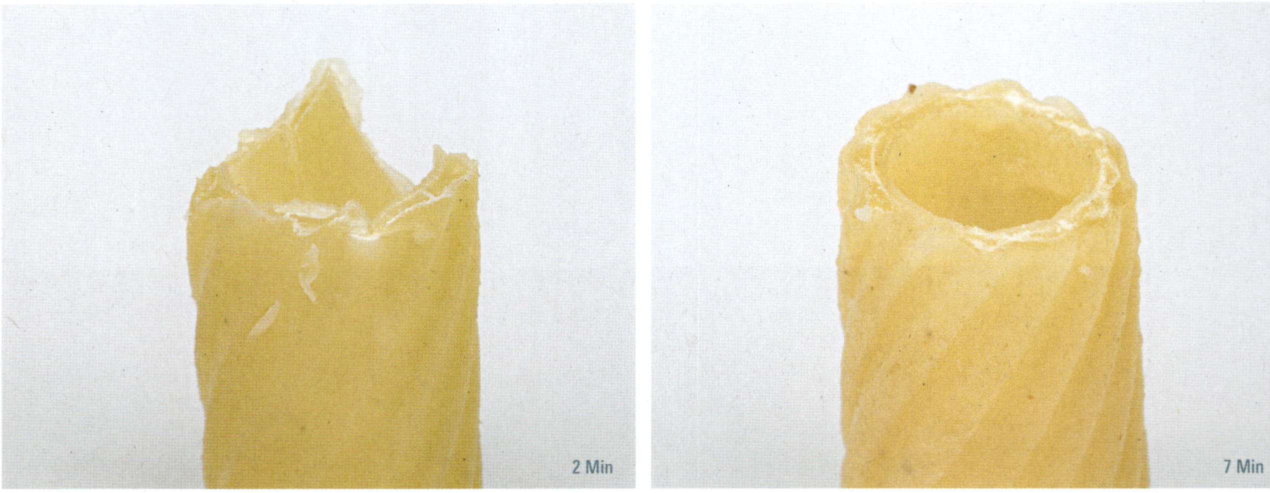

Die Veränderung der Konsistenz ist an den unregelmäßigen Bruchkanten (von 2 bis 6 Minuten) zu erkennen ebenso wie an der Färbung der Querschnittsflächen und des immer dünner werdenden Al-dente-Rings, der zwischen 11 und 12 Minuten vollkommen verschwindet.

te-Textur wird man daher bei ganz frischen Nudeln nicht erreichen, denn ihr Wassergehalt ist immer viel zu hoch, die Glastemperatur kann bei diesen hohen Feuchtigkeitsgraden bei Raum- und Kochtemperaturen nicht unterschritten werden. Nur sorgfältig getrocknete Nudeln mit einem geringen Wasseranteil bieten diese Möglichkeit. Am sichersten gelingt es mit industriell hergestellter Pasta, denn deren Wassergehalt ist schon bei der Teigherstellung deutlich geringer und beträgt nach dem Trocknen nur 5 bis 6 Prozent.

Das Nachgaren der al dente gekochten Pasta in der Saucenpfanne (siehe Konzept 10) ist dabei kein Problem. Die Geschwindigkeit der Wasseraufnahme der Pasta im reinen Kochwasser ist immer höher als in einer dicken Sauce. In der Sauce ist das Wasser stark gebunden, dort befinden sich Proteine, Öle, Emulgatoren aus dem Koch- und Schmorprozess, ebenso wie Salze und Zucker, die das Wasser an sich binden. Dieses gebundene Wasser kann nicht rasch zum noch festen Nudelkern vordringen. Daher beeinflusst das Schwenken der Pasta in der Saucenpfanne die Al-dente-Textur nicht, wenn die Pfanne bzw. der Saucentopf vom Herd gezogen und die Energiezufuhr abgestellt wird. Bei Suppen wiederum gelingt eine Al-dente-Textur nur selten. In der heißen und wässrigen Brühe können die Gelatinisierung der Stärke und die Rehydrierung des Glutennetzwerks stetig weiterlaufen. Der Glasübergang wird praktisch immer unterschritten.

DAS EXPERIMENT

Um zu überprüfen, welche Auswirkungen der Garfortschritt auf getrocknete Nudeln hat, haben wir Rigatoni mit einer empfohlenen Gardauer von 11 Minuten in Salzwasser gekocht. Jede Minute wurde eine Nudel aus dem Topf genommen, halbiert, um den Querschnitt begutachten zu können, und verkostet. Wir wollten wissen, ob man einer Nudel den perfekten Zeitpunkt ansieht, zu dem sie gegessen werden sollte, ähnlich wie man den Garzustand von Fleisch von saignant bis well done optisch beurteilen kann. Nach 15 Minuten Gardauer haben wir das Experiment beendet, weil die verkosteten Nudeln dann sehr matschig wurden.

Um dieses einfache Küchenexperiment mit wissenschaftlichen Methoden zu untermauern und die Wasseraufnahme genauer zu verfolgen, haben wir es am Max-Planck-Institut für Polymerforschung mit Rigatoni durchgeführt und die Nudeln mit einem Kernspintomografen untersucht (siehe Abb. S. 97).

DAS ERGEBNIS

Der Garfortschritt der einzelnen Nudeln lässt sich im Querschnitt wunderbar beobachten, weil das eindringende Wasser und die Hitze ihre Spuren hinterlassen. Bereits nach 2 Minuten erkennt man zwei weiße Kreise, einen am äußeren und einen am inneren Rand der Röhrennudel. Zwischen den Kreisen bleibt zunächst ein starrer Kern ungegarter Pasta stehen, die Nudel ist noch ungenießbar hart. Je weiter sich Wasser und Hitze vorarbeiten, desto kleiner wird dieser Kern. Nach 11 Minuten ist er verschwunden und die beiden weißen Kreise sind zu einem dünnen verschmolzen. Das Mundgefühl beim Kauen der Nudel ist jetzt perfekt, sie ist weich genug, hat aber noch den gewünschten Biss. Bereits nach 1 Minute mehr ist der dünne, weiße Strich fast ganz verschwunden. Die Nudeln verlieren ihre Formstabilität und werden nach und nach weicher.

DIE ERKENNTNIS

Für ein perfektes Al-dente-Ergebnis steht nur ein sehr schmales Zeitfenster zur Verfügung. Nachdem die Nudeln relativ lange ungenießbar hart bleiben, schreitet der Garprozess gegen Ende schneller voran. Haben Hitze und Wasser den Kern erreicht, geht dieser unwiederbringlich vom Glas- in den Gummizustand über. Genau dann verschwindet auch der dünne weiße Kreis und mit ihm der Biss, dessen Widerstand wir für ein perfektes Ergebnis benötigen. Um den richtigen Augenblick zu erwischen, muss man gegen Ende der angegebenen Kochzeit den Garzustand der Nudeln öfter prüfen. Wie das Experiment zeigt, könnte man dies tatsächlich rein optisch tun und von der Dicke des ungegarten Kerns auf die Konsistenz der Nudel schließen. Doch in der alltäglichen Küchenpraxis ist das Verkosten der Nudel die einfachere und schnellere Variante.

HARTWEIZENGRIESS IN DER PRAXIS: PASTA AL DENTE

Der Biss, den wir bei Nudeln so sehr lieben, entsteht nicht durch das Kochen allein, sondern durch die Auswahl der Pasta. Im Grunde genommen erhält man ihn, weil getrocknete Nudeln nicht ganz gegart werden. Folglich kann man den Garzustand al dente nur mit zuvor getrockneten Produkten erzeugen. Das Trocknen klappt auch zu Hause, doch dann braucht man einen entsprechend langen Vorlauf und für ein perfektes Ergebnis einen kontrollierten Trocknungsprozess – und der ist nur schwer zu bewerkstelligen. Insofern kann man bei den folgenden Rezepten ruhig auf das Sortiment bekannter und weniger bekannter Hersteller zurückgreifen und die ganze Energie der Zubereitung widmen. Denn auch bei scheinbar einfachen Rezepten kommt es auf die Details an.

SCHMETTERLINGSNUDELN MIT THUNFISCH UND OLIVENTAPENADE

FARFALLE AL TONNO CON PESTO DI OLIVE NERE

(FÜR 4 PORTIONEN)

Wer Thunfisch und eine kleine Menge selbst gemachtes Olivenpesto (siehe S. 225) als Vorrat hat, kann damit im Handumdrehen ein einfaches und köstliches Pastagericht auf den Tisch zaubern.

	Olivenöl
1	rote Zwiebel, fein gewürfelt
	Salz
2 Dosen	Thunfisch (à 100 g Abtropfgewicht), abgetropft und mundgerecht zerpflückt
100 ml	Weißwein
4 EL	schwarze Oliventapenade (siehe S. 225)
400 g	trockene Farfalle
10 Stängel	Petersilie, fein gehackt

1. Für die Sauce etwas Olivenöl in einer breiten Pfanne erhitzen, die Zwiebelwürfel darin glasig andünsten und salzen. Den Thunfisch zugeben und bei geringer Hitze zusammenfallen lassen. Den Weißwein zugießen und vollständig einkochen lassen. Die Oliventapenade einrühren.

2. Die Nudeln in reichlich kochendem Salzwasser 2 Minuten weniger kochen als auf der Packung angegeben. Mit einem Schaumlöffel herausnehmen und in die Sauce geben, sodass auch etwas Kochwasser in die Pfanne gelangt. Die Nudeln darin 2 Minuten schwenken, damit sie nachgaren und sich mit der Sauce verbinden. Eventuell noch etwas Kochwasser zugeben. Die Nudeln auf tiefen Tellern anrichten und mit gehackter Petersilie bestreuen. Sofort servieren.

WARUM DAS REZEPT FUNKTIONIERT

Beim Kochen gelangt Wasser in die unregelmäßige Struktur der Nudeln und das bestimmt die Kochzeit. Bei gekauften trockenen Nudeln ist auf der Packung die Garzeit angegeben, die sich nach Größe, Form und Herstellungsart der Pasta richtet. Da es sich aber immer um Richtwerte handelt, machen wir 1 bis 2 Minuten vor dem Ende der angegebenen Garzeit eine Garprobe und passen die restliche Kochzeit an: Sind die Farfalle noch sehr fest, geben wir 1 Minute zu, ansonsten sind sie bereit für die heiße Sauce, wo sie noch nachgaren bis zum perfekten Al-dente-Punkt. Bei Farfalle muss man sich allerdings entscheiden, welcher Teil der Nudel al dente sein soll. Ein komplettes Al-dente-Ergebnis ist bei dieser besonderen Pastaform mit einlagigen Außenpartien und doppelt liegender Mitte niemals zu erreichen. Es gibt entweder die Kombination von Al-dente-Flügeln und harter Nudelmitte oder von perfekter Mitte und etwas zu weichen äußeren Partien.

SPAGHETTI MIT ZITRONENSAUCE

SPAGHETTI AL LIMONE

(FÜR 4 PORTIONEN)

Eigelb, Kochwasser mit gelöster Stärke, die richtige Temperatur und mechanische Kraft wirken beim Schwenken so zusammen, dass alle Nudeln appetitlich mit Sauce umhüllt werden. So ist jede einzelne Gabel ein Hochgenuss.

SCHMETTERLINGSNUDELN MIT THUNFISCH UND OLIVENTAPENADE, S. 100

SPAGHETTI MIT ZITRONENSAUCE, S. 100

1	Bio-Zitrone, Saft und Abrieb
400 ml	Geflügelbrühe
2	Eier (M, 100 g)
50 g	frisch geriebener Parmesan
2 EL	Mascarpone
400 g	trockene Spaghetti
	Salz
1 Bund	Petersilie, fein gehackt

1. Für die Saucenbasis Zitronensaft und Geflügelbrühe in einer breiten Pfanne offen auf die Hälfte einkochen lassen. Vorsicht, bei der großen Oberfläche geht das schnell. Die Eier trennen. Die Eigelbe mit geriebenem Parmesan, Zitronenabrieb und Mascarpone verquirlen.
2. Die Nudeln in reichlich kochendem Salzwasser 2 Minuten weniger kochen als auf der Packung angegeben. Mit einem Schaumlöffel herausnehmen und in die Saucenbasis geben, sodass auch etwas Kochwasser in die Pfanne gelangt. Die Nudeln darin 2 Minuten schwenken, damit sie nachgaren und sich mit der Sauce verbinden.
3. Die Eigelbmischung mit 3 EL Kochwasser verrühren, damit sie etwas flüssiger wird, dann in die Pfanne zu den Spaghetti geben. Die Pfanne beiseitestellen und alles mischen, bis die Sauce cremig ist. Alles vorsichtig erwärmen und eventuell noch etwas Kochwasser zugießen. Die gehackte Petersilie untermischen. Sofort servieren.

WARUM DAS REZEPT FUNKTIONIERT

Eigelb macht die Zitronensauce sämiger, sodass sie sehr gut an den Nudeln haftet. Für einen noch besseren Halt benötigen wir die Stärke aus den Nudeln. Deswegen sind gekaufte Spaghetti von Vorteil, da sie sehr viel weniger Restfeuchte als frisch hergestellte Nudeln haben und die Garzeit um ein Vielfaches länger ist, bis sie bissfest sind. Durch den längeren Garprozess löst sich mehr Stärke im Kochwasser. Diese bindet dann die Sauce, wenn wir zur Vollendung des Gerichts etwas Nudelkochwasser unter die Sauce mischen.

ZITRONENSAFT Zitronen, besonders die aus Süditalien, haben nicht nur ein betörendes Aroma, sondern enthalten auch viel Säure. Die Säure kann unangenehm sein, wenn man Zitronensaft in großer Menge einfach so benutzt. Um der Säure die Spitze zu nehmen, kochen wir den Zitronensaft mit Geflügelbrühe ein und mischen diese Saucenbasis mit Parmesan, Eigelben und Mascarpone. Die Zitronenschale kommt erst im letzten Augenblick dazu – so verliert sie nur wenig von ihren flüchtigen Aromen. Die samtigen Zutaten Geflügelbrühe, Parmesan, Ei und Mascarpone stellen den Gegenpol zur Säure her und binden diese mit ein. So entsteht ein harmonisches Geschmacksbild.

MUSCHELNUDELN MIT GEBEIZTEM FISCH
CONCHIGLIE AL BACCALÀ
(FÜR 4 PORTIONEN)

Baccalà, ein mit Salz haltbar gemachter Fisch (meistens Kabeljau), wird gerne in der norditalienischen Küche verwendet. Ebenso der Stockfisch, der luftgetrocknet wird. Beide müssen vor der Zubereitung in Wasser eingelegt werden – Baccalà zur Reduzierung des hohen Salzgehalts auf ein normales Maß und Stockfisch zum Rehydrieren. Dazu legen wir den Fisch 48 Stunden in Wasser ein und erneuern dieses zwischendurch ein- oder zweimal. Danach verarbeiten wir den Fisch wie ein normales Fischfilet. Gut sortierte Fischhändler haben Baccalà in ihrem Sortiment.

300 g	Baccalà (eingesalzenes Fischfilet), 48 Stunden gewässert
100 g	Kirschtomaten
	Olivenöl
1	Zwiebel, gewürfelt
	Salz
30 g	Pinienkerne
30 g	Rosinen
100 ml	Sekt
400 ml	Fischfond
100 g	Taggiasca-Oliven (oder eine andere milde Sorte)
50 g	Kapern (nonpareilles)
300–400 g	trockene Mini Conchiglie rigate (je nach Größe)
1 Bund	Petersilie, fein gehackt
	sehr gutes Olivenöl nach Belieben

1. Das Fischfilet von der Haut befreien und in mundgerechte Stücke schneiden. Die Kirschtomaten für 5 Sekunden in kochendes Salzwasser geben, herausnehmen, eiskalt abschrecken, enthäuten und halbieren.
2. Etwas Olivenöl in einer breiten Pfanne erhitzen, die Zwiebelwürfel darin glasig andünsten und salzen. Die Pinienkerne zugeben und etwas Farbe annehmen lassen. Die Rosinen und Tomaten zufügen und bei geringer Hitze zusammenfallen lassen. Den Sekt zugießen und vollständig einkochen lassen. Den Fischfond zufügen und offen auf die Hälfte einkochen lassen. Die Fischwürfel darin bei geringer Hitze 2 Minuten ziehen lassen, bis sie gar sind. Gegen Ende der Garzeit Oliven und Kapern untermischen.
3. Die Nudeln in reichlich kochendem Blanchierwasser 2 Minuten weniger garen als auf der Packung angege-

ben. Mit einem Schaumlöffel herausnehmen und in die Sauce geben, sodass auch etwas Kochwasser in die Pfanne gelangt. Die Nudeln darin 2 Minuten schwenken, damit sie nachgaren und sich mit der Sauce verbinden. Eventuell noch etwas Kochwasser zugeben. Die Nudeln auf tiefen Tellern anrichten, mit gehackter Petersilie bestreuen und nach Belieben mit sehr gutem Olivenöl beträufeln. Sofort servieren.

WARUM DAS REZEPT FUNKTIONIERT

Bei einer wasserbasierten Sauce wie dieser, bei der Fischfond, Sekt und Tomaten die Basiszutaten sind, macht die Zugabe von Nudelkochwasser und der darin gelösten Stärke einen großen Unterschied im Endergebnis. Erst recht, wenn man die noch sehr bissfesten Nudeln in den letzten paar Minuten in der Sauce fertiggart. Dann geht nämlich die im Kochwasser gelöste Stärke direkt in die Sauce über und die Nudeln können sich mit der Sauce vollsaugen – das schmeckt besonders gut.

PRAKTISCHE WISSENSCHAFT BACCALÀ

Das Haltbarmachen von Fisch über das vollkommene Einsalzen nutzt die Osmose komplett aus. Das Salz entzieht dem Fisch sehr viel Zellwasser (Serum), die Wasseraktivität sinkt, der Fisch wäre jetzt bereits sehr lange haltbar. Zusätzlich wird er dann getrocknet, der Wassergehalt somit unter 10 bis 15 Prozent gedrückt. Dadurch werden die Fischmuskelproteine stark aneinander angelagert, sodass Wasser schlecht hineindringen kann, Luftfeuchtigkeit schon gar nicht. Das erklärt die ewige Haltbarkeit des Baccalàs, aber auch die lange Zeit, die der Fisch braucht, um zu rehydrieren. Erneuert man das Wasser beim Rehydrieren mehrmals, geht es ein wenig schneller, denn je geringer die Salzkonzentration des Wassers, desto rascher die Entsalzung.
Der Preis für die Haltbarmachung durch Einsalzen ist allerdings ein geschmacklicher Nachteil, denn mit dem Verlust des Serums werden Geschmackselemente entzogen: Salze, Aminosäuren, Glutaminsäure und auch Zucker aus den Zellen.

PACCHERI MIT KALBSLEBER UND APFELCREME

PACCHERI AL FEGATO CON CREMA DI MELA

(FÜR 4 PORTIONEN)

Paccheri sind große röhrenartige Nudeln und kommen aus der Gegend um Neapel. Sie haben eine dichte Textur, bleiben sehr beständig in ihrer Form und harmonieren gut mit kräftigen Fleischfüllungen. Wir servieren die Nudeln auf Apfelcreme und mit Leber.

40 g	Butter
1 Stange	Lauch, das Weiße in dünne Streifen geschnitten
	Salz und frisch gemahlener schwarzer Pfeffer
1	roter Apfel (z. B. Jonagold), geschält und gewürfelt
100 ml	Gemüsebrühe
	Zucker und Zimt
300 g	Kalbsleber
	Olivenöl
1 Bund	Salbei, in Streifen geschnitten
1	rote Zwiebel, in Streifen geschnitten
100 ml	Rotwein
200 ml	Kalbsfond
400 g	trockene Paccheri
	dunkler Balsamicoessig

PACCHERI MIT KALBSLEBER UND APFELCREME, S. 104

1. Die Butter in einer Pfanne erhitzen, den Lauch darin glasig andünsten und salzen. Die Apfelwürfel zugeben und kurz mitdünsten. Die Gemüsebrühe zugießen und alles abgedeckt in 12 Minuten weich garen. Den Topfinhalt im Aufsatz einer Küchenmaschine zu einer glatten Creme pürieren. Mit Salz, Pfeffer, Zucker und 1 Prise Zimt würzen.

2. Die Kalbsleber von Haut und dicken Venengängen befreien, dann in mundgerechte Würfel schneiden. Etwas Olivenöl in einer Pfanne erhitzen, die Leberwürfel darin von allen Seiten in 2 Minuten goldbraun, aber nicht durch braten. Gegen Ende der Bratzeit den Salbei untermischen. Die Leberwürfel auf einen Teller geben. Für die Sauce in derselben Pfanne die Zwiebelstreifen anbraten, eventuell etwas Olivenöl zufügen und salzen. Den Rotwein zugießen und vollständig einkochen lassen. Den Kalbsfond zugeben und offen auf die Hälfte einkochen lassen.

3. Inzwischen die Paccheri in reichlich kochendem Salzwasser al dente garen. Die Sauce mit etwas Balsamicoessig abschmecken. Die Nudeln mit einem Schaumlöffel herausnehmen und in die Sauce geben, sodass auch etwas Kochwasser in die Pfanne gelangt. Die Nudeln darin kurz schwenken, damit sie sich mit der Sauce verbinden. Die Leberwürfel zufügen und erwärmen. Die Apfelcreme als Spiegel auf Tellern verteilen und die Nudeln darauf anrichten. Sofort servieren.

WARUM DAS REZEPT FUNKTIONIERT

Ein besonderer Genuss ist die Geschmacks- und Aromakomposition aus Lauch, Apfel, Zimt und Leber. Beim Aufnehmen mit der Gabel finden Cremespiegel und Leber über die Pasta geschmacklich zueinander – mit jedem Bissen in einer etwas anderen Zusammensetzung. Dabei spielen auch die unterschiedliche Größe und Form der Leberstücke eine Rolle. So ergibt sich für jede Gabel eine andere Gewichtung der Tellerelemente und das Gericht bleibt sensorisch spannend. Ganz wichtig ist das optimale Garen der Pasta sowie Braten der Leber. Die Nudeln sollten al dente sein, da alle anderen Komponenten eher zart geraten. Die Leberstücke sollten außen goldbraun und im Kern noch etwas „roh" sein, damit man sie mit der Pasta leicht kauen kann. Ist die Leber zu zäh oder gar gummiartig, muss man den Bissen im Vergleich zur Pasta störend lange kauen.

RÖHRENNUDELN MIT PAPRIKACREME

CALAMARATA ALLA CREMA DI PEPERONI

(FÜR 4 PORTIONEN)

Wer diese Nudeln für einen besonderen Anlass aufwerten möchte, bereitet zwei verschiedene Saucen nach demselben Muster zu, eine rote und eine gelbe. Für ein schönes marmoriertes Bild fließen dann beide Saucen auf dem Teller ineinander.

2	rote Paprikaschoten
1	gelbe Paprikaschote
	Olivenöl
8	Kirschtomaten
1	rote Zwiebel, fein gewürfelt
1	Knoblauchzehe, geschält und angedrückt
1 Msp.	Chiliflocken
	Salz
1 Zweig	Rosmarin
	Zucker und Pfeffer
400 g	trockene Calamarata
6 Stängel	Petersilie, fein gehackt
	frisch geriebener Parmesan zum Bestreuen

1. Den Backofengrill vorheizen. Ein Backblech mit Backpapier auslegen. Die Paprikaschoten längs halbieren, von Samen und Scheidewänden befreien. Die Hälften mit der Schnittfläche nach unten auf das Blech legen, mit etwas Olivenöl einpinseln und unter dem Backofengrill garen, bis die Haut schwarz ist und Blasen wirft. Die Paprikahälften herausnehmen und mit einem feuchten Küchentuch 10 Minuten bedecken. Danach die Haut abziehen, übrig bleibt ein leicht karamellisiertes Fruchtfleisch. Die geraden Mittelteile der Paprikahälften in Rauten oder Quadrate schneiden. Die Randpartien klein schneiden und für die Sauce verwenden.

2. Für die Sauce die Kirschtomaten für 5 Sekunden in kochendes Wasser geben. Die Tomaten herausnehmen, eiskalt abschrecken, enthäuten und halbieren. Etwas Olivenöl in einer Pfanne erhitzen, Zwiebelwürfel und Knoblauch darin glasig andünsten. Mit Chiliflocken und etwas Salz würzen. Tomaten, Paprikaabschnitte und Rosmarin zugeben und alles 30 Minuten köcheln lassen. Danach Rosmarin und Knoblauch entfernen. Die Sauce in einem Messbecher mit einem Stabmixer pürieren, dabei 50 ml Olivenöl einlaufen lassen. Mit Zucker, Salz und Pfeffer würzen. Sauce und Paprikastücke in einer Pfanne kurz erwärmen.

3. Die Nudeln in reichlich kochendem Salzwasser al dente garen. Mit einem Schaumlöffel herausnehmen und in die Sauce geben, sodass etwas Kochwasser in die Pfanne gelangt. Die Nudeln kurz durchschwenken, damit sie sich mit der Sauce verbinden. Die Nudeln anrichten, mit gehackter Petersilie und geriebenem Parmesan bestreuen. Sofort servieren.

WARUM DAS REZEPT FUNKTIONIERT

Wenn wir die Nudeln nicht übergaren, sind sie die härteste Zutat in diesem Rezept. Und wenn Nudeln zu lange garen, schmeckt das ganze Gericht fade. Auch frische Nudeln, die keinen echten Al-dente-Biss haben, sind sensorisch kein Genuss. Deswegen ist bei diesem Gericht, bei dem kein robustes Stück Fleisch oder knackiges Gemüse mitspielt, eine gekaufte oder sorgsam selbst getrocknete Nudel unabdingbar.

SANFTES HÄUTEN Dafür die Paprikaschoten in flache Stücke schneiden und mit Aromaten wie Knoblauch und Rosmarin in eine Auflaufform legen. Die Paprikastücke mit Olivenöl einpinseln und salzen. Die Form mit Alufolie luftdicht abdecken, ohne dass die Folie das Gemüse berührt, und die Paprika im vorgeheizten Ofen bei 80 °C 1 Stunde garen. Danach lässt sich die Haut einfach abziehen. Leider entstehen bei dieser Methode keine Röststoffe.

PRAKTISCHE WISSENSCHAFT
WIE ERKENNE ICH DIE RICHTIGE KOCHZEIT?

Bei gekaufter Pasta aus Hartweizengrieß und Wasser ist der Wassergehalt bei der Teigherstellung mit unter 16 Prozent deutlich geringer als bei handwerklicher Arbeit. Nach dem Trocknen bleibt nur ein Wassergehalt von 5 bis 6 Prozent übrig. Dieser Restwassergehalt in der Pasta ist wichtig, denn würde das Wasser vollständig aus den Nudeln verbannt, läge die Kochzeit weit über den angegebenen Werten. Lagern die Nudeln lange Zeit im Schrank, nehmen sie Feuchtigkeit aus der Luft auf, der Wassergehalt steigt, mit der Folge, dass sich die Kochzeit etwas verkürzt. Generell sollte man immer 1 bis 2 Minuten vor der angegebenen Zeit einen Test machen und dann die Restkochzeit anpassen – ohne zu vergessen, dass die Pasta in der Saucenpfanne noch nachgart.

Bei frischen, selbst gemachten Nudeln gilt die Faustregel: nie länger als 1 Minute kochen, bevor man die Elastizität prüft. Die Nudel muss sich leicht dehnen, ohne zu reißen. Dann ein Stück davon probieren: Wirkt die Nudel noch mehlig, weitere 20 Sekunden kochen, dann wieder testen.

DITALI MIT SCHINKEN UND ERBSEN
DITALI CON PROSCIUTTO E PISELLI

(FÜR 4 PORTIONEN)

Damit Nudeln und Sauce so zueinander passen, wie wir uns das für ein optimales Nudelgericht wünschen, schneiden wir den Schinken in kleine Würfel, und zwar in der Größe der Erbsen und passend zum Innendurchmesser der Ditali.

	Olivenöl
1	Schalotte, fein gewürfelt
1	Lorbeerblatt
100 ml	Weißwein
100 ml	Wermut (z. B. Noilly Prat)
300 g	Sahne
400 g	trockene Ditali
	Salz und frisch gemahlener schwarzer Pfeffer
4 Stängel	Basilikum
4 Stängel	Petersilie
100 g	Erbsen (TK)
1 Scheibe	Kochschinken (ca. 5 mm dick), gewürfelt
100 g	frisch geriebener Pecorino

BAVETTE MIT MIESMUSCHELN UND SAFRAN, S. 109

1. Etwas Olivenöl in einer Pfanne erhitzen, die Schalottenwürfel darin glasig andünsten. Lorbeerblatt, Weißwein und Wermut zugeben und die Flüssigkeit offen um die Hälfte einkochen lassen. Die Sahne zufügen und erneut alles offen um die Hälfte einkochen lassen.

2. Inzwischen die Ditali in kochendem Salzwasser al dente garen. Die TK-Erbsen 1 Minute vor dem Ende der Garzeit zugeben und mitgaren. Das Lorbeerblatt entfernen. Die Sahnesauce, Basilikum und Petersilie samt Stängel in einen Messbecher geben. Alles mit einem Stabmixer pürieren, bis die Sauce hellgrün gefärbt ist.

3. Die Sauce durch ein feines Sieb in eine breite Pfanne passieren. Mit den Schinkenwürfeln langsam erhitzen, die Sauce darf sich nicht grau verfärben. Nudeln und Erbsen herausnehmen, mit etwas Kochwasser und geriebenem Pecorino in die Sauce geben und alles so lange schwenken, bis sich die Sauce cremig über die Nudeln legt. Mit Salz und Pfeffer würzen. Die Nudeln auf Tellern anrichten und sofort servieren.

WARUM DAS REZEPT FUNKTIONIERT

Für den perfekten Genuss brauchen wir etwas Stärke für die Sauce, damit sich die bissfest gegarten Nudeln mit der Sauce gut verbinden. Der Vorteil kleiner Nudelformate ist: Sie benötigen weniger Wasser zum Garen und das erhöht die Konzentration an Stärke im Kochwasser. So kommt mit jedem Esslöffel Nudelkochwasser mehr Stärke in die Sauce als bei langen Nudeln, die in einem großen Topf mit viel Wasser gekocht werden.

BAVETTE MIT MIESMUSCHELN UND SAFRAN
BAVETTE ALLE COZZE CON ZAFFERANO
(FÜR 4 PORTIONEN)

Muscheln sind nicht jedermanns Sache. Doch in Italien werden Miesmuscheln landauf und landab gerne und oft gegessen. Wenn nicht solo als Snack, dann am liebsten mit Hartweizengrießnudeln, da nur sie so viel Stärke absondern, während sie ihrem perfekten Garpunkt entgegengehen, dass nichts von dem knapp bemessenen Sud ungebunden auf dem Tellerboden liegen bleibt.

1,5 kg	Miesmuscheln
	Salz und Pfeffer
	Olivenöl
2	Knoblauchzehen, geschält und angedrückt
1	Zwiebel, fein gewürfelt
1	Selleriestange, fein gewürfelt
1	Möhre, fein gewürfelt
1 Prise	Chiliflocken
100 ml	Wermut
1 Zweig	Thymian
1	Lorbeerblatt
2	Döschen Safran (à 0,1 g)
400 g	trockene Bavette
5 Stängel	Estragon, Blättchen abgezupft

1. Die Muscheln mindestens 2 Stunden in Salzwasser einlegen, dann abtropfen lassen, zerstörte oder geöffnete Muscheln entfernen und die Bärte abschneiden.

2. Etwas Olivenöl in einem großen Topf erhitzen, Knoblauch, Zwiebel- und Gemüsewürfel darin 2 Minuten andünsten. Mit 1 Prise Salz und Chiliflocken würzen. Die Temperatur erhöhen und die Muscheln zugeben. Wermut, Thymian und Lorbeerblatt zufügen und abgedeckt kochen, bis alle Muscheln geöffnet sind. Danach den Topfinhalt durch ein feines Sieb in eine breite Pfanne abgießen. Ungeöffnete Muscheln entfernen, aus dem Rest das Muschelfleisch herauslösen.

3. Den Safran zum Muschelfond geben. Die Nudeln in reichlich kochendem Salzwasser 2 Minuten weniger garen als auf der Packung angegeben. Den Muschel-Safran-Fond erhitzen und etwas Nudelwasser zugeben. Die Nudeln mit einem Schaumlöffel in die Pfanne geben und durchschwenken, damit sie nachgaren und sich mit der Sauce verbinden. Eventuell etwas Nudelwasser zugeben. Gegen Ende der Garzeit nach und nach Olivenöl nach Geschmack einarbeiten, dabei die Pfanne schwenken. Thymian und Lorbeerblatt entfernen. Wenn die Sauce cremig ist, Muscheln und Estragon untermischen. Mit Salz und Pfeffer abschmecken. Die Nudeln auf Tellern anrichten und sofort servieren.

WARUM DAS REZEPT FUNKTIONIERT

Beim Garen von Muscheln kann man nicht mehr Muschelfond generieren, als die Muscheln mitbringen. Deshalb haben sich für Meeresfrüchterezepte dünne Nudelsorten wie Spaghetti, Linguine oder eben Bavette durchgesetzt, da sie oberflächenbedingt viel Stärke an das Kochwasser abgeben, die dann zur Bindung des Muschelsuds zur Verfügung steht. So geht kein Tropfen der kostbaren Flüssigkeit verloren. Darüber hinaus bieten die genannten Nudelsorten mit ihrem Biss einen spannenden Kontrast zu den sehr zarten Meeresfrüchten, sodass ein abwechslungsreicher Genuss garantiert ist.

KONZEPT 7
WAS INS NUDELWASSER GEHÖRT – UND WAS NICHT

Die Behauptung, etwas Öl im Kochwasser lasse die Nudeln nicht verkleben, ist nicht richtig. Das Öl im Nudelwasser bewirkt nichts, es setzt sich weder auf die Oberfläche der kochenden Nudeln noch trägt es zum Geschmack bei. Eine große Menge an wallend kochendem Wasser hingegen verhindert tatsächlich ein Zusammenkleben der garenden Nudeln. Und das einzige, was Nudelwasser und damit bereits die kochenden Nudeln kulinarisch aufwertet, sind wasserlösliche Geschmacksträger wie Salz oder herzhafte Umami-Brühen. Nach dem Kochen ist das Wasser oft zu schade zum Wegschütten, denn mit der darin gelösten Stärke lassen sich Saucen wunderbar binden.

DIE WISSENSCHAFT DAHINTER

Der oft erwähnte Küchentipp, 1 bis 2 Esslöffel Öl ins Kochwasser zu geben, damit die Pasta nicht zusammenklebt, ist wissenschaftlich nicht zu begründen, im Gegenteil: Dass dies nicht sein kann, lässt sich anhand einfacher Experimente überprüfen (siehe unten), ist aber auch rein theoretisch verständlich: Gibt man Öl ins Wasser, mischen sich beide nicht, was den speziellen Eigenschaften der Wasser- und Fettmoleküle geschuldet ist. Wasser, H_2O, ist ein polares Molekül, seine Sauerstoffseite ist leicht negativ, seine Wasserstoffe sind leicht positiv geladen, während alle Speiseöle und Fette unpolar sind. Geben wir Öl ins kalte Wasser, setzt es sich oben ab, denn sein spezifisches Gewicht ist mit 0,8 Kilogramm pro Liter kleiner als das von Wasser mit 1,0 Kilogramm pro Liter. Kocht das Wasser im Topf auf dem Herd, entsteht durch den Temperaturunterschied zwischen kälterer Oberfläche und heißem Topfboden eine wallende Konvektionsbewegung. Das Wasser sprudelt, das Öl wird mitgerissen, es bilden sich kleinere und größere Tropfen, die sich wabernd im Wasser bewegen: Das Öl dispergiert im Wasser, wie es physikalisch heißt. Die Tropfen werden kleiner, je rascher und energiereicher die Bewegung des Wassers ist, aber die beiden Flüssigkeiten mischen sich nie. Folglich sammelt sich immer wieder das Öl in größeren „Pfützen" an der wallenden Oberfläche im Topf.

Sind Nudeln im Wasser, muss diese Überlegung modifiziert werden: Solange die Nudeln hart sind, passiert nicht viel Neues, aber sobald sie weich werden, beginnen sie, etwas Stärke und unvernetztes Protein abzugeben (siehe Konzept 5). Das Kochwasser trübt sich dabei immer mehr ein. Die Oberflächen der im Wasser dispergierten Öltropfen werden plötzlich mit wasser- und fettliebenden Emulgatoren konfrontiert, die sich an den Grenzflächen anlagern können. Vor allem Proteine mit ihren unvernetzten wasserunlöslichen Aminosäuren schaffen es, manche Öltröpfchen zu emulgieren, indem sie sich um die Tröpfchen herum lagern und einen „Käfig" bilden. Das Öl hat daher nie eine Chance, die Nudel in ausreichender Menge zu erreichen und dort permanent anzudocken. Das Verkleben der Pasta beim Kochen lässt sich auf ganz andere Weise verhindern: mit einer ausreichenden Menge an wallend kochendem Wasser und mit Salz. Das wallende Kochen hat den Vorteil, dass die Wasserbewegung die Nudeln „umrührt" und damit deren Aneinanderkleben entgegenwirkt. Außerdem hat Wasser eine hohe spezifische Wärme, d. h., es kann Hitze gut speichern. Kommen jedoch kalte Nudeln in eine geringe Menge Wasser, ist die Abkühlung erheblich. Die wallenden Bewegungen stoppen, das Wasser muss erst wieder aufgeheizt werden. Da die

PASTARESTE BEI UNTERSCHIEDLICHER TOPFGRÖSSE UND WASSERMENGE

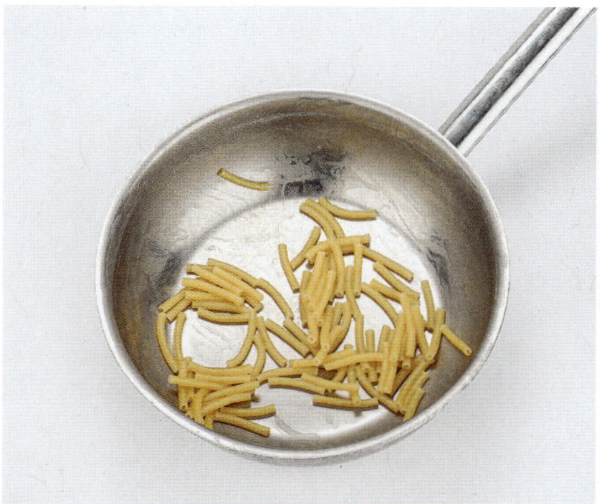

Die Überreste von 500 g Maccheroni, die in 1 l kochendem Wasser in einer Sauteuse mit 24 cm Durchmesser gekocht wurden.

Der spärliche Rest derselben Menge Maccheroni, die in der fünffachen Menge Wasser bei 32 cm Topfdurchmesser gekocht wurden.

Schmelztemperatur der Stärke und die Vernetzungstemperatur des Glutens zwischen 65 °C und 70 °C liegen (siehe Konzept 5), geben die Nudeln während der Zeit des Wiederaufheizens einiges an Protein und Stärke ins Wasser ab. Ist die Wassermenge größer, ist der Abkühleffekt deutlich geringer. Die wallenden Bewegungen setzen rasch wieder ein, die Temperatur des Wassers bleibt über 80 °C und die Gelatinisierung der Stärke wie auch das Vernetzen des Glutens verlaufen zügiger. Sind die Nudeln aber an der Oberfläche gut vernetzt, ist die Wahrscheinlichkeit, dass sie untereinander verkleben, deutlich niedriger.

Genaue Messungen zeigen, dass oberhalb von 70 °C die Stärke schneller und mehr Wasser aufnimmt. Gleichzeitig sinkt aber die aufgenommene Wassermenge in den Nudeln mit dem Salzgehalt des Wassers. Was nachteilig klingt, erweist sich bei genauerer Überlegung als Vorteil, denn zu viel Wasser sollen die Nudeln gar nicht aufnehmen: Die Textur und der Biss sind deutlich besser, die Nudeln werden weniger matschig. Salz im Kochwasser unterstützt damit auch eine Al-dente-Textur. Da aber weniger Wasser von den Nudeln aufgenommen wird, steigt der Salzgehalt in der Nudel nicht stark an. Das meiste Salz bleibt auf der Oberfläche haften und trägt damit unmittelbar zum salzigen Geschmack bei. Das Salz, das zur Teigverbesserung (siehe Konzept 4) in den Pastateig gegeben wurde, wird hingegen erst beim Zerkauen der Nudel freigegeben und ist zeitversetzt schmeckbar. In Italien wird das Wasser kräftig gesalzen, meist ein wenig übersalzen, um den gegarten Nudeln einen gewissen salzigen Grundgeschmack mit auf den Weg zu geben.

Viele traditionelle Rezepte setzen das Kochwasser bewusst ein, nicht nur wegen des Salzes. Die Stärke, die sich während des Garvorgangs aus den Nudeln löst, kann man an der Trübung des Kochwassers erkennen – je weniger Wasser im Topf ist, desto höher die Konzentration. Viele traditionelle Rezepte nutzen das Nudelkochwasser, um die Sauce zu binden. Ähnlich wie in Bratensaucen, die früher oft mit Stärke angedickt wurden, wirken die Amylopektinmoleküle aus dem Kochwasser dabei „verdickend".

DAS EXPERIMENT

Nichts ist beim Pastakochen störender, als wenn die Nudeln während des Kochens zusammenkleben. Wir haben uns gefragt, woran das liegt und wie man das verhindern kann. Der berühmte Spritzer Olivenöl, der es sich auf der Wasseroberfläche bequem macht, während die Nudeln am Topfboden zusammenkleben, kann es nicht sein. Um zu testen, inwiefern sich die Wassermenge auf das Kochergebnis auswirkt, haben wir jeweils 500 g trockene Maccheroni in einem kleinen Topf mit 1 l Wasser und in einem großen Topf in 5 l Wasser gekocht. Die Nudeln wurden jeweils bei 100 °C in das sprudelnde Wasser gegeben. Nach 10Sekunden haben wir die Wassertemperatur gemessen. Während der Kochzeit wurde nicht gerührt. Nach der auf der Packung angegebenen Zeit haben wir die Nudeln abgegossen und auf einem Tablett ausgebreitet.

DAS ERGEBNIS

Der erste Versuch mit 1 l Wasser und wenig Platz hat rund die Hälfte der Nudeln zusammenkleben lassen. Die unteren Nudelklumpen (aus 4 bis 8 Nudeln) haften direkt am Topfboden, die obendrüber an den am Boden festgeklebten Nudeln. Sie lassen sich mit Löffeln nur beschwerlich lösen. Die fünffache Menge Wasser und der zusätzliche Platz in einem größeren Topf haben lauter Nudelindividuen hervorgebracht. Dabei ist der Unterschied in der Abweichung der Wassertemperatur gar nicht so groß. Im ersten Fall sank die Temperatur nach Zugabe der Nudeln auf 91 °C und war nach 26 Sekunden wieder bei 100 °C angekommen, im zweiten Fall sank die Temperatur auf 94 °C und war nach 12 Sekunden wieder bei 100 °C, sodass die Wasserbewegung fast kontinuierlich fortbestand, was natürlich auch dem professionellen Induktionskochfeld, auf dem das Experiment durchgeführt wurde, zu verdanken ist.

DIE ERKENNTNIS

Eine ausreichende Wasserbewegung sorgt effektiv dafür, dass Nudeln nicht aneinanderkleben. Einige der Nudeln haben zwar Bodenhaftung, was sich über schwache Verbindungen von Proteinen mit Metallen erklärt. Wichtiger ist aber die Erkenntnis, dass sich keine Klumpen aus mehr als zwei Nudeln bilden. Da sich das Wasser nur bei hoher Temperatur auf dem Topfboden über die Konvektion wallend bewegt, darf diese nach der Zugabe der Pasta nicht stark absinken. Wenig heißes Wasser wird durch viele zimmerwarme Nudeln natürlich stärker abgekühlt als viel heißes Wasser. Insofern ist die übliche Angabe, pro 100 g Nudeln 1 l Wasser zu verwenden, genau richtig. Zugleich spielt auch die Topfform eine Rolle, da die Nudeln ausreichend Platz benötigen, um im Topf umherzuwirbeln. 5 l Wasser in einem schmalen Spargeltopf verhalten sich anders als dieselbe Menge Wasser in einem Topf mit dem doppelten Durchmesser, weil die Grundfläche, die Kontakt mit der Hitzequelle hat, entsprechend größer ist.

Hat man keinen großen Topf zur Verfügung, kann man die Wasserbewegung mit einem Kochlöffel unterstützen. Da die Nudeln von außen nach innen garen, muss das nur im ersten Augenblick geschehen. Eine gegarte Nudeloberfläche geht nämlich keinen dauerhaften Kontakt mehr mit ihresgleichen ein, zumindest nicht, solange die Nudeln im sprudelnd kochenden Wasser herumwirbeln.

CREMIGES NUDELRISOTTO MIT ZUCCHINI, S. 114

NUDELKOCHWASSER IN DER PRAXIS: GELÖSTE STÄRKE

Viele Nudelrezepte, die es zu Weltruhm gebracht haben, sind ohne den abschließenden Einsatz von etwas Nudelkochwasser nicht denkbar. Dabei steuert das Wasser natürlich keinen Geschmack bei – wir machen uns lediglich seine Hitze und oftmals die darin gelöste Stärke zunutze, um dem jeweiligen Gericht die Konsistenz zu verleihen, die alles so unwiderstehlich „schlotzig" macht. Und damit die Nudeln nicht zusammenkleben, lassen wir ihnen lieber ausreichend Platz in einem großen Topf, bevor wir kostbares Öl in das Kochwasser gießen. Das Öl verwenden wir stattdessen zur Abrundung des fertigen Gerichts oder der Sauce. So kommt es wesentlich besser zur Geltung.

CREMIGES NUDELRISOTTO MIT ZUCCHINI
RISONI CREMOSI AL ZUCCHINO
(FÜR 4 PORTIONEN)

Dieses Rezept ist aus wirtschaftlichen Gründen und aus der Erkenntnis heraus entstanden, dass ein Großteil des Zucchiniaromas in den äußeren Partien der Zucchini steckt. Nach dem Entkernen der Zucchinistreifen werfen wir die Kerne nicht weg, sondern kochen daraus ein dünnflüssiges Püree, das unser Nudelgericht herrlich „schlotzig" macht und zudem mehr Aroma beisteuert.

3	Zucchini, geputzt
	Olivenöl
1	Schalotte, fein gewürfelt
1	Knoblauchzehe, geschält und angedrückt
1 Zweig	Thymian
	Salz und frisch gemahlener schwarzer Pfeffer
200 ml	Weißwein
750 ml	Gemüsebrühe
250 g	trockene Risoni
1 Bund	Schnittlauch, in Röllchen geschnitten
2 Stängel	glatte Petersilie, Blättchen abgezupft und in Streifen geschnitten
1	Bio-Zitrone, Abrieb und etwas Saft
100 g	frisch geriebener Parmesan

1. Die Zucchinihälften längs dritteln, sodass lange dünne Streifen entstehen. Die Zucchinistreifen so entkernen, dass ein 5 mm breiter Streifen übrig bleibt. Die Kerne grob würfeln und die übrigen Zucchiniteile in 5 mm große Würfel schneiden.

2. Etwas Olivenöl in einer Pfanne erhitzen, die Hälfte der Schalottenwürfel, Knoblauch und Thymian darin kurz andünsten und salzen. Die Zucchinikerne zugeben und bei geringer Hitze zerfallen lassen. Den Weißwein zugießen und vollständig einkochen lassen. Dann die Kerne köcheln

PRAKTISCHE WISSENSCHAFT

ZITRONEN GEBEN AROMA UND GESCHMACK – MAN MUSS NUR WISSEN, WIE UND WO

Zitronen und generell Zitrusfrüchte haben zwei verschiedene Stärken: eine aromatische und eine geschmackliche. Die geschmackliche liegt in erster Linie im Saft und im Fruchtfleisch. Dort befinden sich die wasserlöslichen Geschmacksstoffe für Zitronensäure und Süße. Die Bitterstoffe der Zitronen, die Polyphenole und wasserlöslichen Terpene, sitzen in der Schale, aber sehr prominent in den Membranen zwischen den Segmenten und genau in den weißen Teilen zwischen Schale und Fruchtfleisch. Kleine Teile davon lassen sich zum Abschmecken mit „bitter" bestens nutzen.
Die aromatische Stärke der Zitrusfrüchte liegt in ihrer äußeren Schale. Dort befinden sich die fettlöslichen Geruchsstoffe, jene Zitrusdüfte und wachsigen Aromen, die Gerichte regelrecht „parfümieren". In der Küche haben wir daher eine ganze Reihe Möglichkeiten, Zitrusgeschmack und Zitrusaromen präzise zu platzieren: Wir säuern mit Saft Nudelsaucen oder reiben Schale in etwas Öl, das dann wohldosiert in die Sauce gegeben werden kann. In Öl lösen sich die meisten Aromen hervorragend. Am besten reibt man deshalb die Schale einer ganzen Zitrone, Limette, Orange, Yuzu usw. in Öl und bewahrt dieses auf, dann hat man immer eigenes Zitrusaroma im Haus.

BUCATINI MIT KÄSE UND PFEFFER, S. 116

lassen, bis sie weich sind. Knoblauch und Thymian entfernen. Das Gemüse mit einem Stabmixer glatt pürieren.

3. Die Gemüsebrühe aufkochen. Etwas Olivenöl erhitzen, die übrigen Schalottenwürfel darin glasig andünsten. Die Nudeln zugeben und kurz mitbraten. Die heiße Gemüsebrühe nach und nach zugießen und einkochen lassen, bis die Nudeln al dente sind. Inzwischen etwas Olivenöl in einer Pfanne erhitzen, die Zucchiniwürfel darin goldbraun anbraten. Mit Salz und Pfeffer würzen. Gemüsewürfel, Zucchinipüree, Schnittlauch, Petersilie, Zitronenabrieb und geriebenen Parmesan zu den Nudeln geben und mischen. Die Nudeln mit Salz, Pfeffer und etwas Zitronensaft würzen. Sofort servieren.

WARUM DAS REZEPT FUNKTIONIERT

Das Nudelrisotto ist eine kleine Ausnahme in diesem Konzept, weil die Nudeln nicht extra in Wasser, sondern wie bei einem Eintopf oder Risotto direkt in Gemüsebrühe gekocht werden. Dabei wird das komplette „Kochwasser" herangezogen, weil die in den Nudeln enthaltene Stärke vollkommen in das Gericht übergeht und für ein ganz besonderes Mundgefühl sorgt. Unterstützt wird der Effekt durch das cremige Zucchinipüree und den schmelzenden Parmesan.

BUCATINI MIT KÄSE UND PFEFFER
BUCATINI CACIO E PEPE
(FÜR 4 PORTIONEN)

Diese Bucatini sind an Einfachheit kaum zu überbieten. In einem italienischen Kochbuch steht sinngemäß: Die Nudeln kochen und etwas abgetropft auf vorgewärmten Tellern anrichten. Mit Käse und frisch gemahlenem Pfeffer bestreuen und servieren. Die Gäste erledigen den Rest – d.h., sie mischen den Käse unter die warmen, mit Kochwasser getränkten Nudeln, damit er schmilzt und sich in Kombination mit überschüssigem Kochwasser als cremige Sauce um die Nudeln hüllt. Doch ganz so einfach machen wir uns das nicht.

	Salz
400 g	trockene Bucatini
200 g	Pecorino romano, gerieben + etwas zum Bestreuen
	grob gemahlener schwarzer Pfeffer

1. 4 l Salzwasser in einem Topf aufkochen. Einen zweiten Topf und eine Schöpfkelle bereitstellen. Die Bucatini in der Mitte einmal durchbrechen und in das kochende Wasser geben. Dann ein paar Sekunden warten, bis die Temperatur des Kochwassers wieder gestiegen ist und die Nudeln nicht mehr am Topfboden zusammenkleben. Einen Großteil des Wassers mit der Schöpfkelle in den zweiten Topf geben, sodass die Nudeln noch mit Wasser bedeckt sind. Die während der Garzeit ausgetretene Stärke ist nun im Wasser gelöst – es wird zur Vollendung des Gerichts benötigt. Je länger die Nudeln garen, desto weniger Wasser bleibt im Topf und desto höher ist die Konzentration der darin gelösten Stärke. Bei Bedarf wieder etwas von dem abgeschöpften Wasser zugeben.

2. Wenn die Nudeln al dente sind, ist nur noch so viel Wasser im Topf, dass die Stärke darin bereits bindet und die Flüssigkeit sich um die Nudeln schmiegt. Den Topf beiseitestellen und den geriebenen Pecorino mit einem Kochlöffel einrühren, bis die Sauce cremig ist. Die Bucatini auf Tellern anrichten und großzügig mit grob gemahlenem Pfeffer bestreuen. Am Tisch nach Belieben mit geriebenem Pecorino bestreuen.

WARUM DAS REZEPT FUNKTIONIERT

Für das Gelingen benötigen wir unbedingt Nudelkochwasser. Die darin gelöste Stärke benutzen wir ganz gezielt als Mediator für die Cremigkeit der Sauce. Ohne stärkehaltiges Kochwasser wird das fettliebende Protein (Casein) im Käse eine kaugummiartige Konsistenz bilden und sich nicht an die Pasta schmiegen. Die gelöste Stärke wird von den langsam abschmelzenden Käseproteinen emulgiert (gebunden), reduziert die Bildung der kaugummiartigen Käsemasse und sorgt für die Cremigkeit und den „Flutsch" im Mund.

BANDNUDELN MIT BUTTER UND PARMESAN
TAGLIATELLE ALFREDO
(FÜR 4 PORTIONEN)

Frische Nudeln, Butter und Parmesan – mehr benötigen die berühmten Tagliatelle Alfredo nicht, die vor über 100 Jahren das erste Mal im gleichnamigen Restaurant Alfredo alla Scrofa in Rom serviert wurden. Wie bei jedem Gericht mit wenigen Zutaten sollten diese von bester Qualität sein, damit es perfekt schmeckt. Die Butter sollte Süßrahmbutter und der Käse mindestens zwei Jahre gereift sein. Die Qualität der Nu-

BANDNUDELN MIT BUTTER UND PARMESAN, S. 116

deln hat man selbst in der Hand, wenn man keine gekauften nimmt. Wir empfehlen die eigene Herstellung nach Vorbild des Originals.

FÜR DEN NUDELTEIG

200 g	Hartweizengrieß (Semola di grano duro rimacinata)
200 g	Weizenmehl (Type 405)
	Salz
3	Eier (M, 150 g)
2	Eigelb (M, 40 g)

FÜR DIE SAUCE

140 g	fein geriebener Parmesan
80 g	kalte Butter (z. B. Süßrahmbutter), gewürfelt

1. Für den Nudelteig Hartweizengrieß mit Mehl und 1 Prise Salz in einer Schüssel mischen. Mit der Hand in die Mitte eine Mulde drücken. Eier und Eigelbe in die Mulde geben und mit einer Gabel verquirlen. Nach und nach das Mehl einarbeiten, bis ein einigermaßen fester Vorteig entstanden ist. Den Teig auf einer Arbeitsfläche weiterkneten, bis er glatt und geschmeidig ist. Im Anschluss mindestens 30 Minuten unter einer umgedrehten Schüssel ruhen lassen, damit er während dieser Zeit nicht antrocknet, oder in Frischhaltefolie wickeln.

2. Für die Sauce den Parmesan eventuell durch ein Sieb streichen, um Käsenester aufzulösen. Eine große flache Porzellanschale bereitstellen.

3. Den Teig mit einer Nudelmaschine zu dünnen Platten ausrollen und diese zu Tagliatelle schneiden. Die Nudeln in reichlich kochendem Salzwasser 30 Sekunden garen. Dabei den Topf mit der Schale bedecken, damit sie sich erwärmt. Die Butterwürfel in die Schale geben. Die Schale vom Topf nehmen und die Nudeln mit einem Schaumlöffel so schnell darin verteilen, dass ausreichend heißes Nudelkochwasser in die Schale gelangt. Den Parmesan über die Nudeln streuen und rasch unter die Nudeln heben, bis sich Butter, Wasser und Käse zu einer cremigen Konsistenz vereint haben. Auf Tellern anrichten und sofort servieren.

WARUM DAS REZEPT FUNKTIONIERT

Hier kommt es aus drei Gründen auf die Geschwindigkeit des Rührens an. Zum einen erreicht die Butter in der angewärmten Schale einen wachsigen Zustand – sie hat eine Konsistenz zwischen flüssig und fest. Zum anderen sind die Nudeln sehr heiß und bringen viel Kochwasser samt darin gelöster Stärke mit. Obenauf liegt der fein geriebene Parmesan, der Wasser nur bedingt liebt und auf das Butterfett wartet. Nudelkochwasser, Butter und Parmesan müssen daher zügig zueinanderfinden, damit sie eine durch Stärke stabilisierte Fett-in-Wasser-Emulsion bilden können, die sich an die Pasta schmiegt.

KURZE RÖHRENNUDELN MIT KARTOFFELN

MEZZE MANICHE ALLE PATATE

(FÜR 4 PORTIONEN)

Der eine oder andere wird sich wohl fragen, weshalb man Kartoffeln mit Nudeln kombiniert. Die Antwort ist schlicht und einfach: Für dieses eintopfartige Gericht benötigt man zur Bindung der Flüssigkeit viel Stärke. Nudeln allein schaffen das nicht, also kommen kurzerhand noch Kartoffeln dazu.

1	dicke, vorwiegend festkochende Kartoffel, geschält
	Olivenöl
1	Schalotte, fein gewürfelt
	Salz
4 Scheiben	Bauchspeck, in mundgerechte Streifen geschnitten
500 ml	Geflügelbrühe
400 g	trockene Mezze maniche
50 g	frisch geriebener Parmesan
1	kleines Bund Schnittlauch, in Röllchen geschnitten

1. Die Kartoffel in 1 cm breite Scheiben schneiden und diese in 1 cm breite Streifen. Die Streifen in 1 cm große Würfel schneiden. (Die Abschnitte eventuell anderweitig verwenden, falls man nur perfekte Würfel verarbeiten möchte.)

2. Etwas Olivenöl in einer nicht zu großen Pfanne mit hohem Rand erhitzen, die Schalottenwürfel darin bei geringer Hitze glasig andünsten. Die Kartoffelwürfel und 1 Prise Salz zugeben und kurz mitbraten. Die Speckstreifen zufügen und etwas Farbe annehmen lassen. Die Geflügelbrühe zugießen, aufkochen und die Kartoffelwürfel darin bissfest garen.

3. Die Nudeln in kochendem Salzwasser in der Hälfte der angegebenen Garzeit garen. Die Nudeln in die Pfanne auf die Kartoffeln geben und in der verbliebenen Geflügelbrühe fertig garen. Sollte die Flüssigkeit zu stark eingekocht sein, etwas Nudelkochwasser zugeben. Die Pfanne beiseitestellen und die Mischung mit geriebenem Parmesan binden, sodass eine cremige Saucenkonsistenz entsteht. Die Schnittlauchröllchen zufügen und alles einmal durchschwenken. Die Nudeln auf tiefen Tellern anrichten und servieren.

WARUM DAS REZEPT FUNKTIONIERT

Trockene Nudeln klumpen nach dem Garen leicht zusammen. Deswegen sollte man sie nach dem Garen ausreichend benetzen. Dieses Nudelgericht mit Eintopfcharakter spendet aber mehr Flüssigkeit, als unbedingt nötig ist. Damit die Sauce nicht abtropft und man erst Nudeln und anschließend Sauce löffelt, ist hier mehr Bindung erforderlich. Für diese Bindung sorgt Stärke aus den Nudeln und Kartoffeln. So entsteht am Ende ein ausreichend angedickter und wohlschmeckender Sud.

PASSENDE PFANNE Für die Zubereitung darf die zur Verfügung stehende Oberfläche in der Pfanne nicht zu groß sein, denn während des Kochprozesses darf nicht zu viel Flüssigkeit verdampfen. 500 ml Geflügelbrühe kochen sehr schnell ein, wenn die Pfanne heiß und die Oberfläche groß ist. Bei diesem Gericht muss die Brühe mindestens 1 cm hoch in der Pfanne stehen, damit die Kartoffeln garen und zum Ende der Garzeit auch noch die Nudeln nachgaren können. Die Lösung: Wir stapeln die Zutaten in der Pfanne und verwenden eine nicht zu große Pfanne mit hohem Rand.

SAUTEUSE Profiköche verwenden statt der Pfanne eine sogenannte Sauteuse. Sie hat ein optimales Verhältnis von Breite zu Höhe und einen geschwungenen Rand, sodass man das Gargut darin leicht schwenken kann. So kommen gegen Ende der Garzeit, wenn die Flüssigkeit etwas einkochen darf, die Nudeln und Kartoffeln in Kontakt mit der verbliebenen Brühe. Im Idealfall sind am Ende Kartoffeln und Nudeln gleichzeitig fertig und es ist noch ausreichend Flüssigkeit in der Pfanne.

KONZEPT 8
MEHR AROMA DURCH RÖSTNOTEN

Weizennudeln haben immer einen ähnlichen Geschmack und wirken auf die Dauer ein bisschen langweilig. Es gibt zwar Spinatspaghetti, Tomatenrigatoni, Rote-Bete-Farfalle oder andere mit Gemüse gefärbte Pasta, aber am Geschmack oder Aroma ändert sich nichts. Für ein wenig Abwechslung sorgen Röstaromen: Bei der berühmten Spezialität Fregola sarda werden die Nudeln selbst dafür vorgeröstet, bei anderen Klassikern wird das gewünschte Aroma durch geröstete Semmelbrösel oder Überbacken hinzugefügt.

DIE WISSENSCHAFT DAHINTER

Die meisten Pastagerichte leben von den Zutaten, Würzungen und Geschmäckern der Saucenkompositionen. Probiert man gekochte Pasta allein für sich, gibt es kaum Unterschiede. Natürlich schmecken gekochte Nudeln mit Ei geringfügig anders als Hartweizennudeln, aber die Unterschiede sind marginal. Das ist kein Wunder, denn wegen der Anforderungen der Teigherstellung bleibt das Mehl die dominierende Zutat, und dessen aromatischer und geschmacklicher Rahmen ist festgelegt. Und wenn andere Beigaben unter den Teig gemischt werden wie bunte Gemüsepürees, Kakao oder Steinpilzpulver, geschieht dies wegen der erforderlichen Elastizität nur in so geringen Mengen, dass aromatische und geschmackliche Effekte zwar spürbar sind, aber nicht dominieren, sondern dezent im Hintergrund bleiben.

Möchte man den Nudeln ein kräftigeres Aroma mitgeben, bieten sich Röstaromen an. Für den Klassiker Fregola sarda wird trockene Hartweizenpasta vor dem Kochen im heißen Ofen vorgebräunt, sprich, geröstet. Dabei laufen zwei Prozesse ab, die für verschiedene Aromen sorgen: eine Karamellisierung und eine schwache Maillardreaktion. Bei der Karamellisierung entstehen aus Zucker unter Hitze typische Karamellaromen (z. B. der Geruchsstoff Maltol), wobei jeder Zucker andere Geruchsstoffe liefert. Im Falle der Nudeln sind es vorwiegend die Glukose sowie kurze Stücke aus der Stärke, aus zwei und drei Glukosen, die für Karamellaromen und eine gewisse Malznote sorgen. Aromen, die an gekochten Mais erinnern, sind ebenfalls zu entdecken. Diese Gerüche dominieren zu Beginn des Röstprozesses. Im weiteren Verlauf wird bei der Karamellisierungsreaktion etwas Wasser aus dem chemischen Umbau von Zuckern frei, das eine lokale, begleitende Maillardreaktion ermöglicht. Bei dieser reagieren freie Zucker mit freien Aminosäuren aus dem Gluten und anderen Proteinen des Nudelteigs und es bilden sich jene Röstaromen, die wir so gerne riechen, sei es bei Brotkrusten, Röstkartoffeln, gebratenem Fleisch oder auch gebratenem Reis. Vor allem bei der Verwendung von Hartweizennudeln zeigen sich

KARAMELLISIERUNG UND MAILLARDREAKTION

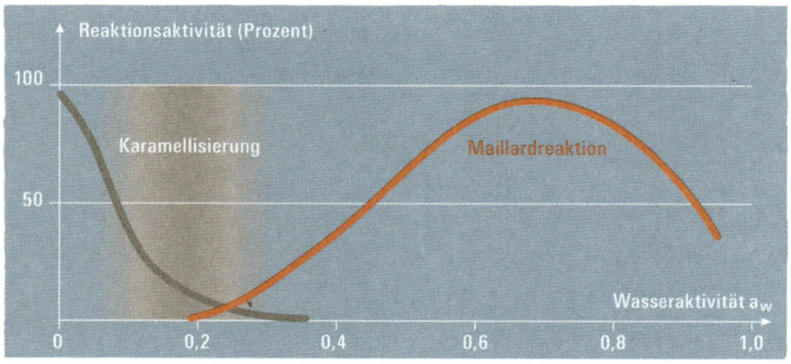

Die Wasseraktivität (a_w) bestimmt die Reaktionen beim Rösten von Nudeln. (Die Wasseraktivität misst die Beweglichkeit der Wassermoleküle; ein a_w-Wert von 1,0 entspricht vereinfacht gesagt 100 Prozent Wasser, ein a_w-Wert von 0 = 0 Prozent Wasser, siehe auch S. 15) Die chemische Reaktion von Zuckern, die Karamellisierung (gelber Bereich), kommt mit dem wenigen, kaum beweglichen Restwasser in der getrockneten Pasta zurecht und beginnt zuerst. (Patissiers wissen das, die Bräunung von Zuckerlösungen setzt erst bei hohen Temperaturen ein, wenn das meiste Wasser verdampft ist.) Bei dieser Reaktion wird etwas Wasser frei, die Wassermoleküle im Teig werden beweglicher und unterstützen die Maillardreaktion des Zuckers, die zwischen 40 und 65 Prozent Wasseraktivität effektiv abläuft.

aufgrund des höheren Proteinanteils verstärkt typische Röst- und Brotrindennoten.

Die chemischen Bedingungen für die Karamell- und die Maillardreaktion sind ideal: Die trockene Hartweizenpasta hat einen Wassergehalt von knapp 5 bis 6 Prozent, Wasser muss daher kaum verdampfen, die Bräunungsreaktion setzt relativ zügig ein. Gegart werden die Nudeln auf diese Weise nicht, denn die Stärke kann ohne Wasser nicht quellen (siehe Konzept 5). Also wird die geröstete Fregola sarda in Wasser oder in einer wässrigen Sauce gekocht. Da während des Röstens der Nudeln Wasser entweicht und sie noch trockener werden, ist die Kochzeit länger, als man bei dieser kleinen Form erwartet hätte, denn es muss wieder zusätzlich Wasser hinein, das im nicht gerösteten Zustand schon drin war. Die Röstaromen an der Oberfläche der Nudeln werden dabei etwas vom heißen Wasser abgetragen und flüchten in die Küche. Da aber die sehr kleinen Fregola wegen ihrer großen Oberfläche zum einen ein Maximum an Röststoffen bilden und zum Zweiten am besten direkt in der (wässrigen) Sauce gegart werden (siehe Rezept S. 122), gelangen in diesem Fall genügend Röstaromen an den Gaumen und sorgen für ein ganz besonderes Pastaerlebnis.

Möchte man selbst mit anderen Pastaformen experimentieren, so kann man das natürlich tun – im Ofen bei 160–180 °C lassen sich Spaghetti, leicht geriffelte Rigatoni, Maccheroni und andere Formen problemlos bräunen. Allerdings zeigt unser Experiment, dass sich der Aufwand nicht lohnt: Sowohl Farbe als auch Aroma lösen sich beim Kochvorgang von der Nudeloberfläche ab und gehen ins Wasser bzw. in die Luft über. Wir empfehlen daher, auf den Klassiker Fregola sarda zurückzugreifen oder die Röststoffe auf andere Weise zuzufügen: durch Semmelbrösel wie bei den toskanischen Pici alle briciole, durch Überbacken oder sogar Frittieren (siehe Rezepte S. 124 ff.).

DAS EXPERIMENT

Wir haben uns gefragt, ob das, was bei Fleisch, Brot und anderen Lebensmitteln gilt, nicht auch auf Nudeln übertragen werden kann, nämlich mehr Aroma durch Röststoffe zu erzeugen. Dazu haben wir Spaghetti im Ofen gebräunt: einmal hellbraun bei 140 °C für 12 Minuten und einmal etwas dunkler bei 180 °C für 10 Minuten. Dann haben wir beide Ergebnisse in Salzwasser al dente gekocht und verkostet.

UNTERSCHIEDLICHE RÖSTGRADE BEI SPAGHETTI

Während gekaufte Spaghetti im Ursprungszustand weder Färbung noch Röstnoten aufweisen (oben), sind bei den bei 140 °C (orange Pasta in der Mitte) und bei 180 °C gerösteten Nudeln (braune Spaghetti unten) vor dem Kochen zumindest optisch deutliche Unterschiede zu verzeichnen.

DAS ERGEBNIS

Zunächst fällt auf, dass die gerösteten Nudeln eine längere Gardauer haben als auf der Packung angegeben. Das verwundert nicht, da die trockenen Nudeln im Ofen noch trockener werden, beim Kochen also mehr Wasser aufnehmen müssen. Außerdem büßen beide Nudeln einen Großteil ihrer braunen Farbe ein, die zusammen mit den Röststoffen ausgewaschen wird. Die Verkostung bringt folglich ein ähnliches Ergebnis: Aromatisch haben die Nudeln so gut wie gar nicht hinzugewonnen.

DIE ERKENNTNIS

Das Bräunen der Nudeln lohnt sich nur in ganz speziellen Fällen, sonst ist es weder optisch noch aromatisch ein hoher Gewinn. Ein klassisches Rezept sind die Fregola sarda (siehe S. 122). Diese Nudeln bringen eine sehr große Oberfläche mit, die eine große Menge an Röststoffen erzeugt. Außerdem wird die Pasta in einer Flüssigkeit gekocht, die hinterher mitgegessen wird, sodass es ein Großteil der Röststoffe bis zum Gaumen schafft.

RÖSTSTOFFE IN DER PRAXIS: PASTA JENSEITS DER 100 °C

Zugegeben, Röststoffe spielen bei Nudeln normalerweise keine bedeutende Rolle (außer bei den Saucen natürlich). Das mag daran liegen, dass sie hauptsächlich bei Temperaturen gekocht werden, die unterhalb derer liegen, die Bräunungsreaktionen hervorrufen. Nichtsdestotrotz gibt es traditionelle Beispiele, bei denen das Aroma der Nudeln im Vorfeld gesteigert wird. Bei allen überbackenen Nudelgerichten sind Röststoffe ebenfalls mit von der Partie, deshalb sind sie auch so beliebt. Selbst für frittierten Nudelteig gibt es einen Klassiker, den Puristen jedoch meiden, da er mit dem ursprünglichen Charakter einer authentischen Nudel nur noch wenig zu tun hat.

SARDISCHE RÖSTNUDELN MIT VENUSMUSCHELN

FREGOLA SARDA CON ARSELLE

(FÜR 4 PORTIONEN)

Fregola sarda ist eine sardische Pastasorte aus Hartweizengrieß. Man erhält sie im italienischen Feinkostgeschäft geröstet und ungeröstet. Geröstet schmecken die winzigen Nudelkügelchen würziger und nussiger.

1 kg	Venusmuscheln
	Salz und frisch gemahlener schwarzer Pfeffer
	Olivenöl
2	Knoblauchzehen, fein gehackt
1 Döschen	Safran (0,1 g)
1 Bund	glatte Petersilie, fein gehackt
100 ml	Weißwein
400 ml	Sugo al pomodoro (siehe S. 162)
200 g	trockene Fregola sarda

1. Die Muscheln mindestens 2 Stunden in Salzwasser legen, dann abtropfen lassen und zerstörte oder geöffnete Muscheln entfernen. Einen großen Topf heiß werden lassen und die Muscheln zugeben, dann zugedeckt so lange dünsten, bis sich alle Exemplare geöffnet haben. Den Topf beiseitestellen und die Muscheln etwas abkühlen lassen. Die Muscheln herausnehmen und das Muschelfleisch aus der Schale lösen. Den entstandenen Muschelfond durch ein feines Sieb oder Tuch passieren. Das Muschelfleisch bis zur Verwendung in den Fond geben.

2. Etwas Olivenöl in einem Topf erhitzen, den Knoblauch darin glasig andünsten. Den Safran zugeben und kurz mitdünsten. Etwas gehackte Petersilie zum Bestreuen beiseitelegen und den Rest zum Knoblauch geben. Den

PRAKTISCHE WISSENSCHAFT

UMAMI-PASTA

Wer gerne einmal mit Geschmack experimentiert, der kann sich an die Zubereitung von Umami-Pasta wagen. Ein außergewöhnlicher Effekt lässt sich mit dem Zusatz von Glutamat statt Salz im Pastateig erzielen. Dazu wird der Pastateig wie gewohnt geknetet, nur dass das Wasser (oder das Ei) mit einer Prise Glutamat gewürzt wird. Die Geschmacksrichtung umami wird von der Zunge gleich beim ersten Kontakt registriert und liefert einen Extrakick für die Pasta, insbesondere bei umamiarmen Saucen, wie z. B. bei aglio e olio oder bei Saucen auf Gemüsebasis. Verstärken lässt sich dieser Effekt noch, wenn man statt Wasser eine sehr intensive, mit Stein- und Shiitakepilzpulver angereicherte Brühe verwendet. Die Pilzaromen schlagen kaum durch, aber die verschiedenen Umami-Auslöser wie Glutamat (Brühe und Steinpilze) und Guanosinmonophosphat (Shiitake) wirken zusammen und lassen den Umami-Geschmack in die Höhe schießen (siehe auch Konzept 13). Die Zugabe von Sojasauce geht theoretisch in dieselbe Richtung, verändert allerdings aufgrund des hohen Salz- und Mineralgehalts sowie des niedrigen pH-Werts die Kneteigenschaften der Teige.

Zur Erinnerung: Geschmack nehmen wir beim Essen ausschließlich auf der Zunge wahr, die Aromen retronasal im Riechkolben im Nasen-Rachen-Raum. Erst im Gehirn werden diese Informationen zum Gesamteindruck verarbeitet. Kombiniert man nun Umami-Geschmack in der Pasta mit röstigen Aromen, erreicht man eine sensorische Synergie. Allerdings darf man nicht vergessen, dass Geschmack und Aromen beim fertigen Pastagericht meist durch die intensiven Saucen beigesteuert werden. Der Effekt über die Pasta ist zwar unterstützend, bleibt aber sekundär.

SARDISCHE RÖSTNUDELN MIT VENUSMUSCHELN, S. 122

Weißwein zugießen und kurz einkochen lassen. Die Tomatensauce und 200 ml Wasser zufügen und alles aufkochen. Die Fregola zugeben und in der Flüssigkeit al dente garen. Kurz vor dem Ende der Garzeit die Muscheln samt Muschelfond angießen und kurz erwärmen. Mit Salz und Pfeffer würzen. Den Eintopf auf tiefen Tellern anrichten und mit Petersilie bestreut servieren.

WARUM DAS REZEPT FUNKTIONIERT

Fregola sarda wird traditionell von Hand in speziellen Schüsseln hergestellt und im Ofen geröstet. Die so entstandenen Röststoffe gehen dann beim Garen in das Kochwasser über, was schade ist, wenn man es hinterher abgießt. Wir kochen die Nudeln gleich in der Sauce, damit das Aroma der Röststoffe erhalten bleibt und diesem Gericht seinen typischen Flavour verleiht.

MUSCHELN VORBEREITEN Da frische Muscheln Lebewesen sind, gelten für deren Umgang in der Küche einige Regeln. Beim Vorbereiten achten wir auf geschlossene und geöffnete Muscheln. Bereits geöffnete Muscheln sind verdorben und müssen weggeworfen werden. Durch Einlegen in Salzwasser befreien wir sie von unerwünschtem Sand. Und eventuelle Verunreinigungen auf der Muscheloberfläche entfernen wir mit einer festen Bürste. Während der Garzeit öffnen sich bei makellosen Exemplaren die Muschelschalen. Muscheln, die nach dem Kochen immer noch geschlossen sind, sortieren wir ebenfalls aus. Beim Auslösen des Muschelfleisches prüfen wir außerdem die Beschaffenheit. Ist es verschrumpelt und farblos, sortieren wir auch diese Muscheln aus.

HANDGEROLLTE SPAGHETTI MIT SEMMELBRÖSELN

PICI ALLE BRICIOLE

(FÜR 4 PORTIONEN)

Diese Rezeptidee kommt aus der Toskana, genauer gesagt aus der Gegend um Siena. Einst war es ein Arme-Leute-Essen mit wenigen, einfachen Zutaten. Damit möglichst viele hungrige Familienmitglieder satt wurden, bediente man sich eines einfachen Tricks. Die Briciole, also die Brotkrümel aus altem Brot, wurden geröstet und verliehen so den Nudeln ein verführerisches Aroma. Die Herstellung der Pici ist ein wenig mühselig, da man jede Nudel einzeln von Hand rollen muss. Für die einst kinderreichen Familien war das kein Problem, da alle Familienmitglieder eingespannt wurden und so im Handumdrehen ausreichend Nudeln gerollt waren.

4-faches Rezept Grundteig – der Minimalist (siehe S. 30)
Hartweizengrieß (Semola di grano duro rimacinata) zum Bestreuen
2 altbackene Brötchen
Olivenöl
2 Knoblauchzehen, geschält und angedrückt
1 getrocknete Chilischote
Salz
frisch geriebener Parmesan zum Bestreuen

HANDGEROLLTE SPAGHETTI MIT SEMMELBRÖSELN, S. 124

NUDELROLLE MIT RICOTTA UND SPINAT, S. 127

PRAKTISCHE WISSENSCHAFT HEISSE TEIGE

Man kann Teige auch „heiß" zubereiten, sodass das Mehl mit heißem Wasser in Berührung kommt. Beim Einrühren sinkt die Temperatur des heißen Wassers ab, dennoch reicht sie aus, um die Stärke in den Mehlkörnern teilweise vorzuquellen. Dies erhöht den Wassergehalt im Teig und macht ihn vor allem plastischer. Die elastischen Rückstellkräfte nehmen ab, der Teig zieht sich nach dem Rollen und Formen nicht mehr so stark zurück. Auch werden manche Proteine bereits zu Beginn über Schwefelbrücken vernetzt (siehe Konzept 5).
Werden die Nudeln gekocht, tragen die bereits im Teig durch Schwefelbrücken vernetzten Gluteninketten nicht mehr zur Elastizität der Nudeln bei. Das ist im Mund deutlich zu spüren. Die Pasta wirkt beim Zerdrücken zwischen Zunge und Gaumen weicher. Dieser gewollte scheinbare Verlust an Textur lässt sich durch andere Zutaten mehr als ausgleichen, z. B. durch Semmelbrösel (Briciole). Deren Kleinteiligkeit erzeugt beim oralen Prozessieren zu zufälligen Zeitpunkten Texturspitzen – sprich, es krümelt und knirscht beim Daraufbeißen –, was für ein ganz neues sensorisches Pastaerlebnis sorgt.

1. Den Nudelteig wie im Grundrezept beschrieben (siehe S. 30) zubereiten. Im Anschluss mindestens 30 Minuten unter einer umgedrehten Schüssel ruhen lassen, damit er während dieser Zeit nicht antrocknet, oder in Frischhaltefolie wickeln.

2. Den Nudelteig mit einer Nudelmaschine zu einer 5 mm dicken Bahn ausrollen und diese in 20 cm lange Stücke schneiden. Diese wiederum in dünne 20 cm x 0,5 cm große Streifen schneiden, damit sich ein quadratischer Nudelquerschnitt ergibt. Die einzelnen Streifen mit beiden Händen zu Pici rollen, indem man sie von innen nach außen auszieht. Die Nudeln mit etwas Hartweizengrieß bestreuen und bis zur Verwendung auf ein Tablett legen.

3. Die Brötchen in einer Küchenmaschine zu Bröseln verarbeiten. Reichlich Olivenöl in einer Pfanne erhitzen, Knoblauch und Chilischote darin kurz anrösten. Die Brösel zufügen und goldbraun anbraten. Die Herdplatte ausschalten.

4. Die Pici in reichlich kochendem Salzwasser garen. Je nach Dicke der Nudeln dauert das 6 bis 7 Minuten. Die Nudeln abtropfen lassen und mit den Bröseln in der Pfanne mischen. Auf tiefen Tellern anrichten und mit geriebenem Parmesan bestreuen. Sofort servieren.

WARUM DAS REZEPT FUNKTIONIERT

Bei diesem sehr traditionellen Rezept arbeiten wir mit einem Trick. Zur Steigerung des Aromas rösten wir statt Nudeln altbackenes und geriebenes Brot, das ebenfalls aus Mehl besteht. Die angerösteten Brösel geben wir erst ganz zum Schluss über die Nudeln – so verleihen sie ihnen das verführerische Aroma knuspriger Brotrinde. Außerdem sorgen die kleinen Krümel, auf die man beim Kauen immer wieder zufällig beißt, für Texturspitzen und – zusammen mit der Schärfe der Chili – für ein ungewohntes, komplexes sensorisches Pastaerlebnis.

NUDELROLLE MIT RICOTTA UND SPINAT
ROTOLO CON RICOTTA E SPINACI
(4 PORTIONEN)

Das Rezept bietet die Möglichkeit, das klassische Paar Ricotta und Spinat auf eine etwas andere Art als gewohnt zu servieren. Die Spinatmasse muss man im Voraus vorbereiten (und zügig abkühlen); der Rest geht dann schnell, sodass man im Handumdrehen etwas Außergewöhnliches in den Ofen schieben kann.

FÜR DEN NUDELTEIG

3-faches Rezept Grundteig – der Allrounder (siehe S. 32)

FÜR DIE FÜLLUNG

500 g	Ricotta
750 g	Blattspinat, geputzt
	Olivenöl
2	Schalotten, fein gewürfelt
1	Knoblauchzehe, fein gewürfelt
30 g	Pinienkerne
	Salz und frisch gemahlener schwarzer Pfeffer
	frisch geriebene Muskatnuss
2	Eier (M)
50 g	frisch geriebener Parmesan + etwas zum Bestreuen
400 ml	Sugo al pomodoro (siehe S. 162)

1. Den Nudelteig wie im Grundrezept beschrieben (siehe S. 32) zubereiten. Im Anschluss mindestens 30 Minuten unter einer umgedrehten Schüssel ruhen lassen, damit er während dieser Zeit nicht antrocknet, oder in Frischhaltefolie wickeln.

2. Für die Füllung den Ricotta in einem Sieb abtropfen lassen. Den Spinat in kochendem Salzwasser 30 Sekunden blanchieren, herausnehmen und eiskalt abschrecken. Den Spinat abtropfen lassen, ausdrücken und fein hacken. Etwas Olivenöl in einer Pfanne erhitzen, Schalotten- und Knoblauchwürfel sowie Pinienkerne darin bei geringer Hitze kurz andünsten und salzen. Den Spinat zugeben und zusammenfallen lassen, dann den Spinat in einer Schüssel etwas abkühlen lassen. Mit Salz, Pfeffer und Muskat würzen. Ricotta, Eier und geriebenen Parmesan untermischen, eventuell mit Salz und Pfeffer würzen. Die Spinatmasse bis zur Verwendung in den Kühlschrank stellen.

3. Den Nudelteig mit einem Nudelholz dünn zu einem Quadrat von 30 cm Seitenlänge ausrollen. Die Füllung darauf gleichmäßig verteilen, dabei am oberen Rand einen 5 cm breiten Rand freilassen und mit Wasser einpinseln. Die Teigplatte möglichst kompakt aufrollen, ohne jedoch die Füllung vor sich herzuschieben. So erhält man ein gleichmäßiges Schnittbild und einen festen Abschluss.

4. Die Nudelrolle fest in ein sauberes Küchentuch rollen. Die Enden mit einer Schnur zubinden und die Rolle in einem Topf mit siedendem Salzwasser 30 Minuten ziehen lassen. Den Rotolo so schnell wie möglich herunterkühlen (am besten in einer Schüssel mit kaltem Wasser), danach in Scheiben schneiden.

5. Den Backofen auf 160 °C vorheizen. Etwas Tomatensugo in eine passende Auflaufform geben. Die Scheiben der Nudelrolle in die Form legen. Im heißen Ofen 15 Minuten erhitzen. Inzwischen die übrige Tomatensauce erhitzen und auf Tellern verteilen, die Nudelscheiben darauflegen. Mit geriebenem Parmesan bestreut servieren.

PRAKTISCHE WISSENSCHAFT
SPINAT UND PILZE IN PASTAFÜLLUNGEN

Das Gerücht, Spinat oder Pilze dürfe man nicht wieder aufwärmen, stimmt nicht. Es lohnt sich allerdings, Gekochtes schnell auf unter 10 °C abzukühlen – nicht nur, weil sich die Farbe (Chlorophyll) besser erhält. Milchsäurebakterien und andere Mikroorganismen, die sich überall befinden, fühlen sich zwischen 40 °C und 10 °C sehr wohl und vermehren sich bei diesen Temperaturen rasch. Sorgt man für zügige Abkühlung, indem man gefüllte Pasta, Lasagne oder Saucenreste in den Kühlschrank stellt, gibt man den Bakterien zur Vermehrung erst gar keine Chance.

WARUM DAS REZEPT FUNKTIONIERT

Durch das Überbacken kurz vor dem Anrichten erhält der Nudelteig Röststoffe, die ihn kulinarisch interessanter machen. Es sind zwar nur schmale Streifen, die zwischen der Füllung herausschauen. Doch schon kleine knusprige Teile machen einen großen aromatischen Unterschied.

ÜBERBACKENE MUSCHELNUDELN
CONCHIGLIONI AL FORNO

(FÜR 1 AUFLAUFFORM VON 30,5 CM X 21 CM ODER MIT Ø 26 CM)

Conchiglioni (Muschelnudeln) sind neben den berühmten Cannelloni, den weniger bekannten Paccheri (kurze Röhrennudeln) und den Lumaconi (Nudelschnecken) Klassiker unter den Nudelsorten zum Vorgaren, Füllen und Überbacken. Da sie jede Sauce und Füllung aufnehmen können, sind der Fantasie bei der Zubereitung keine Grenzen gesetzt.

500 g trockene Conchiglioni (große Muschelnudeln)

FÜR DIE FÜLLUNG

150 g gehackte Mandeln
500 g Brokkoli, Stiel und Röschen
30 g frisch geriebener Parmesan
125 g Mozzarella, klein gewürfelt

FÜR DIE BÉCHAMELSAUCE

40 g Butter
1 Schalotte, fein gewürfelt
30 g Weizenmehl (Type 405)
750 ml kalte Milch
1 Lorbeerblatt
frisch geriebene Muskatnuss

AUSSERDEM

Salz und frisch gemahlener schwarzer Pfeffer
Olivenöl

1. Den Backofen auf 160 °C vorheizen. Die Nudeln in reichlich kochendem Salzwasser al dente garen. Dann abgießen und kalt abschrecken. Die Nudeln mit etwas Olivenöl mischen und bis zur Verwendung beiseitestellen. Die Mandeln auf ein Backblech geben und im heißen Ofen goldbraun rösten, dann abkühlen lassen.

ÜBERBACKENE MUSCHELNUDELN, S. 128

2. Für die Béchamelsauce die Butter in einem Topf zerlassen, die Schalottenwürfel darin bei geringer Hitze glasig andünsten und leicht salzen. Das Mehl unter Rühren zugeben und 2 Minuten farblos mit anschwitzen. Die kalte Milch einrühren und das Lorbeerblatt zugeben. Die Sauce einige Minuten köcheln lassen, bis sie die gewünschte Konsistenz hat. Noch warm durch ein Sieb passieren, um Lorbeerblatt und Schalottenwürfel zu entfernen. Die Sauce mit Muskat, Salz und Pfeffer würzen und beiseitestellen.

3. Den Brokkolistiel schälen und klein schneiden. In einem Topf mit kaltem Wasser aufkochen und 2 Minuten ziehen lassen, dann herausnehmen. Die Brühe salzen und aufkochen. Die Brokkoliröschen darin kurz blanchieren, herausnehmen und eiskalt abschrecken.

4. Den Backofen auf 180 °C vorheizen. Für die Füllung die Hälfte der Brokkoliröschen mit einem Viertel der Béchamelsauce pürieren. 50 g geröstete Mandeln und geriebenen Parmesan untermischen. Mit Salz und Pfeffer würzen. Die Nudeln damit füllen, die übrigen Röschen daraufsetzen. Den Mozzarella mit einem weiteren Viertel von der Sauce mischen. Restliche Sauce mit den übrigen Mandeln mixen und in die Auflaufform gießen. Die Nudeln darauf verteilen, die Sauce und den Mozzarella zum Gratinieren über die gefüllten Nudeln geben. Im heißen Ofen backen, bis die Oberfläche goldbraun ist.

FRITTIERTE NUDELTEIGTASCHEN
PANZEROTTI
(FÜR 4 PORTIONEN)

Panzerotti sind gefüllte und frittierte Teigtaschen aus dem Süden Italiens, deren Teig eng mit Nudelteig verwandt ist. Oftmals enthält die Zutatenliste auch Hefe, doch für diese simple Version kommen wir ohne aus. Sie schmecken warm am besten und erinnern wegen ihrer Füllung und den Röststoffen auf dem Teig ein wenig an Pizza.

FÜR DEN NUDELTEIG

500 g	Weizenmehl (Type 405)
200 g	Hartweizengrieß (Semola di grano duro rimacinata)
15 g	Salz
25 g	Schweineschmalz
350 ml	lauwarmes Wasser

FÜR DIE FÜLLUNG

150 ml	Sugo al pomodoro (siehe S. 162)
250 g	Mozzarella, fein gewürfelt
50 g	Parmesan, gerieben oder gehobelt
	getrockneter Oregano

AUSSERDEM

Pflanzenöl zum Frittieren

1. Für den Nudelteig Mehl mit Hartweizengrieß und Salz in der Schüssel der Küchenmaschine mischen. Das Schmalz zugeben und alles mit den Knethaken verarbeiten. Nach und nach das Wasser zugießen und unterkneten, bis sich der Teig vom Schüsselrand löst. Den Teig auf einer Arbeitsfläche kurz von Hand weiterkneten. Im Anschluss mindestens 30 Minuten unter einer umgedrehten Schüssel ruhen lassen, damit er während dieser Zeit nicht antrocknet, oder in Frischhaltefolie wickeln.

2. Danach den Teig in golfballgroße Kugeln teilen, diese mit einem Nudelholz zu dünnen Kreisen ausrollen. Die Teigkreise mit Tomatensauce bestreichen, mit Mozzarella und Parmesan belegen, dann mit etwas Oregano bestreuen. Die Teigkreise zu einem Halbkreis falten und die Ränder mit einer Gabel andrücken.

3. Das Pflanzenöl in einem Topf erhitzen. Die Panzerotti darin portionsweise goldbraun ausbacken. Nicht zu viele in den Topf geben, da sonst die Öltemperatur zu stark sinkt. Die fertigen Panzerotti auf Küchenpapier abtropfen lassen und sofort genießen. Oder im Ofen warm halten, bis alle frittiert sind.

WARUM DAS REZEPT FUNKTIONIERT

Der Erfolg der Panzerotti liegt auf der Hand: Sie werden frittiert. Und wenn etwas heiß, knusprig und fettig daherkommt, sind die meisten von uns begeistert. Doch Vorsicht! Wenn Zucker der Stärke und bestimmte Aminosäuren auf heißes Fett treffen, entstehen auch Stoffe, die unserer Gesundheit schaden können. Das Frittierfett deshalb auf keinen Fall höher als auf 170 °C erhitzen – zum Testen am besten ein Küchenthermometer verwenden. Bei dieser Temperatur entstehen immer noch ausreichend verführerische Röststoffe.

FRITTIERTE NUDELTEIGTASCHEN, S. 130

KONZEPT 9
FÜR JEDE SAUCE GIBT ES DIE PASSENDE PASTA

Kulturhistorisch betrachtet steht in Italien hinter jeder der unzähligen Nudelformen ein fertiges Pastagericht. Bei den traditionellen Rezepten sind Nudelform und Sauce nämlich keineswegs beliebig, sondern untrennbar miteinander verbunden. Dabei gilt der Grundsatz: Nudeln und deren Condimento, was so viel wie Marinade bedeutet, müssen sich zu einem Gericht vereinen, um geschmacklich als Einheit wahrgenommen zu werden. Damit das funktioniert, spielen viele Aspekte eine Rolle, von denen die Form der Nudel und die Beschaffenheit der Sauce die wichtigsten sind.

DIE WISSENSCHAFT DAHINTER

In Italien gibt es Hunderte von verschiedenen Pastasorten und fast ebenso viele Saucenrezepte. Doch beliebig miteinander kombinieren lassen sie sich nicht. Die Form der Nudel sollte immer auf die entsprechende Sauce abgestimmt sein, und zwar aus gutem Grund. Mit umgekehrten Vorzeichen verdeutlicht das ein hierzulande täglich tausendfach serviertes Gericht, das es so in Italien gar nicht gibt: die berühmten Spaghetti Bolognese. Deren Entstehung ist durch das Zusammentreffen zweier unterschiedlicher Esskulturen bedingt. Die ersten deutschen (und englischen) Touristen, die sich in den 1950er-Jahren nach Italien aufmachten, waren nicht nur gespannt auf Land und Leute, sondern auch richtig hungrig. So wurden kurzerhand die beliebtesten Nudeln mit einer üppigen Fleischsauce serviert. Ein klarer Fall von Zwangsehe, da sich unter normalen Umständen eine der schwersten aller Pastasaucen, ein Ragù alla bolognese, mit einer der filigransten Nudelsorten, den Spaghetti, nie zu einem so unausgewogenen Gericht vermählt hätte.

Bei der Kombination von Pasta mit Saucen gibt es ein paar Faustregeln: Je dicker die Sauce, umso breiter (und gegebenenfalls dicker) die Nudel. Breitere Nudeln bieten dicken Saucen mehr Haftungsfläche, das garantiert ein ausgewogenes Verhältnis von Sauce und Pasta. Enthält die Sauce stückige Elemente, etwa Hackfleisch, Gemüsewürfelchen oder -scheibchen, dann eignen sich am besten Röhrennudeln wie Rigatoni oder Penne. Der Trick ist ganz einfach: Die Hohlräume der Nudeln sind etwa so groß wie die Gemüse- oder Fleischtrümmer, diese gelangen in die Röhren und darüber in den Mund. Spiralnudeln mit ihren großen Windungen funktionieren ähnlich. Auch bei glatten, dicken Saucen sind Röhren-

REIBUNG, HAFTUNG UND VISKOSITÄT VON SAUCEN

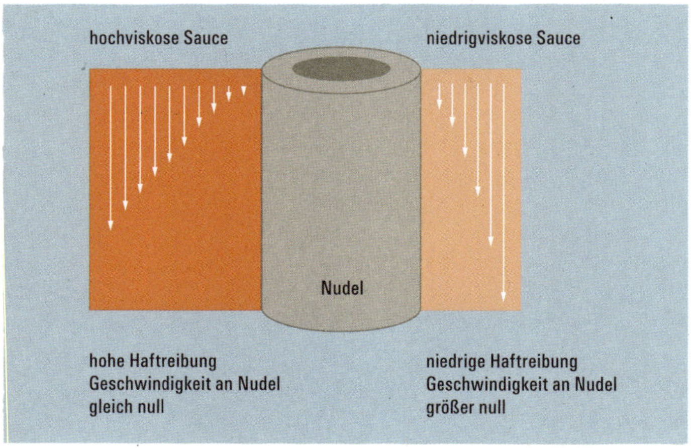

Bei hochviskosen, dickflüssigen Saucen ist die Fließgeschwindigkeit nach unten geringer, die Reibung innerhalb der Sauce hoch. Auch die Haftreibung ist höher: An der Nudel selbst ist die Fließgeschwindigkeit = 0, denn die Haftreibungskraft ist mit der Gewichtskraft im Gleichgewicht. Bei niedrigviskosen, dünnflüssigen Saucen ist dies nicht der Fall. Selbst an der Nudeloberfläche ist die Geschwindigkeit > 0. Man muss sich also sputen, die Nudeln in den Mund zu bekommen, bevor es tropft.

und Spiralnudeln perfekt, denn sie haben immer größere Oberflächen, transportieren daher viel Sauce in den Mund. Darüber hinaus wirkt bei der richtigen Saucenkonsistenz bei Röhrennudeln der sogenannte Kamineffekt, bei der Sauce in den Hohlraum von z. B. Bucatini eingesaugt wird.

Für glatte Tomaten- oder Ölsaucen eignen sich dünne Spaghetti (von denen es ebenfalls eine ganze Reihe verschiedener Formen gibt). Das Verhältnis von Oberfläche zu Volumen wird umso größer, je geringer der Nudeldurchmesser ist: Die Pastamenge (wenig Geschmack) im Mund ist klein, die mit Sauce (viel Aroma und Geschmack) überzogene Oberfläche im Verhältnis dazu hoch.

Zu guter Letzt spielen für die richtige Kombination aber auch kulinarische Überlegungen eine Rolle, da Saucen bei gleicher Konsistenz über unterschiedliche Geschmacksintensitäten verfügen. So ist eine kräftige Ochsenschwanzsauce trotz perfekter Hafteigenschaften vielleicht nicht die richtige Wahl für filigrane Cappellini (ganz dünne Spaghetti), da die Pasta geschmacklich in den Schatten gestellt wird. Hier wird etwas mehr Nudelmasse gebraucht, um der Sauce beim Kauen ein entsprechendes Gegengewicht zu bieten.

Abgesehen von der Größe und Form der jeweiligen Pasta sind auch die Reibungsverhältnisse an der Oberfläche der Nudel entscheidend. Man möchte möglichst viel Sauce mit der Pasta vom Teller in den Mund bekommen, d. h. die Sauce sollte nicht rasch von der Nudel fließen. Die Viskosität der Sauce, also deren Fließeigenschaft, bestimmt dies erheblich mit. Dünnflüssige Saucen fließen rascher als dickflüssige. Die Viskosität der Sauce hängt dabei von vielen Faktoren ab: Wie viel Öl enthält sie, ist sie stark eingekocht, wie fein sind die Tomaten püriert? Die Grundsubstanz spielt natürlich ebenfalls eine große Rolle: Basiert die Sauce, wie bei glatten Tomatensaucen, auf Wasser, oder auf Öl, wie etwa bei aglio e olio, oder gar auf einer stark verdickenden Emulsion von Wasser, Fett und hohem Proteinanteil, z. B. bei der Gorgonzolasauce? All dies sind Reibungskoeffizienten, die die sogenannte Haftreibungskraft der Sauce bestimmen. Zur Veranschaulichung können wir uns senkrecht hängende Tagliatelle vorstellen, die in eine glatte Sauce, z. B. eine einfache Tomatensauce, getaucht sind. Rasch lässt sich beobachten, wie schnell die Sauce an der Nudel nach unten fließt und wie viel haften bleibt. Ist die Haftreibungskraft größer als das Gewicht der Sauce, bleibt die Nudel gut benetzt (siehe Abb. auf der linken Seite). Bei zu geringer Haftreibung (und niedriger Viskosität) sind schnell Hemd und Blusen in Gefahr: Werden die Spaghetti oder Tagliatelle eingeschlürft, bilden sich unter den zappelnden Nudelbewegungen Fliehkräfte: Die Sauce spritzt.

Die Fließeigenschaften der Sauce sind die eine Seite der Haftung. Doch wie genau sieht es eigentlich mit der Oberfläche der Nudel aus, auf der die Sauce bleiben soll? Nimmt

BENETZUNG VON OBERFLÄCHEN

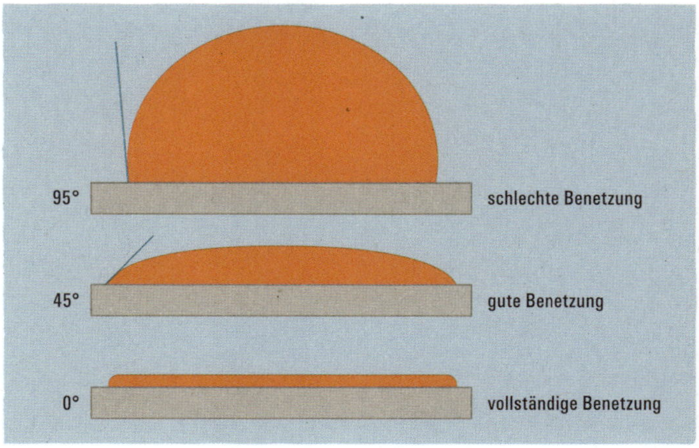

Die Benetzungseigenschaft lässt sich über den Kontaktwinkel verstehen. Dieser ergibt sich physikalisch aus den Oberflächenspannungen der Nudel zur Luft, der Sauce zur Nudel und der Sauce zu Luft. Tropft man Sauce auf Nudeln, z. B. auf eine Lasagneplatte, kann man je nach Zusammensetzung der Sauce (und der Nudel) unterschiedliche Effekte beobachten: Ist die Benetzung schlecht, ist der Kontaktwinkel größer als 90 ° (oben) und die Sauce tropft beim Essen von der Nudel. Liegt eine gute Benetzung vor, kann sich der Tropfen etwas ausbreiten, der Kontaktwinkel wird kleiner. Bei vollständiger Benetzung ist der Kontaktwinkel 0 °, die Sauce breitet sich über die ganze Nudelplatte aus.

NUDELN UND IHRE SAUCE: EINE FRAGE DER HAFTUNG!

Obwohl Spaghettoni und Pilzsauce vor dem Anrichten ordnungsgemäß in einer Pfanne vermählt wurden, …

… gehen sie keine gute Verbindung ein, wie die große Menge an Pilzresten beweist.

Bei der gleichen Menge Sauce vermischt mit Tagliatelle …

… verbleibt weitaus weniger Sauce auf dem Teller, weil der Nudelquerschnitt über eine größere Haftfläche verfügt, um auch schwere Partikel aufzunehmen.

man diese genauer unter die Lupe, d. h. unters Mikroskop, erkennt man, dass die scheinbar glatte Oberfläche trockener Nudeln auf Mikrometer- und Nanometerskalen Rauigkeiten zeigt, die sich durch die Bestandteile Stärke und Protein ergeben. Diese kleinen Unebenheiten werden durch den Trocknungsprozess besonders bei gekauften Nudeln mal mehr, mal weniger stark ausgeprägt. Die industrielle Nudeltrocknung ist immer ein Kompromiss: Die Temperatur sollte nie höher als 65 °C sein, damit die Stärke noch nicht schmilzt, der Trocknungsprozess sollte langsam genug verlaufen, damit das Abdampfen des Wassers an der Oberfläche und das Nachfließen aus dem Inneren der Pasta gleichmäßig ablaufen. Da hinreichend lange Trocknungszeiten Energie und Geld kosten, äußert sich dies im Preis von Pasta mit höherer Qualität. Beim Kochen werden diese Rauigkeiten an manchen Stellen noch hervorgehoben, an anderen eher über das Quellen mit Wasser geglättet. Diese winzigen Unebenheiten bestimmen letztlich, wie die Sauce auf der Nudel Platz nehmen kann.

Darüber hinaus können geriffelte Nudeln (rigati) Saucen besser aufnehmen als glatte (lisci). Das kann man sich an einem einfachen Modell klarmachen:

Wie Öl, Wasser oder Saucenemulsionen auf der Oberfläche haften, bestimmt, wie viel Sauce pro Zentimeter Nudel in den Mund gelangt. Die Benetzungseigenschaften bestimmen also den Gesamteindruck (Flavour) beim Genuss.

DAS EXPERIMENT

Um an einem Beispiel repräsentativ zu überprüfen, wie sich Nudelform und Saucenauswahl bedingen, haben wir eine stückige Pilzrahmsauce zu zwei klassischen Nudelsorten (je 100 g) gesellt: zu dicken Spaghetti (Spaghettoni) und feinen Tagliatelle. Wir haben die Nudeln nach dem Kochen in einer Pfanne mit derselben Menge Sauce, deren flüssige und feste Bestandteile wir separat gewogen haben, zusammengebracht und dann mit einer Gabel gegessen. Die Reste auf dem Teller sollen Aufschluss darüber geben, ob die Wahl der Nudelform Konsequenzen für die verbliebene Menge an Sauce hat – und somit für den Gesamteindruck des Gerichts, denn viel Nudel mit wenig Sauce schmeckt natürlich anders und erzeugt ein anderes Mundgefühl.

DAS ERGEBNIS

Sowohl während des Essens als auch danach sind deutliche Unterschiede zwischen den Tellern zu erkennen. Obwohl wir für unseren Versuch qualitativ hochwertige Spaghettoni mit rauer Oberfläche (sogenannter Bronzematrize) benutzt haben, die für eine gute Haftung von Saucen sorgt, sind die Pilzstücke zu schwer, um von der Nudel gehalten zu werden. Sie rutschen einfach ab, sodass nur jene Würfel auf Anhieb verspeist werden, die im aufgedrehten Kern einer Nudelladung gefangen sind. Dementsprechend befinden sich nach dem Essen ein großer Saucenrest und viele Pilzstückchen auf dem Teller. Anders bei den Tagliatelle. Die breitere Nudelform bietet den Pilzwürfeln und der Sauce ausreichend Haftoberfläche, sodass beim Aufdrehen der Nudeln bereits viel mehr Gemüse zum Mund geführt werden kann und wesentlich weniger Sauce zurückbleibt.

DIE ERKENNTNIS

Wenn Nudeln und Sauce gleichzeitig gegessen werden sollen, wie sich das für ein durchdachtes Gericht gehört, müssen sie aufeinander abgestimmt sein. Ansonsten isst man erst die Nudeln und löffelt zum Schluss die Sauce. Schwere Saucen mit stückigen Zutaten werden deswegen immer mit Nudeln kombiniert, die eine große Oberfläche oder Hohlräume aufweisen, feine Nudelquerschnitte eher mit filigranen Saucen oder aromatisierten Ölen. Verlässt man sich bei der Wahl des Gerichts auf echte italienische Klassiker, wird die Kombination immer funktionieren. Steht man im Supermarkt vor dem Pastaregal, muss man für ein gutes Endergebnis wissen, welche Sauce man kochen wird, um die richtige Auswahl zu treffen, oder die Zutaten für eine Sauce besorgen, die zu den bereits ausgesuchten Nudeln passt.

HARMONIE IN DER PRAXIS: PASTA-KLASSIKER

Die berühmtesten Rezepte für Pasta haben sich sicherlich nicht umsonst durchgesetzt. Sauce und Nudeln sind bei diesen Klassikern im Laufe der Zeit zu einer Einheit zusammengewachsen und ergänzen sich perfekt. Denn jedes noch so kleine Detail ist aufeinander abgestimmt: Teigzusammensetzung, Teigstärke, Nudelform, Menge der Füllung, Garprozess, Saucenkonsistenz und vieles mehr. Schon die kleinste Änderung eines Rezepts sorgt für großen Diskussionsstoff. Wenn Sie ein bisschen üben, sollten Sie mit einem der folgenden Rezepte aber sogar einen Italiener überzeugen können.

ÖHRCHENNUDELN MIT STÄNGELKOHL
ORECCHIETTE ALLE CIME DI RAPA
(FÜR 4 PORTIONEN)

Da Stängelkohl als Saisonprodukt nicht immer und nur schwer zu bekommen ist, kann man diesen Rezept-Klassiker aus der apulischen Küche alternativ auch mit Brokkoli zubereiten. Dann fehlt allerdings die charakteristische, herbe, kohlige Note des Stängelkohls.

FÜR DEN NUDELTEIG
4-faches Rezept Grundteig – der Minimalist (siehe S. 30)
Hartweizengrieß (Semola di grano duro rimacinata) zum Bestreuen

FÜR DIE BRÖSEL
1 Knoblauchzehe, geschält und angedrückt
60 g Semmelbrösel (oder Panko aus dem Asialaden)

FÜR DIE SAUCE
500 g Stängelkohl (Cima di rapa), geputzt
2 Stängel Basilikum, Blätter abgezupft
2 Stängel glatte Petersilie, Blätter abgezupft
1 Knoblauchzehe, geschält und angedrückt
4 in Salz eingelegte Sardellenfilets, gehackt
Cayennepfeffer

AUSSERDEM
Olivenöl
Salz
frisch geriebener Parmesan nach Belieben

1. Den Nudelteig wie im Grundrezept beschrieben (siehe S. 30) zubereiten. Im Anschluss mindestens 30 Minuten unter einer umgedrehten Schüssel ruhen lassen, damit er während dieser Zeit nicht antrocknet, oder in Frischhaltefolie wickeln.

2. Danach den Teig in Etappen zu einer fingerdicken Wurst rollen und davon mit einem Messer kleine Segmente abschneiden. Diese zu mundgerechten Teigkreisen drücken und die Kreise mit dem Daumen zu Öhrchen formen. Die Orecchiette auf ein mit Hartweizengrieß bestreutes Tablett legen und bis zur Verwendung trocknen lassen.

3. Für die Brösel etwas Olivenöl in einer Pfanne erhitzen, den Knoblauch darin bei geringer Hitze kurz andünsten, bis das Öl ein dezentes Knoblaucharoma hat. Die Semmelbrösel zugeben und goldbraun anbraten und salzen. Dann auf Küchenpapier entfetten.

4. Für die Sauce den Stängelkohl in Röschen, Stängel und Blätter zerlegen. Das Gemüse in kochendem Salzwasser 1 bis 2 Minuten blanchieren, herausnehmen, eiskalt abschrecken und abtropfen lassen. Das Kochwasser beiseitestellen. Die Röschen und ein paar Blätter beiseitelegen und den restlichen Stängelkohl mit Basilikum und Petersilie fein pürieren.

5. Etwas Olivenöl in einer Pfanne erhitzen, Knoblauch und Sardellenfilets darin bei geringer Hitze andünsten, bis die Sardellen geschmolzen sind. Mit etwas Cayennepfeffer würzen. Die beiseitegelegten Röschen und Blätter zugeben und andünsten. Die Nudeln im kochenden Blanchierwasser 2 Minuten garen. Dann mit einem Schaumlöffel in die Pfanne geben. Das Gemüsepüree und etwas Kochwasser zufügen, bis eine cremige Sauce entsteht. Die Pfanne vom Herd nehmen und etwas Olivenöl zugeben. Die Orecchiette darin schwenken, bis sie mit der Sauce verbunden sind. Den Knoblauch entfernen. Die Nudeln abschmecken und

ÖHRCHENNUDELN MIT STÄNGELKOHL, S. 136

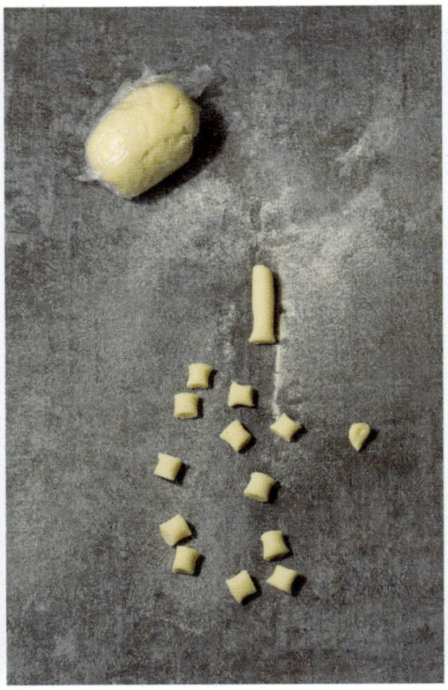

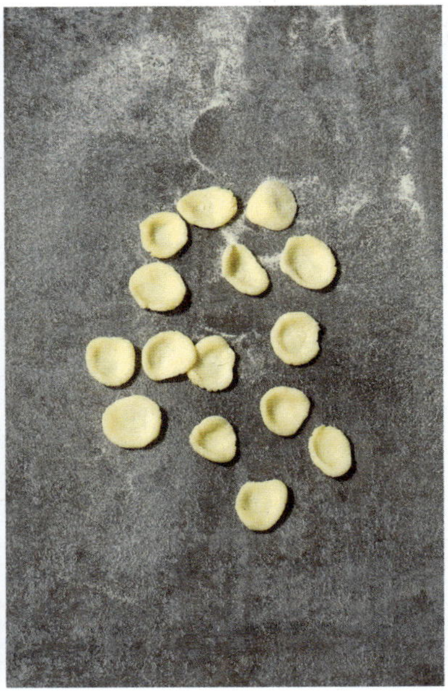

auf tiefen Tellern anrichten. Nach Belieben mit geriebenem Parmesan und den Bröseln obenauf servieren.

WARUM DAS REZEPT FUNKTIONIERT

Nur wenige Gerichte sind landesweit so berühmt wie dieses. Das liegt nicht zuletzt daran, dass diese Kombination für Pastafans nicht zu toppen ist. Oberfläche und Form der Orecchiette sind perfekt auf die zweischichtige Sauce abgestimmt. Die raue Oberfläche der handgemachten Nudeln nimmt die feine Sauce hervorragend auf. Die kleinen Mulden in den Nudeln, die man durch das Formen mit dem Daumen erhält, sind genauso groß, dass ein Röschen von dem Stängelkohl darin Platz hat. Zusammen mit den gerösteten Semmelbröseln, dem Umami-Geschmack von Sardellen und Parmesan sowie den Aromen eines sehr guten Olivenöls wird aus diesem Gericht ein mediterraner Traum.

HEISSER TEIG Für dieses Rezept bereiten wir den Grundteig – der Minimalist zu, der ein sogenannter„heißen Teig" (siehe S. 127) ist. Der Teig wird durch die Zugabe von heißem Wasser hoch plastisch und lässt sich auch ohne Ei hervorragend zu Orecchiette formen. Anders als bei einem Nudelteig mit Ei sind finaler Zusammenhalt und Biss bei diesem Teig schwächer. Vorteil ist jedoch die längere Haltbarkeit von Teig oder Nudeln, weil der Teig nur aus Hartweizen und Wasser besteht.

PRAKTISCHE WISSENSCHAFT

MEHR UMAMI-GESCHMACK MIT SARDELLEN

Pastagerichte erhalten oft durch glutamatreichen Parmesan eine herzhafte Umami-Geschmacksnote. Möchte man diese noch verstärken, kann man auf Sardellenpaste zurückgreifen. Sardellen und Sardellenpaste enthalten neben freier Glutaminsäure auch Nukleotide, die im Zusammenspiel mit der Glutaminsäure des Käses die Umami-Note der Sauce potenzieren (siehe Konzept 13), ohne dass der Teller nach Fisch schmeckt. Diese Umami-Verstärkung lohnt sich z. B. bei Saucen auf Kohlbasis, denn die kohligen Bitternoten benötigen einen starken Gegenpart. Salz wäre zu eindimensional, der breite und tiefe Umami-Geschmack bietet dem Kohl deutlich mehr Paroli. Doch der Effekt lässt sich auch für viele andere Gerichte und Pastasaucen nutzen. Etwas Sardellenpaste, gepaart mit Knoblauch und Olivenöl, ist bereits eine gute Grundlage. Auch mitgekochte Sardellen in Schmorsaucen, selbst auf Fleischbasis, schaden dem Gesamteindruck nie, sondern runden mit ihrer Umami-Note den Gesamtgeschmack wunderbar ab.

GEFLÜGELBRÜHE MIT TORTELLINI

TORTELLINI AL BRODO

(FÜR 4 PORTIONEN)

Die Mühe für dieses Gericht macht man sich nicht oft. Kein Wunder also, dass es in Italien vorrangig an Festtagen, insbesondere zu Weihnachten als Primo piatto auf den Tisch kommt. Dann ist es draußen bitterkalt und eine heiße Kraftbrühe genau das Richtige. Natürlich schmeckt die Suppe am allerbesten mit einer selbst gemachten Geflügelbrühe.

FÜR DIE KRAFTBRÜHE

1,5 l Geflügelbrühe
2 Hähnchenkeulen
50 g Möhren, geschält
50 g Knollensellerie, geschält
50 g Lauch, geputzt
1 Ei (M)
10 Eiswürfel
1 Lorbeerblatt
1 Zweig Thymian

FÜR DIE FÜLLUNG

100 g Schweinelende, zimmerwarm
Pflanzenöl
50 g Parmaschinken, fein gewürfelt
50 g Mortadella, fein gewürfelt
1 Ei (M)
2 Stängel Majoran, gehackt
50 g frisch geriebener Parmesan
frisch geriebene Muskatnuss

FÜR DEN NUDELTEIG

3-faches Rezept Grundteig – der Flexible (siehe S. 34)
Hartweizengrieß (Semola di grano duro rimacinata) zum Arbeiten

AUSSERDEM

Salz und frisch gemahlener schwarzer Pfeffer
runder Ausstecher (Ø 5 cm)
Schnittlauchröllchen zum Bestreuen

1. Von der kalten Geflügelbrühe die Fettschicht an der Oberfläche entfernen. Das Fleisch der Hähnchenkeulen vom Knochen schneiden und durch die feinste Scheibe des Fleischwolfs drehen. Das Gemüse ebenfalls durch den Wolf drehen. Das Ei trennen. Das Eigelb für die Zubereitung des Nudelteigs verwenden, das Eiweiß mit 1 Prise Salz steif schlagen.

2. Brühe mit Klärfleisch, also dem Fleisch der Hähnchenkeulen, Gemüse, Eischnee, Eiswürfeln, Lorbeerblatt und Thymian in einem Topf mischen und alles aufkochen. Dabei mit einem Spatel immer wieder vorsichtig über den Topfboden streichen, damit kein Eiweiß anbrennt. Keine schnellen Bewegungen machen! Mit steigender Temperatur bildet sich an der Oberfläche der sogenannte Klärkuchen, den man nicht zerstören darf. Je näher die Brühe an den Siedepunkt kommt, desto vorsichtiger muss man sein. Wenn die Brühe aufkocht, die Temperatur sofort reduzieren. Im Idealfall sind dann alle Trübstoffe im Klärkuchen gebunden. Große Wasserbewegung würde sie ausschwemmen. Die geklärte Brühe 20 Minuten ziehen lassen, um alle Geschmacksstoffe der Zutaten zu extrahieren. Dann die Flüssigkeit vorsichtig durch ein Passiertuch abseihen.

3. Den Backofen auf 120 °C vorheizen. Für die Füllung das Fleisch mit Salz und Pfeffer würzen. In einer ofenfesten Pfanne etwas Pflanzenöl erhitzen, das Fleisch darin rundum goldbraun anbraten. Dann im heißen Ofen langsam fertig garen. Das Fleisch herausnehmen und erkalten las-

GEFLÜGELBRÜHE MIT TORTELLINI, S. 139

PRAKTISCHE WISSENSCHAFT BRÜHEN KLÄREN

Bei der Herstellung von Kraftbrühen stehen zwei Aspekte im Vordergrund: maximaler Geschmack und maximale Klärung. Für das Klären von Brühe benötigt man gewolftes (oder sehr fein geschnittenes) proteinreiches Klärfleisch. Üblicherweise nimmt man die Wade vom Rind oder Kalb, für eine Geflügelkraftbrühe verwendet man am besten Geflügel (Keule). Je feiner die Fleischpartikel, desto größer die Oberfläche und desto besser das Ergebnis. Das Hack wird in die trübe und entfettete Brühe gegeben und langsam erwärmt. Dabei gibt es seine Aromen und seinen Geschmack an die Brühe ab, während sich deren Trubstoffe auf seiner Oberfläche absetzen. Die Kraftbrühe wird daher nach und nach klar. Die Klärung mit Protein hat allerdings den Nachteil, dass auch einiges an Geschmack und Aroma aus der Brühe im Klärprotein hängen bleibt: wasserlöslicher Geschmack an den wasserliebenden Teilen der Proteine, fettlösliche, schwer flüchtige Aromen an den fettliebenden Teilen. Daher darf das Klärfleisch nicht zu früh aus der Brühe genommen werden. Am besten lässt man es nach dem vorsichtigen Aufkochen 1 Stunde ziehen, dann werden Aromen und Geschmacksstoffe wieder an die Brühe abgegeben.

ALTERNATIVE OHNE TRÜBSTOFFE Eine Alternative ist, dass man die Trubstoffe der Brühe gar nicht erst entstehen lässt. Dazu werden Knochen, Fleischabschnitte und Fleisch kalt mit Wasser aufgesetzt und im Ofen bei Temperaturen nicht über 100 °C über Nacht gegart. Die Flüssigkeit wird nicht stark aufgewirbelt, die Aromen werden dennoch extrahiert, es entstehen Geschmacksstoffe und neue Brühenaromen. Größere Proteinstücke und Proteine, die sich aus dem Fleischsaft lösen und zu Trubstoffen zusammenlagern, setzen sich nach und nach wieder auf dem Fleisch, den Knochen oder Gemüsestückchen ab, gut zu erkennen als hellgraue Flocken und Ablagerungen. Die Brühe bleibt klar. Danach lässt man die Brühe vollständig auskühlen, nimmt das (feste) Fett vorsichtig ab und schöpft die klare Brühe vorsichtig aus dem Topf. Der Rest wird über einen Mikrofilter gegossen und für andere Anwendungen aufbewahrt.

ALTERNATIVE EINFRIEREN Eine andere Möglichkeit ist das Einfrieren: Die fertige Brühe wird mit Fleisch und kleineren Knochenresten eingefroren, danach grob zerhackt und über einem Küchentuch aufgetaut. Die aufgefangene Flüssigkeit ist klar. Daraus leitet sich auch die Gelatine- oder Agar-Agar-Klärung ab. Die bereits abgeseihte Brühe wird mit Agar-Agar oder Gelatine knapp oberhalb der Gelkonzentration (also 3 bis 4 g auf 1 l Brühe) geliert. Nach dem Gelieren wird das schwache Gel mit einem Schneebesen gebrochen und in einem Sieb mit einem Seihtuch abgelassen. Der Vorteil ist evident: Agar ist polar, bindet also nur herumschwimmende Proteine an sich, aber keine fettlöslichen Aromen und auch keine Salze. Die Brühe wird sogar noch konzentrierter, wenn das Agar-Brühen-Gel in Stücken eingefroren wird und die Brühe unter Auftauen (im Sieb und Seihtuch) aufgefangen wird.

sen, danach in winzige Würfel schneiden. Mit Parmaschinken, Mortadella, Ei, Majoran und geriebenem Parmesan mischen. Mit Salz, Pfeffer und Muskat würzen. Mit einem Stabmixer homogenisieren und die Masse bis zur Verwendung kalt stellen.

4. Den Nudelteig wie im Grundrezept beschrieben (siehe S. 34) zubereiten. Im Anschluss mindestens 30 Minuten an einem kühlen Ort unter einer umgedrehten Schüssel ruhen lassen, damit er während dieser Zeit nicht antrocknet, oder in Frischhaltefolie wickeln. Danach mit einer Nudelmaschine zu einer möglichst dünnen Bahn ausrollen und Kreise mit einem Durchmesser von 5 cm ausstechen oder die Bahn in Quadrate von 5 cm Seitenlänge schneiden. Jeweils ein kleines Häufchen Füllung auf den Teig geben, die Teigränder mit etwas Wasser einpinseln. Die Kreise zu Halbmonden oder die Quadrate zu Dreiecken falten. Für Tortellini die spitzen Teigenden zusammendrücken. Diese bis zur Verwendung auf ein mit Grieß bestreutes Tablett legen.

5. Die Nudeln in reichlich Salzwasser kochen, bis sie gar sind. Die Kraftbrühe erhitzen, nicht aufkochen. Die Nudeln abgießen, auf tiefen Tellern anrichten und die Kraftbrühe zugeben. Mit Schnittlauchröllchen garnieren und servieren.

WARUM DAS REZEPT FUNKTIONIERT

Der tiefe Geschmack unserer selbst gemachten Kraftbrühe wird durch die sehr fleischige Füllung der Tortellini nicht nur ergänzt, sondern sogar gesteigert. Die Nudel selbst ist nur Statistin, wenn da nicht die besondere Form wäre. Sie ist so einzigartig, weil sie mit der dünnsten aller Saucen zurechtkommt, nämlich einer klaren Brühe, die nur unwesentlich dicker als Wasser ist. Mit der ausladenden Form schafft sie das aber spielend, sodass man mit der letzten Nudel auch noch begeistert die letzten Tropfen Brühe schlürfen kann.

KRAFTBRÜHE HERSTELLEN Damit aus einer Brühe eine Kraftbrühe wird, benötigt man Fleisch mit viel Bindegewebe (Protein). Hierfür sind ca. 15 Prozent der Flüssigkeitsmenge erforderlich, also 1,5 kg Klärfleisch bei 10 l Brühe. Wer für den besonderen Anlass ein noch gehaltvolleres Ergebnis wünscht, kann die Fleischmenge auch verdoppeln – dann erhält man eine doppelte Kraftbrühe (Consommé double).

BOHNENEINTOPF MIT NUDELN
PASTA E FAGIOLI
(FÜR 4 PORTIONEN)

Der Eintopf kommt aus dem Norden Italiens, aus dem Veneto. In der kleinen Ortschaft Lamon wachsen die herkunftsgeschützten Borlottibohnen, die man für den Eintopf benötigt. Wie in vielen alpenländischen Gerichten darf auch Speck nicht fehlen. Da es dort oft sehr frisch ist, wärmt diese Suppe an kalten Tagen von innen. Die Nudeln für die Einlage müssen klein (sogenannte pasta corta) sein, weil man den Eintopf natürlich mit dem Löffel isst und die Nudeln nicht herunterrutschen dürfen. Als klassische Einlage haben sich Ditali rigati durchgesetzt, die vom Innendurchmesser her eine Bohne aufnehmen können.

200 g	Borlottibohnen
	Salz und frisch gemahlener schwarzer Pfeffer
	Olivenöl
100 g	Bauchspeck, gewürfelt
1	rote Zwiebel, gewürfelt
1	Knoblauchzehe, gewürfelt
1	Möhre, gewürfelt
1	Selleriestange, gewürfelt
1 EL	Tomatenmark
1	Lorbeerblatt
1 Zweig	Rosmarin
1 Zweig	Thymian
200 g	trockene Ditali rigati oder Ditali (mit größerem Durchmesser)
	Schnittlauchröllchen zum Bestreuen

1. Die Borlottibohnen in ausreichend Salzwasser über Nacht einweichen.

2. Am nächsten Tag die Bohnen abtropfen lassen. Etwas Olivenöl in einem Topf erhitzen, Speck-, Zwiebel- und Knoblauchwürfel darin kurz anbraten. Das Gemüse zufügen und so lange mitbraten, bis es anfängt weich zu werden. Mit Salz und Pfeffer würzen. Das Tomatenmark einrühren und kurz mitbraten. Die abgetropften Bohnen, Lorbeerblatt und Kräuter zugeben. Die Bohnen gerade eben mit Einweichwasser bedecken und aufkochen, dann zugedeckt bei geringer Hitze weich garen. Danach Lorbeerblatt und Kräuter entfernen.

3. Eine Schöpfkelle Suppe in einen Messbecher geben und mit einem Stabmixer glatt pürieren. Die Nudeln in der Suppe al dente garen. Zwischendurch eventuell noch etwas Wasser zugießen. Wenn die Nudeln gar sind, die pürierten Bohnen zur Bindung unter die Suppe rühren. Den Eintopf auf tiefen Tellern anrichten und mit Schnittlauchröllchen bestreuen. Sofort servieren.

WARUM DAS REZEPT FUNKTIONIERT

Im Gegensatz zu einer Kraftbrühe ist dieser Bohneneintopf sehr zähflüssig und dick. Deswegen sind Ditali rigati, also oberflächenvergrößerte Röhrchennudeln, das perfekte Transportmittel für die schwere Suppe. Die darin gelöste Stärke aus den Nudeln und Bohnen ermöglicht außerdem eine gute Verbindung zwischen Nudeln und Eintopf.

EINWEICHWASSER MIT SALZ Entgegen anderer Empfehlungen geben wir Salz ins Einweichwasser. Kochsalz, das in einwertige Ionen zerfällt, lockert (ionische) Bindungen in den Pflanzenzellen etwas auf, indem die Ladungen des Pektins, der Hemizellulosen und der Glykoproteine abgeschirmt werden (Coulomb-Abschirmung). Salz gelangt in das gelockerte Gewebe zwischen den Zellen, die Bohnen schmecken besser. Hartes Einweichwasser ist reich an bivalenten Kalziumionen und nicht so ideal. Die zweiwertigen Kalziumionen haben keine abschirmende Wirkung wie die von monovalenten Salzen (Natrium- oder Kaliumchlorid), sondern eine verbindende, da sie zwei negative Ladungen binden, wie z. B. in manchen Glykoproteinen, Zellpolymeren oder Pektin. Ist das Einweich- oder Kochwasser zu hart, helfen 1 bis 2 Prisen Natron. Es erhöht den pH-Wert, dadurch werden die Bohnen weicher und quellen gut.

BRÜHEN ODER FONDS Bohnen möglichst nicht in einer Brühe oder einem Fond einweichen. Nach unseren Beobachtungen ist keine stärkere Geschmacksintensivierung als bei Salzwasser erreichbar. Mehr Geschmack bekommen die weichen, abgegossenen und noch heißen Bohnen durch etwas Misopaste, Sardellenpaste oder Fleischglace (Fleischextrakt).

BOHNENKOCHWASSER Borlottibohnen kann man auch im Einweichwasser garen – sie geben keine Stärke ab. Auch ist das Bohnenkochwasser nicht giftig, denn die darin enthaltenen Lektine (eine spezielle Sorte von Proteinen) sind denaturiert. Das gehaltvolle Bohnenkochwasser kann daher mit verwendet werden.

BOHNENEINTOPF MIT NUDELN, S. 142

PENNE MIT SPARGEL UND GARNELEN, S. 145

PENNE MIT SPARGEL UND GARNELEN
PENNE CON ASPARAGI E GAMBERETTI
(FÜR 4 PORTIONEN)

Penne eignen sich perfekt für dickflüssige Saucen, da ihr Hohlraum sich mit der Sauce vollsaugt, ohne dass diese wieder herausfließt. Selbst bei der hier vorgeschlagenen glatten Variante, den Penne lisce, paaren sich Nudel und Sauce wunderbar, da die Sauce je nach Lage der Nudel förmlich eingesogen wird. Mit etwas Glück und der perfekten Saucenkonsistenz entsteht so ein kleiner Überraschungseffekt, wenn sich die Sauce im Innern der Nudeln versteckt.
Bei diesem Rezept gibt der Spargel den Takt vor. Wir bereiten die Penne nur dann zu, wenn der Spargel auch Saison hat. Die ist bei grünem Spargel etwas länger. Doch mit weißem Spargel, der nur kurze Zeit zu haben ist, schmeckt das Gericht ebenfalls ausgezeichnet.

2	reife Strauchtomaten
500 g	grüner Spargel
10 Stängel	Kerbel, Stängel + abgezupfte Blätter
	Salz und Pfeffer
	Olivenöl
400 g	trockene Penne lisce oder Pennette
250 g	kleine Garnelen (TK), aufgetaut

1. Die Tomaten oben und unten mit einem Messer kreuzweise einritzen. Die Tomaten für 10 Sekunden in kochendes Wasser legen, herausnehmen, eiskalt abschrecken, häuten, vierteln und entkernen. Tomatenviertel in Würfel schneiden und beiseitestellen.

2. Den Spargel im unteren Drittel schälen und die holzigen Enden entfernen. Die Spargelspitzen in der Länge der Nudeln abschneiden. Kerbelstängel und Spargelenden im Blanchierwasser der Tomaten bei geringer Hitze auskochen. Dann die Stängel und Enden mit einem Schaumlöffel herausnehmen und die Flüssigkeit erneut aufkochen und salzen. Spargelstangen und Spargelköpfe darin getrennt voneinander blanchieren, bis die Köpfe knackig und die Stangen weich sind. Die Spitzen eiskalt abschrecken, die Stangen noch warm in einer Küchenmaschine oder mit einem Stabmixer pürieren. 6 EL Kochwasser und etwas Olivenöl untermixen, sodass ein glatter Coulis (siehe rechts) entsteht.

3. Die Nudeln in dem Topf garen, in dem das Gemüse blanchiert wurde. Die Garnelen mit Salz und Pfeffer würzen. Etwas Olivenöl in einer Pfanne erhitzen, die Garnelen darin kurz andünsten. Die Spargelspitzen und Tomatenwürfel zugeben und kurz durchschwenken. Die Nudeln aus dem Topf in die Pfanne geben und den Coulis angießen. Alles verrühren und auf tiefen Tellern anrichten. Mit Kerbelblättchen garnieren und servieren.

WARUM DAS REZEPT FUNKTIONIERT
Die Pastasauce ist ein sogenannter Coulis, also ein ungewürztes Püree, das seine Bindung über das passende Verhältnis von Feststoffen zu Flüssigkeit erhält. Man könnte es auch dünnflüssiges Spargelpüree nennen. Seine Konsistenz ist perfekt, um sich in den Hohlräumen der Nudeln wie eine Flüssigkeit im Strohhalm zu sammeln. Am Anfang verlangt das vielleicht ein paar Versuche, um das korrekte Verhältnis herauszufinden. Am besten gibt man die Flüssigkeit nach und nach hinzu, weil es einfacher ist, den Coulis zu verdünnen, als ihn bei Bedarf mit zusätzlichem Spargel anzudicken.

OFFENES RAVIOLO MIT OKTOPUS
RAVIOLO APERTO CON POLPO
(FÜR 4 PORTIONEN)

Die Idee für offene Ravioli stammt erstmalig von einem berühmten italienischen Koch, Gualtiero Marchesi. Bei einem offenen Raviolo wird die Füllung nicht zwischen zwei Nudelteigblättern eingeschlossen wie bei klassischen Ravioli. Inzwischen gibt es viele Versionen, denen wir mit diesem Rezept eine weitere hinzufügen.

FÜR DIE FÜLLUNG

1	Oktopus (ca. 1 kg)
250 g	Saubohnen (TK)
1	Schalotte, fein gewürfelt
4 Stängel	Bohnenkraut, Blättchen gehackt

FÜR DEN NUDELTEIG
2-faches Rezept Grundteig – der Allrounder (siehe S. 32)

FÜR DIE SAUCE

750 g	festkochende Kartoffeln, geschält
40 g	Butter
1	kleine Stange Lauch, das Weiße in Streifen geschnitten
100 ml	Weißwein
400 ml	Geflügelfond
1	Bio-Limette, etwas Saft und Abrieb
	Olivenöl

AUSSERDEM

Salz und Pfeffer
runder Ausstecher (Ø 10 cm)

1. Wasser in einem großen Topf aufkochen und salzen. Den Oktopus einlegen und erneut aufkochen. Nach 30 Minuten den Oktopus bei geringer Hitze ziehen lassen, bis das Fleisch zart (siehe rechts) ist. Das kann man mit der Messerspitze feststellen.

2. Den Nudelteig wie im Grundrezept beschrieben (siehe S. 32) zubereiten, in Frischhaltefolie wickeln und 30 Minuten ruhen lassen. Danach den Teig ausrollen. Die Teigbahn in kochendem Salzwasser blanchieren, herausnehmen und kalt abschrecken. Daraus Kreise mit einem Durchmesser von 10 cm ausstechen und mit etwas Kochwasser bepinseln, damit sie nicht aneinanderkleben.

3. Für die Sauce die Kartoffeln in 7 mm große Würfel schneiden. Übrige Kartoffelabschnitte beiseitelegen. Die Würfel im Nudelwasser bissfest garen. Die Butter zerlassen, die Lauchstreifen darin glasig andünsten und salzen. Die Kartoffelabschnitte zugeben und kurz mitdünsten. Den Weißwein zugießen und vollständig einkochen lassen. Den Geflügelfond zufügen und aufkochen, alles abgedeckt weich garen. Das weiche Gemüse in einer Küchenmaschine glatt pürieren. Dabei etwas Limettensaft und Olivenöl einarbeiten, bis die gewünschte Konsistenz erreicht ist. Den Limettenabrieb unterheben und die Sauce mit Salz und Pfeffer würzen.

4. Die TK-Saubohnen in kochendem Wasser 30 Sekunden blanchieren, herausnehmen und eiskalt abschrecken. Die äußere, durchsichtige Haut entfernen. Den Oktopus herausnehmen. Die Beine abschneiden und längs halbieren. Den Rest des Körpers in der Größe der Bohnen in Stücke schneiden. Etwas Olivenöl in einer Pfanne erhitzen, die Schalottenwürfel darin glasig andünsten. Die Kartoffelwürfel zugeben und etwas Farbe annehmen lassen. Oktopusstücke, Saubohnen und Bohnenkraut zufügen und alles durchschwenken. Mit Salz und Pfeffer würzen.

5. In einer beschichteten Pfanne etwas Olivenöl erhitzen, die halbierten Beine darin kurz anbraten. Die Kartoffel-Lauch-Creme erwärmen und ein wenig davon auf den Tellern verteilen. Jeweils ein Nudelblatt darauflegen und die Füllung daraufgeben. Mit ein wenig Sauce nappieren und mit einem weiteren Nudelblatt abdecken. Die angebratenen Oktopusarme daraufsetzen und sofort servieren.

WARUM DAS REZEPT FUNKTIONIERT

Grundsätzlich gilt: Je kleiner die Nudeln sind, also je größer die Oberfläche ist, desto mehr Sauce wird benötigt, damit sich ein passables Mundgefühl einstellt und die Nudeln während des Essens nicht austrocknen. Da es bei einem offenen Raviolo nur zwei Nudelplatten gibt, nämlich Boden und Deckel, die quasi als Spielwiese für fast jede Art von Nudelsauce dienen können, kommen wir mit wenig Sauce aus. Je dicker diese ist, desto schlechter kann sie von der Nudelplatte fließen, weshalb eine mit Kartoffelresten gebundene Sauce bestens passt.

OKTOPUS GAREN Es gibt drei Möglichkeiten, Oktopus so zu garen, dass das Fleisch zart ist: entweder ganz kurz, nie über 50 °C, oder stundenlang bei Temperaturen oberhalb von 75 –80 °C. Der Muskel der Meeresbewohner ist aus den Proteinen Myosin, Kollagen und Aktin aufgebaut, die bei 50 °C, 60 °C und 79 °C denaturieren. Das Kollagen entspricht hauptsächlich dem Kollagentyp V, das extrem lange Garzeiten benötigt, bis sich die Strukturen lösen. Beim Garen von Tintenfisch & Co um 50 °C denaturiert lediglich das Myosin, das Wasser bleibt im Tintenfisch, die Fasern bleiben stark gespannt, er ist zart und gleichzeitig knackig mit dem „rohen" Biss (wie etwa bei nach Ikejime geschlachteten Fischen für Sushi). Beim langen Garen bei oder oberhalb 79 °C löst sich auch der Kollagentyp V und das Muskelprotein Aktin. Das Kollagen wird gallertartig und kann Wasser binden. Alle Gartemperaturen dazwischen lassen die Muskeln schrumpfen, das Wasser wird herausgequetscht, das Kollagen bleibt hart und der Tintenfisch zäh. Alle abenteuerlichen Tipps, wie z. B. den Korken mitzugaren, darf man getrost vergessen. Sie entbehren jeglicher wissenschaftlichen Grundlage.

OFFENES RAVIOLO MIT OKTOPUS, S. 145

KONZEPT 10
NUDELN UND SAUCE WERDEN IN DER PFANNE VERMÄHLT

Ein gutes Pastagericht entsteht in der Pfanne, wenn Nudeln und Sauce miteinander vermengt und zu Ende gegart werden. Geschmäcker und Aromen werden dort miteinander vermählt. Die verbreitete Unsitte, die Sauce erst im Teller auf die Nudeln zu geben, ist aus wissenschaftlichen Gründen Unsinn, da sich die Sensorik des Gerichts stark ändert und den Genuss erheblich schmälert.

DIE WISSENSCHAFT DAHINTER

Außerhalb Italiens wird Pasta leider häufig falsch angerichtet und serviert. Sind Nudeln und Sauce fertig, wird die Pasta abgeschüttet. Noch heiß landen die Nudeln auf schönen Tellern und die Sauce wird darüber gegossen. Nach dem Servieren prostet man sich zu und spricht einen Toast auf Koch oder Köchin aus, dann erst werden die Primi piatti mit Gabeln bearbeitet. Leider ist mittlerweile so viel Zeit vergangen, dass die Struktur jeder Sauce hinüber ist, angefangen von dem einfachsten Condimento bis hin zum komplexen Ragù.

Bei einfachen Saucen mit Feststoffen wie aglio e olio zeigt sich die Misere am deutlichsten: Die Knoblauchstückchen bleiben auf dem Spaghettiberg hängen, das Öl benetzt die Pasta und sammelt sich auf dem Tellergrund. Ähnlich ist es bei Ragù auf Fleisch- oder Gemüsebasis. Dort bleiben Fleisch- und Gemüsestückchen oben hängen und trocknen aus, während die Sauce in den Teller sinkt. Sauce und größere Feststoffe werden getrennt, was wiederum einen negativen Effekt auf den Geschmack und das Mundgefühl hat, denn mit der Gabel allein kann die von Koch oder Köchin erwünschte Konsistenz nicht erreicht werden.

Am schlimmsten wirkt sich das Anrichten auf dem Teller bei emulgierten Saucen aus, d. h. sämigen Saucen, die aus einer in sich stabilen Wasser-Öl (Fett)-Protein-Emulsion bestehen, wie z. B. Gorgonzolasauce oder Hühnerle-

MODELL EINER STABILEN SAUCE AN EINER NUDEL

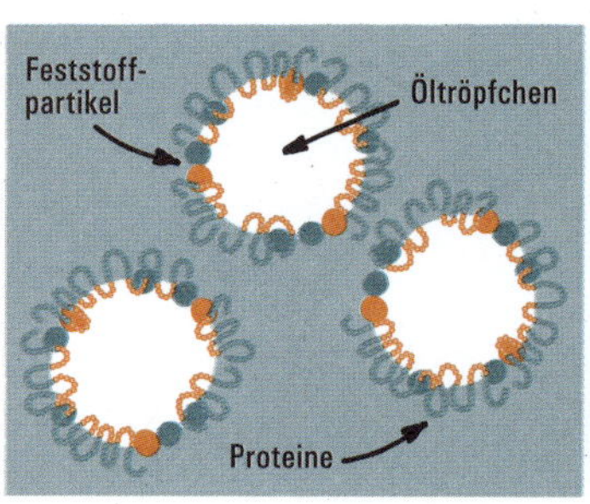

In einer stabilen Sauce sind Öltröpfchen emulgiert, d. h., das Öl ist in kleinen Tröpfchen in der wässrigen Phase verteilt. Dazu benötigt es Emulgatoren, die die Tröpfchen umschließen. In diesem Falle sind es hauptsächlich Proteine (Molekülketten) und winzige Feststoffpartikel, die sich an den Grenzflächen anlagern.

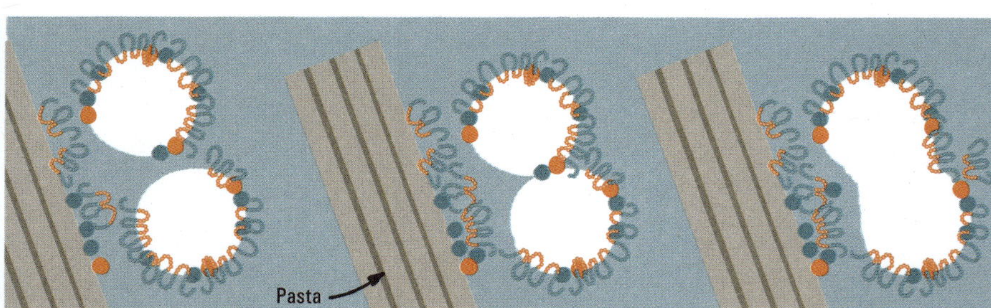

Die Oberflächen der Pasta können Saucen systematisch destabilisieren, wenn die Sauce auf die Nudeln gegeben wird. Die meist wässrige und wasserliebende (hydrophile) Oberfläche reißt die stabilisierenden Proteine und Feststoffe an sich, den Öltröpfchen fehlen dadurch Emulgatoren. Aus den ursprünglich kleinen Tröpfchen werden immer größere (von links nach rechts). Da dieses Phänomen an vielen Stellen passieren kann, wird eine Destabilisierungslawine ausgelöst, die sich durch den Pastaberg fortsetzt. Am Tellergrund sind dann Wasser- und Fettanteile sowie die Feststoffe getrennt, worunter der Genuss deutlich leidet.

NUDELN MIT SAUCE: GETRENNT UND VERMÄHLT

In beide Gläser wurde dieselbe Menge Nudeln und Sauce gegeben. Links nach- und aufeinander, rechts, nachdem beide kurz in einer Pfanne gemeinsam geschwenkt wurden. Links sehen wir zwei Komponenten, die keine Verbindung eingehen, sodass die Nudeln zum Großteil nicht von Sauce benetzt werden. Das führt zwangsläufig dazu, dass sie verkleben. Darüber hinaus wirkt das Spaghettigeflecht wie ein Sieb, das flüssige und feste Bestandteile der Sauce trennt, wie man an der Tomatenpfütze auf dem Glasboden erkennen kann. Rechts ist eine Einheit und somit ein Gericht entstanden. Die Nudeln sind gleichmäßig von der Sauce umgeben, das Hackfleisch im ganzen Glas verteilt, sodass jede Gabel denselben, bekannten Eindruck hinterlassen kann.

bersauce. Werden Nudeln mit solchen fettreicheren, emulgierten Saucen übergossen, wirkt der Nudelberg auf dem Teller als „Emulsionsbrecher". Die grenzflächenaktiven (zwischen Wasser und Fett verbindenden) Moleküle und damit stabilisierenden Substanzen der Sauce, z. B. Proteine aus Fleisch, Lecithin aus Gemüse oder schlicht kleine, mikrometergroße feste Partikel aus Zwiebeln, Tomaten oder Fleisch, haften beim Übergießen an der Nudeloberfläche auf unterschiedliche Weise fest und werden von den Oberflächen der Öltröpfchen in der Sauce weggerissen. Die Emulsion destabilisiert sich. Die Wasserphase landet rasch auf dem Tellerboden, die separierte Ölphase ein wenig später – fatal für die Wahrnehmung, denn in der Wasserphase befindet sich der meiste Geschmack, umami, salzig, sauer usw., während die Aromen in der Fettphase gelöst sind. Kein Wunder, wenn derart destabilisierte Saucen im Mund eine weniger komplexe Wahrnehmung auslösen als eine vollständig erhaltene Emulsion.

Mischt man Pasta und Sauce dagegen in der Pfanne, sind zwar die Wechselwirkungen zwischen Pastaoberfläche und grenzflächenaktiven Substanzen dieselben, aber zwei Effekte wirken hier einer Trennung entgegen. Zum einen nehmen die noch nicht ganz fertig gekochten Nudeln beim Nachgaren in der Pfanne etwas Sauce auf, sodass sie an Geschmack und Gehalt gewinnen. Die dabei aus den Nudeln austretende Stärke bindet jede Sauce auf Wasser-, Öl- oder Emulsionsbasis an die Nudeln, sodass beide einen kräftigen Bund eingehen. Und zum Zweiten entsteht durch das zügige Rühren und Mischen der Sauce mit den vielen Nudeln ein ganz besonderer Emulgiereffekt. Die Emulsion bleibt stabil und die Stückchen verteilen sich optimal im Gericht.

DAS EXPERIMENT

In Italien werden Nudeln üblicherweise in ihrer Sauce vollendet. Lohnt sich aber der zusätzliche Aufwand, Nudeln mit der Sauce in einer Pfanne zu vermählen, bevor sie angerichtet werden? Um das herauszufinden, haben wir bewusst den deutschen Klassiker Spaghetti alla bolognese gekocht und auf zweierlei Art angerichtet. Einmal, indem wir die Sauce über die Nudeln gegossen haben, und ein zweites Mal, nachdem die Nudeln kurz mit etwas Nudelkochwasser in der Sauce fertiggegart wurden.

DAS ERGEBNIS

Im ersten Fall haben sich Nudeln und Sauce nicht innig miteinander verbunden. Ganz im Gegenteil: Der angerichtete Nudelhaufen wirkt wie ein Sieb, er lässt die dünnflüssigen Teile der Sauce passieren, sodass sich am Boden des Tellers eine wässrige Pfütze bildet und festere Bestandteile oder Fleischstückchen oberflächlich liegen bleiben. Manch eine Nudel sieht so überhaupt keine Sauce und auch wildes Rühren stellt den Ursprungszustand der Sauce nicht wieder her. Im zweiten Fall saugen sich die Nudeln mit etwas Sauce voll und austretende Stärke bindet wiederum die Sauce an die Nudeln, sodass beide einen kräftigen Bund eingehen. Das sieht man auch im Teller, wo die Nudeln komplett mit Sauce benetzt sind und es auch bleiben.

DIE ERKENNTNIS

Nudeln und Sauce kurz vor dem Servieren einen Augenblick gemeinsam kochen zu lassen, bringt enorme Vorteile für das Gericht. Die Bindung der beiden Komponenten wird nicht nur besser, sondern dauerhaft und homogen. Darüber hinaus hat man in einer Pfanne eine bessere Kontrolle, da man hier bereits das Endergebnis vor Augen hat und es im letzten Augenblick noch mal modifizieren kann: Ist es etwa zu trocken, gibt man ein wenig Nudelkochwasser hinzu (was auf bereits angerichteten Tellern nicht möglich ist). Abgesehen davon kann man das Gericht im Ganzen abschmecken, was wichtig ist, da es durchaus der Fall sein kann, dass Pasta und Sauce für sich genommen gut schmecken, in der Summe aber etwas fehlt. Zu guter Letzt muss an dieser Stelle erwähnt werden, dass die dünnen Spaghetti und die schwere Bolognesesauce ohnehin keine gute Paarung sind, selbst wenn man sie gemeinsam in der Pfanne schwenkt (siehe Konzept 9). Wir haben den deutschen Klassiker nur eingesetzt, weil man den Vorteil der Pfannengarung hier besonders deutlich erkennen kann.

PENNE IN SCHARFER TOMATENSAUCE, S. 152

KOCHGESCHIRR IN DER PRAXIS: DIE SCHWENKPFANNE

Für ein perfektes Ergebnis ist neben der richtigen Kombination von Nudel und Sauce auch die Ausstattung wichtig. Denn da, wo ein luftiges Parfait einen Schlagkessel oder ein mürber Braten einen Schmortopf benötigt, brauchen Nudeln oftmals kurz vor dem Anrichten eine an ihre Menge angepasste Schwenkpfanne. In der Pfanne kommt dann zusammen, was zusammengehört, und wird so lange miteinander vermengt und emulgiert, bis alles zu einer Einheit verschmilzt. Und zwar ganz ohne einen Holzlöffel, der zu wenig und nur stellenweise die Energie beisteuern würde, die man für eine optimale Durchmischung braucht.

PENNE IN SCHARFER TOMATENSAUCE
PENNE ALL´ARRABBIATA
(FÜR 4 PORTIONEN)

Das Gericht, das ursprünglich aus der Umgebung von Rom kommt, ist stark geprägt durch die Schärfe der getrockneten Chilischoten. Verantwortlich für die Schärfe ist ein darin enthaltener Stoff namens Capsaicin. Ansonsten ist die Zubereitung keine handwerkliche Herausforderung.

6	reife Strauchtomaten
	Olivenöl
2	getrocknete Chilischoten, fein gehackt
2	Knoblauchzehen, geschält und halbiert
3 Stängel	glatte Petersilie, Stängel + gehackte Blätter
3 Stängel	Basilikum, Stängel + gehackte Blätter
	Salz, Pfeffer, Zucker
500 g	trockene Penne rigate
	frisch geriebener Pecorino zum Bestreuen

1. Die Tomaten oben und unten mit einem Messer kreuzweise einritzen. Die Tomaten für 10 Sekunden in kochendes Wasser geben, herausnehmen, eiskalt abschrecken, enthäuten, vierteln und entkernen. Die Kerne in einem Messbecher pürieren. Die Tomatenviertel in Würfel schneiden.

2. Etwas Olivenöl in einer Pfanne erhitzen, Chilischoten und Knoblauchhälften darin anrösten, bis der Knoblauch goldbraun ist. Tomatenwürfel, pürierte Tomatenkerne und Kräuterstängel zugeben und alles offen bei geringer Hitze bis zur gewünschten Konsistenz einkochen lassen. Gegen Ende der Garzeit die Kräuterstängel entfernen. Die Sauce mit Salz, Pfeffer und 1 Prise Zucker würzen.

PRAKTISCHE WISSENSCHAFT
CHILIS – HEISS UND SCHARF

Die Schärfe der in vielen Pastagerichten eingesetzten Chilis und Peperoncini entstammt dem Molekül (Alkaloid) Capsaicin, einem Abkömmling des Pflanzenfarbstoffs β-Carotin, der in Paprika und Chilis reichlich vorkommt. Diese Schärfe ist kein Geschmack, sondern ein schmerzhafter Hitzereiz, der wie alle Temperatur- und Schmerzreize über den Nervus trigeminus wahrgenommen wird (siehe „Die Wissenschaft von allen Sinnen", S. 12). Über Capsaicin ausgelöste Schärfereize gibt es in vielen Variationen. Das Molekül ist in Fett und Alkohol (Ethanol) löslich. Ist die Arrabbiata-Sauce zu scharf geraten, nützt der Schluck kaltes Wasser daher nur bedingt. Er kühlt zwar die Zunge, löst aber das darauf haftende Capsaicin nicht ab. Besser hilft ein Schluck Wein mit ausreichend Alkoholgehalt oder 1 EL Joghurt. Dessen Fett und Proteine lösen das Capsaicin von der Zunge und mildern den Hitzereiz nachhaltig.
Interessant ist in diesem Zusammenhang die Frage, ob sich versehentlich zu scharf gekochte Saucen wieder mit Fett entschärfen lassen. Gibt man 500 g neutrales Fett zu der Sauce, lässt alles zusammen aufkochen und im Kühlschrank abkühlen, löst sich Capsaicin im zusätzlichen Fett, das sich oben absetzt. Man kann es von der Sauce abheben, diese entschärft servieren und das Fett zum Anbraten von schärferen Speisen aufbewahren oder einfach für die nächste Arrabbiata verwenden. Das scharfe Fett ist im Kühlschrank lange haltbar.
Oft stellt sich die Frage, ob getrocknete oder frische Chilis besser seien. Die Antwort lautet: Es kommt darauf an. Wird der Chili in milder Form zum Gericht gegeben, helfen dessen erdiggrüne und würzige Aromen bei der Aromatisierung, kommt es nur auf die Schärfe an, sind getrocknete Chilis die beste Wahl.

3. Die Nudeln in reichlich kochendem Salzwasser al dente garen. Mit einem Schaumlöffel herausnehmen und in die Sauce geben, sodass auch etwas Kochwasser in die Pfanne gelangt. Die Nudeln kurz darin schwenken, damit sie sich mit der Sauce verbinden. Die gehackten Kräuter untermischen. Die Nudeln auf Tellern anrichten und mit geriebenem Pecorino bestreuen. Sofort servieren.

WARUM DAS REZEPT FUNKTIONIERT

Wie in Konzept 6 und Konzept 7 angedeutet, braucht es für viele Pastagerichte nicht nur Stärke, sondern auch ein geeignetes Kochgeschirr, in dem sich Nudeln und Sauce innig miteinander verbinden können. Die Pfanne ist dafür am besten geeignet. Geübten Pastaköchen fällt damit das Schwenken wesentlich leichter. Außerdem haben wir uns für trockene Penne entschieden, die man perfekt al dente kochen kann. Etwas gelöste Stärke aus dem Nudelwasser ziehen wir zur Bindung der Sauce heran. Durch das Schwenken in der Pfanne (Ungeübte dürfen auch mal mit dem Holzlöffel rühren) gelangt auch immer etwas Tomatensauce in das Nudelinnere, wo sie sich fängt und verbleibt, während man die Gabel zum Mund führt.

SPAGHETTI IN KNOBLAUCH-CHILI-ÖL

SPAGHETTI AGLIO, OLIO E PEPERONCINO

(FÜR 4 PORTIONEN)

Grundsätzlich sparen wir nie beim Einkauf von Zutaten. Das gilt in diesem Fall sowohl für das gute Olivenöl, bei dem es beträchtliche Preis- und Qualitätsunterschiede gibt, als auch für die Nudeln. Allerdings liegt die Spanne bei den Nudeln zwischen passabel und exzellent nur bei maximal 2 Euro. Bei der Auswahl der Nudeln achten wir stets auf eine möglichst raue Oberfläche, an denen die Sauce für mehr Genuss viel besser haftet. Kleine, handwerkliche Manufakturen benutzen zur Herstellung dieser rauen und hochwertigen Nudelprodukte oftmals Bronzematrizen – und das hat eben seinen Preis.

- 2 Knoblauchzehen, geschält
- sehr gutes Olivenöl
- 1 rote Chilischote, entkernt und fein gewürfelt
- 400 g getrocknete Spaghetti
- Salz und frisch gemahlener schwarzer Pfeffer
- frisch geriebener Parmesan zum Bestreuen

1. Den Knoblauch fein hacken, oder mit grobem Salz und etwas Olivenöl zu einer Paste verarbeiten. Die Paste verteilt sich gleichmäßiger. Etwas Olivenöl in einer Pfanne erhitzen, Knoblauchwürfel oder -paste und Chiliwürfel darin bei geringer Hitze andünsten, bis das Öl aromatisiert ist.

2. Die Nudeln in reichlich kochendem Salzwasser 2 Minuten weniger kochen als auf der Packung angegeben. Die Nudeln direkt aus dem Topf in die Pfanne heben, dabei etwas Nudelkochwasser zugeben. Die Nudeln darin schwenken, damit sie nachgaren und sich mit dem Öl verbinden. Die Nudeln sind perfekt gegart, wenn die Flüssigkeit in der Pfanne so stark eingedampft ist, dass sich das Öl cremig um die Nudeln legt. Mit Salz und Pfeffer würzen. Die Nudeln mit geriebenem Parmesan bestreuen und sofort servieren.

WARUM DAS REZEPT FUNKTIONIERT

Beim Schwenken der Nudeln in einer Pfanne kommt es hier auf eine große Oberfläche an. Da wir mit den Nudeln auch etwas Nudelkochwasser zugeben, muss dieses schnell wieder verdampfen. Denn das Wasser an sich benötigen wir in diesem Rezept nicht, nur die darin ge-

LINGUINE MIT MUSCHELN, S. 155

löste Stärke. In einer Pfanne mit großer Oberfläche ist es schnell verdampft, sodass wir am Ende eine sauber emulgierte (gebundene) Sauce haben, die perfekt an den Nudeln haften bleibt.

GUTES OLIVENÖL Hochwertiges Olivenöl, beispielsweise mit einer grün-grasigen und fruchtigen Note, sollte man nicht zu stark erhitzen. Denn bei hohen Temperaturen verflüchtigen sich die Aromen. In diesem Rezept haben wir bewusst die Temperatur niedrig gehalten, damit sich die Aromen des Knoblauchs und das Capsaicin der Chilis im Öl gut lösen, auch darin verbleiben und die Pasta harmonisch aromatisieren.

PRAKTISCHE WISSENSCHAFT
KANN MAN OLIVENÖL ERHITZEN?

Selbstverständlich werden in der italienischen Küche Olivenöle erhitzt und Gewürze, Gemüse oder Fleisch darin angebraten. Das ist kein Problem, der Rauchpunkt liegt mit 180 °C hoch genug und das Öl besteht hauptsächlich aus gesättigten Fettsäuren sowie der nur einfach ungesättigten Ölsäure, die hinreichend hitzebeständig ist und nicht zur raschen Ausbildung von schädlichen Transfettsäuren neigt. Will man das Öl stärker erhitzen, kann und sollte man auf gefilterte oder raffinierte Olivenöle zurückgreifen, die frei von Trubstoffen und Lecithin (Zellmaterial bei der Kaltpressung) sind und einen noch höheren Rauchpunkt aufweisen.
Das einzige, was gegen ein Erhitzen von hochwertigem, nativem Olivenöl spricht, ist der unvermeidliche Aromaverlust. Da die fruchtigen und grasigen Aromen flüchtig sind, ist es einfach schade darum.

LINGUINE MIT MUSCHELN
LINGUINE ALLE VONGOLE
(FÜR 4 PORTIONEN)

Dieses Gericht repräsentiert eine der klassischsten Kombinationen überhaupt. Überall an den Küsten des „Stiefels" werden Linguine mit Muscheln serviert. Das liegt vor allem an dem positiven Oberflächenverhältnis dieser Nudelform, die dankbar jeden Tropfen der nur spärlich anfallenden Sauce aufsaugt.

1 kg Venusmuscheln
Salz und frisch gemahlener schwarzer Pfeffer
2 Knoblauchzehen, geschält
Olivenöl
1 Bund glatte Petersilie, Stängel + gehackte Blätter
100 ml Weißwein
1 getrocknete Chilischote, fein gehackt
400 g trockene Linguine

1. Die Muscheln mindestens 2 Stunden in Salzwasser legen, dann abtropfen lassen und zerstörte oder geöffnete Muscheln entfernen. 1 Knoblauchzehe andrücken, die andere fein würfeln.

2. Etwas Olivenöl in einem Topf erhitzen, angedrückten Knoblauch und Petersilienstängel darin bei geringer Hitze andünsten, bis das Öl aromatisiert ist. Die abgetropften Muscheln zugeben und abgedeckt bei starker Hitze 1 Minute kochen. Den Weißwein zugießen und aufkochen, sodass der Alkohol verdampft. Nach 1 weiteren Minute die Muscheln in ein mit einem Passiertuch ausgelegtes Sieb geben, dabei den Fond auffangen. Geschlossene Muscheln entfernen und das Muschelfleisch der einen Hälfte auslösen. Die zweite Hälfte zum Garnieren beiseite stellen.

3. Die Nudeln in reichlich kochendem Salzwasser 3 Minuten weniger garen als auf der Packung angegeben. 2 bis 3 EL Olivenöl in einer großen Pfanne erhitzen, Knoblauch- und Chiliwürfel darin bei geringer Hitze kurz andünsten. Gehackte Petersilie untermischen und kurz mitdünsten. Das Muschelfleisch samt Muschelfond und etwas Nudelkochwasser zugießen. Die Nudeln darin schwenken, damit sie nachgaren und sich mit der Sauce verbinden. Mit Salz und Pfeffer würzen. Die Nudeln mit den übrigen Muscheln anrichten und servieren.

WARUM DAS REZEPT FUNKTIONIERT

Muscheln sondern nur wenig Muschelsud ab. Dessen Intensität reicht zwar, um das Gericht zu prägen, aber es ist zu wenig Flüssigkeit vorhanden, um sein Aroma zu allen Nudeln zu bringen. Daher geben wir am Schluss etwas Kochwasser dazu, sodass alle Nudeln in der Pfanne Kontakt mit dem verdünnten Sud haben und sich optimal mit der Sauce verbinden können.

PASTA MIT GESCHMORTER PERLHUHNKEULE

TRECCE CON FARAONA BRASATA

(FÜR 4 PORTIONEN)

Trecce sind spiralige Nudeln aus 100 Prozent Hartweizengrieß. Aufgrund ihrer Form verbinden sie sich optimal mit dieser köstlichen kräuterwürzigen Sauce. Bei sehr großem Appetit kann man auch ganze Perlhühner kaufen und die Brüste kurz gebraten dazu servieren.

FÜR DIE SAUCE

3	Perlhuhnkeulen, zimmerwarm
	Olivenöl
1	Zwiebel, fein gewürfelt
2	Knoblauchzehen, geschält
50 g	Möhren, fein gewürfelt
50 g	Knollensellerie, fein gewürfelt
50 g	Fenchelknolle, fein gewürfelt
2	Champignons, fein gewürfelt
1 EL	Tomatenmark
200 ml	Weißwein
800 ml	Geflügelbrühe
1 Stängel	Majoran
1 Zweig	Thymian
1 Zweig	Rosmarin
1	Lorbeerblatt
1	rote Zwiebel, in Streifen geschnitten
120 g	Parmaschinken in Scheiben, mundgerecht zerkleinert
1	Granatapfel, Kerne ausgelöst

AUSSERDEM

	Salz und frisch gemahlener schwarzer Pfeffer
400 g	trockene Strozzapreti oder Trecce
	frisch geriebener Parmesan zum Bestreuen

1. Den Backofen auf 150 °C vorheizen. Die Perlhuhnkeulen mit der Hautseite in einen Schmortopf legen und bei geringer Hitze im eigenen Fett anbraten, das nach und nach austritt. Die Fleischseite mit Salz würzen und knusprig braun anbraten, eventuell etwas Olivenöl zugeben. Zwiebel, Knoblauch und Gemüse zugeben und mitbraten, bis es etwas Farbe angenommen hat. Das Tomatenmark einrühren und kurz mitrösten. Den Weißwein zugießen und einkochen lassen. Die Geflügelbrühe, Kräuter und Lorbeerblatt zugeben und das Fleisch abgedeckt im heißen Ofen schmoren, bis es weich ist.

2. Die Keulen herausnehmen und das warme Fleisch von den Knochen lösen. Den Schmorfond durch ein Sieb passieren, auffangen und mit Salz und Pfeffer würzen. Etwas Olivenöl in einer Pfanne erhitzen, die Zwiebelstreifen darin glasig andünsten und salzen.

3. Die Nudeln in reichlich kochendem Salzwasser al dente garen. Fleisch, Parmaschinken und die Hälfte der Granatapfelkerne zu den Zwiebelstreifen geben. Den Schmorfond zugießen und alles einmal aufkochen. Nicht viel rühren, sonst zerfällt das Fleisch. Die Nudeln mit einem Schaumlöffel in die Sauce geben, damit sie nachgaren und sich mit der Sauce verbinden. Eventuell etwas Nudelkochwasser zugießen. Die Nudeln anrichten, mit den restlichen Granatapfelkernen und geriebenem Parmesan bestreut servieren.

GRANATAPFELKERNE Granatapfelkerne sind eine spannende Zutat, die sensorisch zwischen Frucht und Gemüse liegt und dem Gericht einen ganz besonderen Kick gibt. Die Kerne enthalten fruchtige Geruchsstoffe, die an „gekochten Apfel", grüne und grasige Aromen und an Zitrusduft erinnern. Auch holzig-harzige Düfte, die man eher in

Wurzelgemüse vermutet, schwingen leicht mit. Dazu gesellen sich Bittertöne über die Phenole und Polyphenole, die nicht nur bitter sind, sondern auch adstringierend wirken, vor allem durch das enthaltene Punicalagin, ein Tannin. Granatapfelkerne wirken über deren Adstringenz beim Zerbeißen wie „Wein in fester Form" und fügen sich ähnlich wie Rotwein beim Essen an den Geschmack und die Aromen der geschmorten Perlhuhnkeule, inklusive der Fermentationsnoten des reifen Parmaschinkens und Parmesans.

RIGATONI MIT RADICCHIO, SPECK UND TALEGGIO

RIGATONI CON RADICCHIO, SPECK E TALEGGIO

(FÜR 4 PORTIONEN)

Gleich mehrere berühmte Zutaten aus dem Alpenraum Italiens treffen hier aufeinander: der markante Salat mit seinen Bitternoten, der luftgetrocknete Schinken und der cremige Kuhmilchkäse.

	Olivenöl
1	rote Zwiebel, fein gewürfelt
1 Scheibe	geräucherter Bauchspeck (ca. 5 mm dick), in dünne Streifen geschnitten
½	Radicchio, in mundgerechte Stücke gezupft
150 ml	Rotwein
150 ml	Gemüsebrühe
400 g	trockene Rigatoni (z. B. Vollkorn-Rigatoni)
	Salz und frisch gemahlener schwarzer Pfeffer
150 g	Taleggio, gewürfelt

1. Etwas Olivenöl in einer großen Pfanne erhitzen, Zwiebelwürfel und Speckstreifen darin andünsten, bis die Zwiebel weich und der Speck etwas geschmolzen ist. Die Radicchiostücke zufügen und bei mittlerer Hitze zusammenfallen lassen. Den Rotwein zugießen und vollständig einkochen lassen. Die Gemüsebrühe zugeben und offen um die Hälfte einkochen lassen.

2. Inzwischen die Nudeln in reichlich kochendem Salzwasser al dente garen. Dann die Nudeln abtropfen lassen. Die Taleggiowürfel in die Sauce geben und die warmen Nudeln darauf verteilen, damit der Käse schneller schmilzt. Die Nudeln kurz schwenken, bis sich die Sauce cremig mit den Nudeln verbindet. Mit Salz und Pfeffer würzen. Die Nudeln auf tiefen Tellern anrichten und sofort servieren.

WARUM DAS REZEPT FUNKTIONIERT

Das Finish in einer Pfanne bietet viele Vorzüge, vor allem wenn die alles vereinende Pfanne nicht nur Sammelbecken für sämtliche Zutaten ist, sondern auch Kochgeschirr für eine wohlschmeckende Sauce. Beim Anbraten von Speck entstehen Röststoffe, die spätestens beim Ablöschen mit Brühe und Wein vom Pfannenboden gelöst werden und im Laufe der Garzeit in die Sauce übergehen. So zubereitet wird eine Nudelsauce immer besser schmecken als eine mit separat gebratenen Speckwürfeln, die man einfach nur untermischt.

RADICCHIO Er schmeckt sehr bitter, weil er Polyphenole Lactucopikrin enthält. Die frischen Radicchiostücke verleihen der Sauce etwas Bitteres und wirken in Verbindung mit Fett, hier mit dem Speck, wohltuend. Die Bitternoten überstehen sogar das Erhitzen und Zusammenfallen der Radicchiostücke.

KONZEPT 11
ERST MIT TOMATEN SCHMECKT ES RICHTIG RUND

Tomaten sind eines der wenigen Gemüse, die eine perfekte Geschmacksbalance liefern: Säure, Süße und herzhaften Umami-Geschmack. Gleichzeitig bestechen gekochte Tomaten durch ein unglaublich vielfältiges Aromaspektrum, das als anpassungsfähige Grundlage für viele Saucen dient. Und kocht man Tomaten bei niedrigen Temperaturen richtig lang, hat das erstaunliche Nebenwirkungen: Der stark antioxidativ wirksame rote Farbstoff der Tomate, das Lycopin, kann im Körper deutlich schneller aktiv werden.

DIE WISSENSCHAFT DAHINTER

Tomaten haben geschmackliche Vorzüge wie kaum ein anderes Gemüse. Zum einen bieten reife Tomaten ein ausbalanciertes Spiel mit Süße, Säure und Umami-Geschmack, das je nach Sorte und Anbaugebiet unterschiedliche Schwerpunkte aufweist. Zum anderen fällt im Vergleich mit anderem Gemüse auf, dass fast allen Tomaten eine stark ausgeprägte Bitternote fehlt. Die vielschichtige Säure gibt der Tomate ihre typische Frische. Daran beteiligt sind Zitronensäure, Apfelsäure, Ascorbinsäure (Vitamin C) und Bernsteinsäure (Succinylsäure), die den pH-Wert der Tomate zwischen 4 und 4,5 einstellen. Tomatenwasser oder Tomatensaft können daher den eindimensional wirkenden Essig ersetzen. Der hohe Anteil an verschiedenen, unterschiedlich süßen Pflanzenzuckern wie Raffinose, Arabinose, Xylose, Galactose und dem Zuckeralkohol Inositol trägt zum süßen Grundgeschmack bei. Und nicht zuletzt verleiht ihr beachtlicher Gehalt an freier Glutaminsäure (Glutamat) allen tomatenbasierten Saucen einen tiefen, herzhaften Umami-Geschmack. Tomaten, in welcher Form auch immer, sind daher neben Zwiebeln, Knoblauch, Olivenöl und Wurzelgemüsen ein fester Bestandteil mediterraner Schmorsaucen.

Die Sonderrolle der Tomaten zeigt sich ebenfalls auf aromatischer Ebene an dem speziellen, gemüseuntypischen Mix von Geruchsstoffen. Bei frischen Tomaten dominiert das grüne, grasige Aroma, das sie dem hohen Fettstoffwechsel der Zellen in der Haut der Tomate verdankt. Frische Tomaten duften außerdem ein wenig floral, nach Geranien und Rosen.

Kocht man Tomaten, bildet sich dank des hohen Anteils an verschiedenen Zuckern über den Karamellisierungsprozess (siehe S. 120) eine ganze Reihe von teilweise fast fruchtig, nach Erdbeeren duftenden Karamellnoten. Diese verflüchtigen sich nicht, sondern verbleiben bis zum Servieren in der Sauce, vor allem wenn diese, wie in den meisten traditionellen mediterranen Rezepten, mit viel Olivenöl zubereitet wird: Die Aromastoffe lösen sich im Öl, sammeln sich in den beim Kochen entstehenden Emulsionströpfchen und werden erst im Mund beim Essen freigegeben.

Diese geschmacklichen und aromatischen Feinheiten machen deutlich, warum Tomaten, Tomatencoulis, Tomatenmark oder -konzentrat in (fast) allen Saucen, Saucenansätzen, Fonds, Schmorgerichten und natürlich Pastasaucen willkommene Zutaten sind. Oft setzt man die Tomaten gezielt als Geschmacksverstärker ein – am besten solche, die ausreichend lange von der Sonne beschienen wurden und ihr Reifepotenzial erreicht haben. Der Gehalt an Glutamat wie auch an Zuckern erhöht sich nämlich mit zunehmender Reife; erst im Laufe des Reifungsprozesses entsteht der volle Geschmack, der den Saucen zugutekommt. Daher haben sonnengereifte Dosentomaten aus den mediterranen Ländern ein höheres Geschmackspotenzial als heimische Tomaten aus verregneten Sommern oder gar Tomaten, die außerhalb der Saison in Gewächshäusern gedeihen.

UMAMI: EINE FRAGE DER REIFUNG UND SORTE

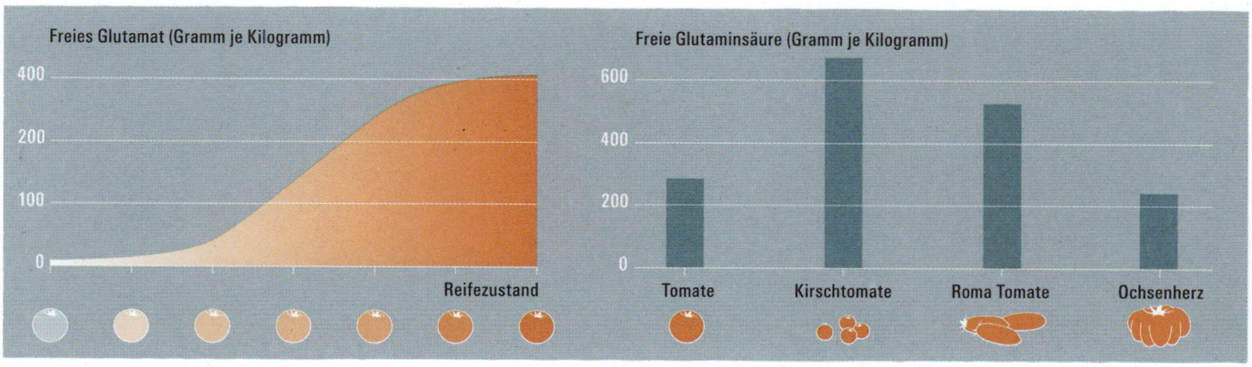

Der Gehalt an freier Glutaminsäure steigt mit zunehmender Reifung unter der Sonne.

Das Geschmackspotenzial hängt auch von der Sorte ab. Kirschtomaten enthalten im Durchschnitt einen sehr hohen Anteil an umamigebender Glutaminsäure, gefolgt von der Sorte Roma. Die fleischigen, wasserarmen Ochsenherztomaten haben mit das niedrigste Level an freier Glutaminsäure.

Dass sich der Geschmack der Tomaten durch langes Kochen noch einmal intensivieren kann, werden wir im nächsten Konzept ausführlich zeigen. An dieser Stelle wollen wir nur erwähnen, dass langes Köcheln bei niedriger Hitze rote Tomaten sogar „gesünder" macht. Der rote Farbstoff in Tomaten wird vorwiegend durch das Lycopin bestimmt. Dieses Molekül weist eine dem β-Carotin verwandte Struktur auf. Es ist reich an Elektronen, wird von den Lichtsammlerkomplexen in die Membranwand eingebaut und erst durch Kochprozesse daraus gelöst.

Damit ist klar, warum der Anteil des Lycopins mit der Kochzeit steigt. Es werden immer mehr Proteine denaturiert und die Farbstoffe freigegeben. Das langgestreckte Lycopin wandelt sich während des Kochens in cis-Formen um, es knickt an verschiedenen Stellen ein. Mit der Anzahl der an unregelmäßigen Stellen auftretenden Knicke steigt die biologische Aktivität.

Der Grund dafür ist auch hier in der Physik zu finden. Die verschiedenen geknickten cis-Formen der Moleküle verhindern eine perfekte Kristallisation der fettliebenden (lipophilen) Moleküle in der wässrigen Umgebung. Die Moleküle lagern sich damit nicht zu festen, großen Kristallen zusammen, sondern lediglich zu lockeren Strukturen. So bleiben sie weitgehend separiert und sind biologisch besser verfügbar.

DAS EXPERIMENT

Tomaten sind Grundlage vieler Pastasaucen. Dabei spielt die Kochzeit eine erhebliche Rolle. Um ihre Wirkung zu visualisieren, haben wir zwei Experimente durchgeführt. In dem ersten wollten wir den Effekt der Farb- und Texturverdichtung zeigen. Dafür haben wir vollreife Tomaten einer Sorte (die klassische runde Tomate) mit Haut und Kernen kalt sehr fein püriert. Einen Löffel des rohen Pürees haben wir auf einen Teller gegeben, den Rest (ca. 100 g) 16 Minuten lang in einem Topf ohne Deckel gekocht

TOMATENPÜREE ROH UND GEKOCHT – DAS KOCHEN BEEINFLUSST FARBE UND KONSISTENZ VON (TOMATENBASIERTEN) SAUCEN

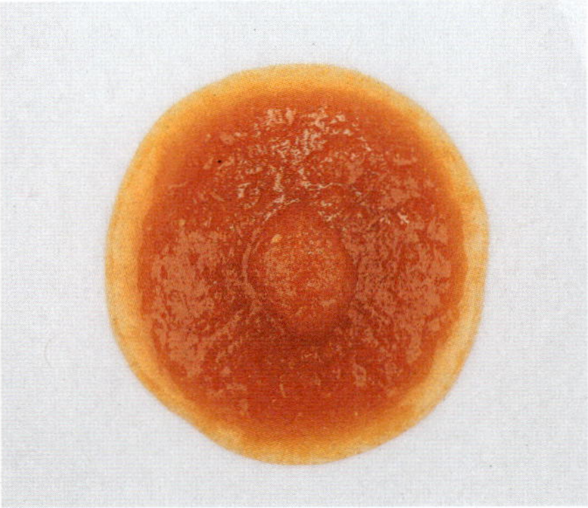

Das frische, flüssige Tomatenpüree kann das Wasser nicht binden, das sich als heller Ring außen zeigt.

Nach 16 Minuten Kochzeit ist die Konsistenz des Pürees deutlich fester, die Farbe intensiver.

und anschließend ebenfalls einen Löffel davon auf einen Teller gegeben.

DAS ERGEBNIS

Vor dem Kochen ist das Wasser der Tomaten frei, wie an dem wässrigen Rand um das Tomatenpüree deutlich sichtbar ist. Als Saucengrundlage taugt diese hellrote, wässrige Mischung – ganz abgesehen vom laschen Geschmack – kaum. Nach 16 Minuten Kochzeit hingegen ist genügend Wasser verdampft, daher weist das Tomatenpüree eine deutlich tiefere Farbe und eine ketchupartige Konsistenz auf.

DIE ERKENNTNIS

Beim Kochen der Tomaten verändern sich Farbe und Konsistenz des Gemüses. (Den unter dem Mikroskop sogar sichtbaren Zusammenhang zwischen Kochzeit und Geschmack betrachten wir im Folgeexperiment, S. 174.) Der ausgewogene Geschmack von Tomatensaucen hängt daher im Wesentlichen von zwei Parametern ab: der Tomatensorte und der Kochzeit. Die reife, runde Tomate ist eine gute Wahl, denn sie weist ein ausgewogenes Verhältnis zwischen Wasser und Fruchtfleisch auf und kann, obwohl beim Kochen viel Flüssigkeit verdampft, im eigenen Saft garen, bis die Sauce die gewünschte Konsistenz erreicht hat. Tomaten mit weniger Wasser (z. B. Flaschen- oder Ochsenherztomaten) überzeugen zwar mit einer dichteren Aromatik, diese wird aber während des Kochens ohnehin ab- und umgebaut. Sie eignen sich besser für den rohen Einsatz. Für Tomatensaucen ist es einträglicher, Saucen soweit wie möglich im tomateneigenen Wasser zu garen, um Geschmack und Aroma zu steuern, die erwünschte Konsistenz und eine tiefrote Farbe zu erzielen, ohne zusätzlich geschmacksfreie Flüssigkeit (Wasser) zufügen zu müssen.

SAUCE AUS FRISCHEN TOMATEN, S. 163

TOMATEN IN DER PRAXIS: DIE PERFEKTEN NUDELBEGLEITER

Wenn es um die wohl beliebteste aller Kombinationen geht, Nudeln mit Tomatensauce, greifen sowohl Kinder als auch Erwachsene voller Wonne zu. Neben der Signalfarbe Rot, die sicherlich auch eine Rolle spielt, sind es vor allem die Ausgewogenheit an Süße und Säure sowie je nach Sorte auch reichlich Umami-Geschmack, die dieses tausendfach abwandelbare Gericht so unwiderstehlich machen. Zudem ist die Tomatensauce einer der ganz wenigen Begleiter, der einfach zu jeder Nudelsorte passt, egal ob die Sauce warm oder kalt ist, stückig oder glatt, dünn- oder dickflüssig, frisch oder aus dem Glas, sorgsam eingekocht oder schnell zu einer Salsa gehackt.

KLASSISCHE TOMATENSAUCE
SUGO AL POMODORO
(FÜR 4 GLÄSER À 500 ML INHALT)

Diese Tomatensauce ist die Basis aller Nudelsaucen. Sie ist universell einsetzbar, also nicht nur abgewandelt für viele verschiedene Nudelgerichte, sondern ebenso für Pizza, Aufläufe und vieles mehr. Wer diesem Rezept folgt, kann sicher sein, dass aus den Zutaten ein Maximum an Geschmack herausgeholt wird. Das setzt allerdings voraus, dass die Qualität der verwendeten Rohware hoch ist.
Es lohnt sich, einen Vorrat anzulegen, wenn man sich schon die Mühe macht. Denn eine größere Menge schmeckt besser als eine kleine, bei der überschüssiges Wasser zu schnell verdampft.

	Olivenöl
4	Knoblauchzehen, geschält
500 g	rote Zwiebeln, grob gewürfelt
	Salz und frisch gemahlener schwarzer Pfeffer
400 g	Möhren, geschält, längs halbiert und in Scheiben geschnitten
4	Selleriestangen, in feine Scheibchen geschnitten
1	gehäufter EL Tomatenmark
4 kg	eingemachte Tomaten (Fertigprodukt aus Glas oder Dose)
2	Lorbeerblätter
2 Zweige	Rosmarin
2 Zweige	Thymian
2 Stängel	Basilikum
1 Prise	Zucker

1. Etwas Olivenöl in einem großen Topf (ca. 10 l Fassungsvermögen) leicht erhitzen, darin den Knoblauch bei geringer Hitze etwas Farbe annehmen lassen. Die Zwiebelwürfel zugeben, glasig andünsten und salzen. Das restliche Gemüse zufügen und ebenfalls andünsten, bis es zusammengefallen ist. Das Tomatenmark einrühren und kurz mitrösten.

2. Die eingemachten Tomaten einrühren. Die Behältnisse (z. B. Dose oder Glas) mit etwas Wasser ausschwenken und dieses zur Sauce geben – ca. 1 l Flüssigkeit kommt so dazu. Die Lorbeerblätter zufügen und die Sauce bei geringer Hitze 1½ Stunden eher verdunsten als köcheln lassen. Dann die restlichen Kräuter zugeben und alles 1½ Stunden weiter einkochen lassen, bis die Sauce die gewünschte Konsistenz hat. Je länger sie köchelt, desto besser wird die Sauce. Dabei zwischendurch den Topfrand abkratzen, damit an den Seiten nichts anbrennt. Zum Schluss die Tomatensauce durch ein grobes Sieb passieren. Mit Salz, Pfeffer und Zucker würzen.

WARUM DAS REZEPT FUNKTIONIERT

Neben der guten Qualität der Zutaten sind für das Gelingen noch Geduld und Detailtreue wichtig. Die Temperatur ist zu jedem Zeitpunkt so niedrig, dass man fast verzweifeln könnte, so langsam kocht die Sauce ein. Dafür wird man mit einer Tomatensauce voller Aroma und einer unglaublichen Fruchtigkeit belohnt. Das liegt hauptsächlich daran, dass sämtliche Zutaten sehr flüchtige Aromen enthalten. Würde man die Sauce sprudelnd kochen, um möglichst schnell die gewünschte Konsistenz zu erreichen, wären viele Aromen bereits verdampft, bevor die Sauce auf dem Teller landet. Das gilt vor allem für die frischen Kräuter, die erst nach der halben Garzeit in den Topf kommen – gerne auch ein wenig später. Darüber hinaus wird die Sauce zusätzlich mit Wasser aufgegossen – normalerweise ein Sakrileg, wo es doch darum geht, durch Wasserverlust eine Geschmackskonzentration zu erreichen. Durch die Zugabe von Wasser wird die Garzeit verlängert. So erhält die Sauce mehr Zeit, ihr volles Aroma zu entfalten. Und am Ende ist das zusätzliche Wasser zugunsten des Aromas vollständig verdampft.

PASSIEREN Für eine schöne Farbe wird die Sauce nicht püriert, sondern lediglich passiert. Am besten eignet sich dafür ein grobes Spitzsieb. Auf den Lochdurchmesser des Siebs stimmen wir die Gemüsegröße ab, damit weder Zwiebelwürfelchen noch Gemüse durchrutschen. Das Gemüse ist nach 3 Stunden Garzeit kulinarisch nicht mehr wertvoll. Und alle anderen Zutaten, außer Tomaten, sind immer heller als das Tomatenrot. Wenn man also helle Zutaten und Luft unter die Sauce mixt, würde sie ihre schöne tiefrote Farbe verlieren.

SAUCE AUS FRISCHEN TOMATEN
SALSA DI POMODORINI FRESCHI
(FÜR 4 PORTIONEN)

Auch diese Tomatensauce gewinnt an Aroma, wenn wir ihr etwas Zeit lassen. Nichtsdestotrotz ist dies eine schnell zubereitete Sauce mit sommerlichem, eher frischem Charakter, bei der die hoffentlich reifen Tomaten gut zur Geltung kommen. Zur Betonung der Frische und Fruchtigkeit reichen wir die Sauce mit viel frischem Basilikum und Mozzarellawürfeln zu Nudeln wie Penne, Casarecce, Farfalle, Cavatelli, die die grobe Stückigkeit der Sauce vertragen.

250 g	Kirschtomaten
	Olivenöl
1	Knoblauchzehe, geschält und angedrückt
1	Schalotte, fein gewürfelt
	Salz und frisch gemahlener schwarzer Pfeffer
1 EL	Tomatenmark
1 Zweig	Rosmarin
1 Zweig	Thymian
1 Stängel	Basilikum
	Zucker

1. Die Tomaten oben und unten mit einem Messer kreuzweise einritzen. Die Tomaten für 5 Sekunden in kochendes Wasser geben, herausnehmen, eiskalt abschrecken, enthäuten und halbieren.

2. Etwas Olivenöl in einer Pfanne erhitzen, Knoblauch und Schalottenwürfel darin bei geringer Hitze glasig andünsten. Mit Salz und Pfeffer würzen. Das Tomatenmark einrühren und mit andünsten, bis alles rot gefärbt ist. Die halbierten Kirschtomaten und Kräuter zugeben und alles bei geringer Hitze köcheln lassen. Dabei die Pfanne nur schwenken (nicht rühren), damit die Tomatenhälften nicht zerstört werden. Die Tomaten salzen und mit etwas Zucker bestreuen, damit sie beim Schmoren schneller etwas von ihrem Saft abgeben. Kräuter und Knoblauch entfernen, sobald die gewünschte Konsistenz erreicht ist. Die Sauce eventuell mit Salz und Zucker abschmecken.

WARUM DAS REZEPT FUNKTIONIERT
Da bei dieser Sauce kein langer Garprozess für geschmackliche Tiefe sorgt, ist die Qualität der Tomaten besonders wichtig. Streng genommen ist dies ein saisonales Rezept, da Kirschtomaten nur im Laufe von wenigen Wochen (zwischen Juli und Oktober) frische, grasige und florale Aromen mitbringen, die diese Sauce so wohlschmeckend machen. Um den Eigengeschmack der Tomaten zu unterstreichen, kommen noch Zwiebelgewächse wie Knoblauch und Schalotten zum Einsatz. Die ihnen zu Beginn mit Salz entlockte Glutaminsäure steuert einen deutlichen Umami-Geschmack bei. Außerdem wirken Salz und Zucker osmotisch, d. h., dem Gemüse wird Wasser entzogen, das wiederum für den Garprozess zur Verfügung steht – eine zusätzliche Flüssigkeitszugabe ist daher nicht nötig. Verkochen die Tomaten nicht vollständig, so wie in diesem Rezept gewünscht, dann kommt beim Kauen derselben über deren Textur ein weiterer sensorischer Höhepunkt im Vergleich zu einer glatten Tomatensauce dazu. Deshalb verzichten wir auf mechanische Kräfte wie das Rühren, die das fragile Gemüse zerstören würden. Zu guter Letzt steigert auch noch das Häuten der Tomaten den Genuss.

CAVATELLI MIT BRATWURST
CAVATELLI ALLA SALSICCIA
(FÜR 4 PORTIONEN)

Beim Kauf der Salsiccia achten wir auf die Auswahl der richtigen Sorte. Üblicherweise liegen die drei gängigsten Sorten, nämlich pur, mit Fenchelsaat oder mit Peperoncino, nebeneinander im Regal. Da greift man leicht zur falschen. Doch alle drei Sorten schmecken sehr gut, sorgen für Abwechslung und laden zum Experimentieren ein.

FÜR DEN NUDELTEIG

400 g	Hartweizengrieß (Semola di grano duro rimacinata) und etwas zum Bestreuen

CAVATELLI MIT BRATWURST, S. 163

FÜR DIE SAUCE

	Olivenöl
1	Zwiebel, fein gewürfelt
1	Knoblauchzehe, geschält
1	Möhre, fein gewürfelt
2	Selleriestangen, Stangen fein gewürfelt, Blättchen abgezupft
200 g	Salsiccia, gepellt und gehackt
1 EL	Tomatenmark
1 Dose	Tomaten (400 g)
1	Lorbeerblatt
1 Prise	Zucker

AUSSERDEM

Salz und frisch gemahlener schwarzer Pfeffer
frisch geriebener Parmesan

1. Für den Nudelteig Hartweizengrieß und 1 Prise Salz in einer Schüssel mischen. Mit der Hand in die Mitte eine Mulde drücken. 250 ml Wasser aufkochen und in die Mulde geben. Da das Wasser sehr heiß ist, das Mehl nach und nach mit einer Gabel einarbeiten, bis ein grober Vorteig entstanden ist. Dann den Teig auf einer Arbeitsfläche weiterkneten, bis er glatt und geschmeidig ist. Den Teig kurz abkühlen lassen, in Frischhaltefolie wickeln und mindestens 30 Minuten ruhen lassen.

2. Den Teig in Etappen zu einer fingerdicken Wurst rollen. Davon mit einem Messer kleine Segmente abschneiden und diese unter leichtem Druck des Daumens auf der Arbeitsfläche platt streichen. Es sollten mundgerechte, oval-längliche Nudeln entstehen, die sich muschelförmig wieder schließen. Die Cavatelli auf ein mit Hartweizengrieß bestreutes Tablett legen und bis zur Verwendung trocknen lassen.

3. Für die Sauce etwas Olivenöl in einem Topf erhitzen, Zwiebelwürfel, Knoblauch und Gemüsewürfel darin bei geringer Hitze farblos andünsten. Mit Salz und Pfeffer würzen. Das Wurstbrät zum Gemüse geben und mitbraten. Das Tomatenmark einrühren und kurz mitrösten. Dosentomaten, 500 ml Wasser und Lorbeerblatt zugeben und alles bei geringer Hitze auf die gewünschte Konsistenz einkochen lassen. Das kann 2 bis 3 Stunden dauern, bis alle Zutaten ihr volles Aroma entfaltet haben. Die Sauce eventuell mit Salz, etwas Pfeffer und Zucker würzen. Lorbeerblatt und Knoblauch entfernen.

4. Die Nudeln in reichlich Salzwasser kochen, bis sie gar sind. Die Sauce erwärmen. Die Cavatelli mit einem Schaumlöffel in die Sauce geben und durchschwenken, damit sie sich mit der Sauce verbinden. Die Nudeln anrichten und mit Selleriegrün bestreut servieren. Geriebenen Parmesan extra dazureichen.

PRAKTISCHE WISSENSCHAFT MEHR AROMA UND GESCHMACK DURCH WIEDER AUFWÄRMEN

Viele Gerichte schmecken aufgewärmt besser. Dafür gibt es tatsächlich gute wissenschaftliche Argumente.

1. In vielen Tomatensaucen finden sich Zwiebeln. Diese enthalten sogenannte Glucosinolate, Verbindungen aus einem Zucker und einer schwefelhaltigen Aromaverbindung. Glucosinolate schmecken allesamt bitter, was bei Kohl- und Zwiebelgewächsen immer deutlich zu spüren ist. Erst wenn die Verbindungen getrennt werden, riechen wir intensiver den typischen Zwiebel- oder Kohlduft (viele Schwefelverbindungen) und schmecken den abgespaltenen Zucker als einen winzigen Hauch Süße. Im Laufe der Garzeit werden die verbleibenden Bitterstoffe durch die fortschreitende Abspaltung weniger. Gleichzeitig steigt der schmeckbare Zuckergehalt über die nun freien Zucker an, noch vorhandene Bitterstoffe werden daher weniger stark wahrgenommen. Dieser Prozess findet noch einmal statt, wenn man die Sauce wieder aufwärmt: Sie wird also noch leicht süßer und etwas weniger bitter als nach dem ersten Erhitzen.
2. Saucen werden meist mit reichlich Olivenöl zubereitet. Dessen Fettsäuren verändern sich durch Oxidation beim Abkühlen, während der Lagerung im Kühlschrank und beim Wiederaufwärmen: Mehrfach ungesättigte Fettsäuren, vor allem solche, die aus den Phospholipiden (Lecithin) der Pflanzen-zellmembran (aller Gemüse) stammen, zerfallen während des Abkühlens, des Lagerns und beim erneuten Aufwärmen. Aus den Bruchstücken bilden sich eine Vielzahl von Aromen, die sich erst beim zweiten Erwärmen bemerkbar machen.
3. Beim Abkühlen und Wiederaufwärmen schreitet die Protolyse, d. h. die Spaltung der Proteine aus Fleisch und Gemüse, weiter voran. Noch mehr Proteine zerfallen, setzen ihre Glutaminsäure (Glutamat) frei und bilden kurze Peptide, die den Geschmack umami und die Mundfülle (kokumi) deutlich erhöhen.

Aus diesen Gründen ist es bei vielen Saucen ratsam, etwas mehr zu kochen und ein oder zwei Portionen für die Tage danach aufzubewahren. Erst die Reifung macht den wirklich runden, vollendeten Geschmack aus.

BUCATINI MIT TOMATEN-SPECK-SAUCE, S. 167

BUCATINI MIT TOMATEN-SPECK-SAUCE
BUCATINI ALL´AMATRICIANA
(FÜR 4 PORTIONEN)

Drei verschiedene Siegel hält die Europäische Union für herkunftsgeschützte Produkte aus Italien bereit: abgekürzt sind das DOP (Denominazione di origine protetta), IGP (Indicazione geografica protetta) und STG (Specialitá tradizionale garantita). Lebensmittel, die diese Siegel tragen, sind besonders geschützt. Der Staat wacht über ihre Zusammensetzung und Herstellung. Gut 300 zum Teil weltberühmte Produkte wie der rohe Schinken aus Parma, Balsamicoessig aus Modena, San-Marzano-Tomaten aus Kampanien, Zitronen aus Amalfi, Basilikumpesto aus Genua, verschiedene Nudelsorten (wie z. B. Culurgionis, S. 77) oder Risottoreis aus Verona gehören dazu. Bei den Käsesorten stechen unter den knapp 50 geschützten Sorten Gorgonzola, Grana padano, Parmesan (Parmigiano reggiano), Mozzarella, Taleggio und Pecorino hervor. Alle Produkte sind so unverwechselbar, dass sie jedem Gericht ihren Stempel aufdrücken, vor allem wenn dieses Gericht mit wenigen Zutaten auskommt. In diesem Fall sind es gleich zwei: Guanciale und Pecorino.

150 g	Guanciale (geräucherter Speck der Schweinebacke, in ca. 5 mm dicken Scheiben)
	Olivenöl
1	Schalotte, fein gewürfelt
1	kleine getrocknete Chilischote
1 Dose	geschälte Tomaten (400 g, z. B. Pelati)
5 Stängel	Basilikum, Stängel + abgezupfte Blätter
400 g	getrocknete Bucatini
	Salz und frisch gemahlener schwarzer Pfeffer
50 g	Pecorino aus Amatrice, fein gerieben

1. Für die Sauce die Speckscheiben in 5 mm dicke Streifen schneiden. Etwas Olivenöl in einer Pfanne erhitzen, die Speckstreifen darin bei geringer Hitze auslassen. Schalottenwürfeln und Chilischote zugeben und kurz mitbraten. Die geschälten Tomaten und Basilikumstängel zufügen, große Tomatenstücke in der Pfanne zerstoßen. Alles bei geringer Hitze 30 Minuten köcheln lassen.

2. Die Nudeln in reichlich kochendem Salzwasser 2 Minuten weniger garen als auf der Packung angegeben. Mit einem Schaumlöffel herausnehmen und in die Sauce geben. Eine Schöpfkelle Nudelwasser zugießen und die Nudeln durchschwenken, damit sie nachgaren. Die Hälfte von dem Käse unterheben und weiterschwenken, bis er sich mit der Sauce verbunden hat. Die Basilikumblätter untermischen. Eventuell mit Salz und Pfeffer würzen. Die Nudeln auf tiefen Tellern anrichten und mit dem restlichen Käse bestreuen. Sofort servieren.

WARUM DAS REZEPT FUNKTIONIERT

Dass wir für die Sauce hier Dosentomaten verwenden, stört überhaupt nicht. Üblicherweise sind ganze, geschälte oder in irgendeiner Form passierte Tomaten, die zuvor Sonnenlicht und frische Luft genossen haben, immer noch besser als frische unreife Ware, wie wir sie in unseren Breiten oftmals vorfinden. Die im Gegensatz zur reinen Tomatensauce stark verkürzte Gardauer schadet diesem Gericht nicht, weil die weiteren Zutaten sehr viel Aroma mitbringen. Dieses wird dank der kurzen Garzeit nicht vollständig an die Sauce abgegeben – so schmeckt der Speck auch noch nach Speck, wenn man auf ihn beißt.

SPECKZUGABE Speckaroma und das Aroma sonnengereifter Tomaten ergänzen sich hervorragend. Wir schneiden den Speck in nicht zu dünne Streifen, damit er am Ende der Garzeit noch Biss hat und erst beim Zubeißen noch ein wenig Eigenaroma abgibt. Verloren geht also nichts, wenn wir den Speck nicht bloß als Zutat, sondern als Saucen-Komponente verwenden.

PECORINO Insgesamt gibt es acht herkunftsgeschützte Pecorinosorten, von denen die sardische und römische die bekanntesten sind. Sollte man keinen römischen Pecorino aus Amatrice bekommen, schmecken die Bucatini auch mit einem anderen gereiften Schafskäse oder mit Parmesan. Weicht man notgedrungen auf diese Alternative aus, isst man dann allerdings keine Bucatini all´amatriciana, sondern nur etwas Ähnliches.

RIGATONI MIT AUBERGINEN, S. 169

RIGATONI MIT AUBERGINEN
RIGATONI ALLA NORMA
(FÜR 4 PORTIONEN)

In Sizilien, besser gesagt in Catania, benutzt man für dieses Rezept frische, sonnengereifte Tomaten. Deren Einsatz verlängert zwar die Zubereitungszeit, doch in geschmacklicher Hinsicht lohnt sich das. Wenn es keine reifen Tomaten gibt, empfehlen wir qualitativ hochwertige Dosentomaten. Abgesehen davon, dass sie üblicherweise wesentlich mehr Aroma mitbringen, verkürzen sie auch die Zubereitungszeit.

1 kg	reife Strauchtomaten
	Olivenöl
1	rote Zwiebel, fein gewürfelt
1	Knoblauchzehe, geschält
	Salz und frisch gemahlener schwarzer Pfeffer
1 Bund	Basilikum, Stängel + abgezupfte Blätter
2	längliche Auberginen
1 Prise	Zucker
400 g	trockene Rigatoni
100 g	Ricotta Salata (sizilianischer Schafskäse) zum Bestreuen

1. Die Tomaten vom Stielansatz befreien und klein schneiden. Etwas Olivenöl in einer Pfanne erhitzen, Zwiebelwürfel und Knoblauch darin glasig andünsten und salzen. Die Tomaten und Basilikumstängel zugeben und bei geringer Hitze sirupartig einkochen lassen.

2. Inzwischen die Auberginen nach Belieben mit einem Sparschäler schälen und quer in 5 mm dicke Scheiben schneiden. Die Scheiben lagenweise auf einen flachen Teller stapeln, dabei die einzelnen Lagen großzügig salzen und 30 Minuten Wasser ziehen lassen. Dann in einer Schüssel mit Wasser begießen, um überschüssiges Salz zu entfernen. Die Auberginen zwischen zwei Lagen Küchenpapier abtrocknen. Etwas Olivenöl in einer Pfanne erhitzen, die Auberginenscheiben darin goldbraun anbraten. Auf Küchenpapier abtropfen lassen und bis zur Verwendung warm halten.

3. Die Tomatensauce durch eine Flotte Lotte oder ein feines Sieb in eine breite Pfanne drücken, erwärmen und mit Salz, Pfeffer und Zucker würzen. Die Nudeln in reichlich kochendem Salzwasser al dente garen. Mit einem Schaumlöffel herausnehmen, in die Tomatensauce geben und 1 Minute weitergaren. Eventuell etwas Nudelkochwasser zugeben. Die Basilikumblätter unterheben. Die Nudeln auf tiefen Tellern anrichten, mit Auberginenscheiben bedecken und mit Ricotta Salata üppig bestreuen. Sofort servieren.

WARUM DAS REZEPT FUNKTIONIERT

Der Einsatz einer Flotten Lotte erzeugt eine Saucenkonsistenz, die zwischen geschnittener Stückigkeit und glatt passierter Sämigkeit liegt. Das macht die Tomaten gerade eben noch als Gemüse spürbar, was dem Nudelgericht in Kombination mit dem übrigen Gemüse guttut.

AUBERGINENSCHEIBEN ENTWÄSSERN Das ist wichtig für die Geschmacksbalance. Ohne Entwässern nehmen die Scheiben beim Braten zu viel Öl auf und verlieren ihren Eigengeschmack. Wir entwässern die Auberginenscheiben durch Einsalzen. Das Salz löst sich leicht, osmotische Kräfte werden wirksam. Die Zellen platzen, Zellwasser strömt aus und die hohe Salzkonzentration wird verdünnt. Die löchrige Zellstruktur kollabiert, sodass beim Braten in Öl weniger Fett eindringen kann.

Neben Salz ist zum Entwässern auch eine Mischung aus Salz und Zucker (Beizen) möglich, wenn es geschmacklich passt. Auch Kaliumsalze bieten sich an.

NUDELN MIT LINSENSAUCE
PASTA CON LENTICCHIE
(FÜR 4 PORTIONEN)

Auch wenn Pastagerichte üblicherweise Primo piatto sind, also ein Zwischengericht, gibt es so gehaltvolle Versionen davon, dass kaum einer nach einer durchschnittlichen Portion noch Lust auf einen Hauptgang hat. Dieses unscheinbare Gericht gehört dazu, denn zu den kohlenhydratreichen Nudeln gesellt sich noch reichlich Protein aus den Hülsenfrüchten dazu. Also Vorsicht bei der Menge, wenn man danach – wie in Italien üblich – weiteressen möchte.

200 g	Tellerlinsen
	Salz und Pfeffer
2	Strauchtomaten
1	dünner Zucchino
5 Stängel	glatte Petersilie, Stängel + gehackte Blätter
1	Lorbeerblatt
2 Zweige	Thymian
	Olivenöl
1	Gemüsezwiebel, fein gewürfelt

NUDELN MIT LINSENSAUCE, S. 169

1	Knoblauchzehe, geschält
1	Möhre, fein gewürfelt
1	Selleriestange, fein gewürfelt
1 EL	Tomatenmark
3 EL	dunkler Balsamicoessig
1 EL	Senf
	Zucker
300 g	trockene Farfalle

1. Die Linsen in Salzwasser über Nacht einweichen.

2. Die Tomaten oben und unten mit einem Messer kreuzweise einritzen. Die Tomaten für 10 Sekunden in kochendes Wasser geben, herausnehmen, eiskalt abschrecken, häuten und vierteln. Die Viertel entkernen und klein würfeln. Tomatenviertel und Kerne beiseitelegen. Zucchino längs vierteln, entkernen und die Kerne grob hacken. Die übrigen Viertel fein würfeln und beiseitelegen. Die Petersilienstängel mit Lorbeerblatt und Thymian zu einem Kräutersträußchen binden.

3. Etwas Olivenöl in einem Topf erhitzen, die Hälfte der Zwiebelwürfel und den Knoblauch darin glasig andünsten und salzen. Die Hälfte der Möhren- und Selleriewürfel sowie die Zucchinikerne zugeben und mitdünsten. Das Tomatenmark einrühren und kurz mitdünsten. Balsamicoessig, Tomatenkerne, Linsen und Kräutersträußchen zugeben. Alles mit Einweichwasser bedecken und abgedeckt bei geringer Hitze kochen, bis die Linsen weich sind. Kräuter und Knoblauch entfernen. Eine großzügige Schöpfkelle Linsen abnehmen. Die restlichen Linsen mit einem Stabmixer glatt pürieren, Senf und etwas Olivenöl untermixen. Das Püree mit Salz, Pfeffer, 1 Prise Zucker und Balsamicoessig abschmecken.

4. Die Nudeln in reichlich kochendem Salzwasser al dente garen. Etwas Olivenöl in einer Pfanne erhitzen, die restlichen Zwiebelwürfel darin anbraten und salzen. Die übrigen Möhren- und Selleriewürfel sowie Zucchiniwürfel zugeben und kurz mitbraten. Tomatenwürfel, gehackte Petersilie und die abgenommenen Linsen unterheben und erwärmen. Die Nudeln mit einem Schaumlöffel herausnehmen, unter das Linsenpüree mischen, damit sie nicht aneinanderkleben, und auf tiefen Tellern anrichten. Mit dem restlichen Gemüse obenauf sofort servieren.

WARUM DIESES REZEPT FUNKTIONIERT

Dieses Rezept vereint in einem Gericht alle Vorzüge der Tomate, weil sie sowohl in lang gekochter Form als auch mit ihren frischen Merkmalen zum Einsatz kommt. So kocht das Kerngehäuse parallel zu den Linsen langsam ein, um seinen Geschmack zu konzentrieren, während die frischen Aromen des fast roh belassenen Tomatenconcassés, des zu Würfeln geschnittenen Fruchtfleisches, dem Eintopfcharakter dieses Gerichtes ein wenig von seiner Schwere nehmen.

KONZEPT 12
LANGE KOCHZEITEN INTENSIVIEREN DEN SAUCENGESCHMACK

Schnelle und gleichzeitig wohlschmeckende Pastasaucen gibt es nicht! Je länger die Kochzeit, desto herzhafter der Geschmack (umami) und desto stärker der Eindruck von Mundfülle (kokumi). Gute Saucen brauchen 2 bis 4 Stunden, alles andere ist ein Märchen oder keine Pastasauce mit ausreichender Geschmackstiefe. Es müssen zwar nicht alle Zutaten so lange gegart werden, aber die Saucengrundlage benötigt Power: Fonds, Tomaten oder Zwiebeln.

DIE WISSENSCHAFT DAHINTER

Erst beim Kochen entsteht weiterer Geschmack, und zwar ein ganz besonderer. Während sich die Grundgeschmacksrichtungen süß, sauer und salzig im Allgemeinen einfach durch Zugabe von Zuckern, Säuren oder Salz steuern lassen, ist das bei Bitterkeit schon schwieriger, und der erwünschte herzhafte Umami-Geschmack ist eine kleine Kunst, selbst wenn mit dem Würzmittel Glutamat nachgeholfen wird.

Umami, also der tiefe, herzhafte Geschmack, entsteht immer durch Zeit. Egal ob die Temperaturen relativ hoch sind, wie beim Kochen, oder niedriger, etwa beim Fermentieren oder Reifen. Alle Köchinnen und Köche wissen, dass nur lang geschmorte Saucen- oder Fondansätze wirklich für die Weiterverwertung taugen. Daher köchelt auf allen Herden alles Verwertbare, angefangen von Fleischabschnitten, Sehnen und Knochen bis hin zu Zwiebelschalen, Gemüseabschnitten oder Stängeln von diversen Kräutern, stundenlang auf niedriger Flamme. Die Sensation macht sich nach dem Abseihen deutlich im Mund bemerkbar: Selbst ungewürzt zeigen solche Fonds eine verblüffende Geschmackstiefe. Tierische Proteine oder Proteine aus Gemüsen, z. B. aus Tomaten oder Zwiebeln, liefern die richtigen Zutaten für den herzhaften Geschmack. Denn in vielen dieser Proteine (z. B. auch im Gluten) kommt die Glutaminsäure reichlich vor. Solange sie in den Proteinketten gebunden ist, kann sie die Geschmackspapillen nicht erreichen und damit keinen Geschmack auslösen. Beim langen Kochen aber werden Proteine teilweise gespalten, wobei sich nach und nach kurze Bruchstücke und einzelne Aminosäuren abtrennen. Wird die Glutaminsäure frei, löst sie bei Kontakt mit den Rezeptoren der Geschmackspapillen den Umami-Geschmack

ZERFALLENDE PROTEINE BILDEN GESCHMACK UND MUNDFÜLLE

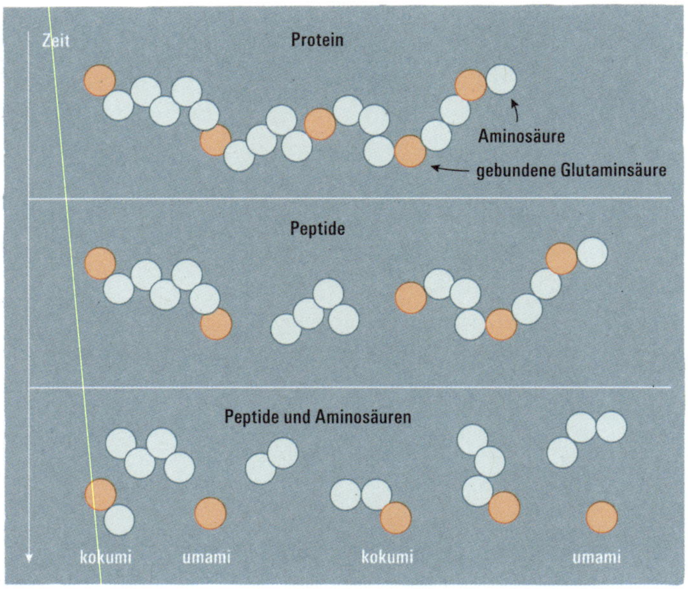

Proteinspaltung (Hydrolyse) beim langen Köcheln. Ist die Glutaminsäure (hier orange) gebunden, kann sie keinen Umami-Geschmack auslösen. Erst bei der Spaltung unter Hitze wird sie nach und nach frei. Dabei entstehen auch Bruchstücke, die süß oder bitter schmecken, sowie solche, die für eine Steigerung des Eindrucks von Mundfülle (kokumi) verantwortlich sind.

aus. Selbst Aminosäuren, die nicht in Proteine eingebaut sind, vorwiegend die Pyroglutaminsäure, entstehen beim langen Kochen von Fleisch- und Gemüsesaucen und tragen zum Geschmack bei.

Doch das ist nicht alles. Ein wesentlicher Geschmacksverstärker, der sich beim Kochen von Saucen und Fonds bildet, ist das Inosinmonophosphat (IMP), das aus Adenosinmonophosphat entsteht. Es kommt reichlich in tierischen Muskelproteinen vor, weshalb der Umami-Geschmack beim Garen von Fleisch am prägnantesten ist. IMP und Glutaminsäure schmecken beide nach umami und verstärken sich gegenseitig: Treten beide in einem ausgewogenen Konzentrationsverhältnis auf, addiert sich der Umami-Geschmack nicht, sondern potenziert sich um ein Vielfaches. Daher sind Pastasaucen und Saucenansätze, die auf einem Fleischfond basieren, besonders geschmacksintensiv. Tomatensaucen ohne weitere Geschmacksverstärker hingegen schmecken zwar rund und tief, wirken aber im Vergleich dazu etwas eindimensional.

Ähnlich verhält es sich mit dem Eindruck von Mundfülle. Auch dieser gewünschte sensorische Effekt, der oft mit dem Umami-Geschmack einhergeht, wird durch lange Kochzeiten erzeugt und gesteigert (oder durch Reifeprozesse, siehe Konzept 13). Bei der Proteinspaltung entstehen unter anderem Bruchstücke aus zwei und drei Aminosäuren (Peptide), die ebenfalls zum Umami-Geschmack beitragen. Sofern dann eine chemische Reaktion stattfindet und die Bindung zwischen den Aminosäuren zu sogenannten γ-Glutamylpeptiden wird, macht sich im Mund der Eindruck einer unglaublichen Mundfülle breit.

MUNDFÜLLE: EINE FRAGE DER KOCHZEIT

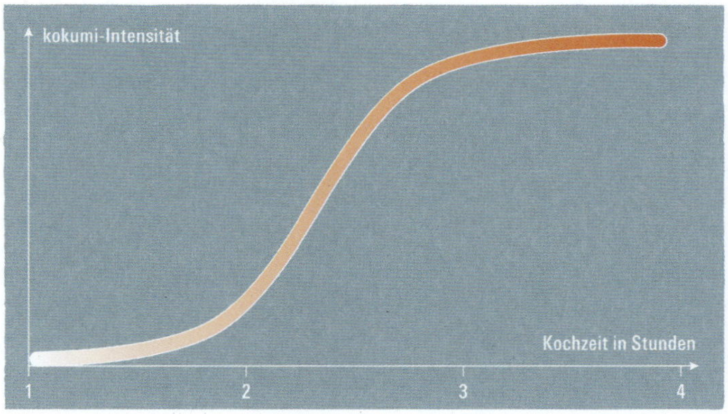

Die Steigerung des Eindrucks von Mundfülle (kokumi) im Laufe der Kochzeit. Die Mundfülle steigt zwischen 1 bis 2,5 Stunden rasant an. Ab 3 Stunden ist die Änderung nur noch marginal.

Er nimmt mit zunehmender Kochzeit zu, kann allerdings nicht beliebig gesteigert werden, denn das Angebot an (thermisch spaltbaren) Proteinen ist begrenzt. So ist nach 3 bis 4 Stunden Kochzeit das Optimum an Mundfülle erreicht. Zwischen 3 und 4 Stunden findet außerdem eine starke Aromabildung statt, wenn freigelegte Aminosäuren zu Geruchsstoffen reagieren. Die Glutaminsäure beteiligt sich an der Aromabildung übrigens nicht. Sie bleibt immer die Umami-Geschmackskomponente.

Bei der Herstellung von Saucen und Fonds müssen allerdings nicht alle Zutaten zu-

BEIM KOCHEN (VON TOMATENWASSER) INTENSIVIERT SICH DER GESCHMACK SICHTBAR

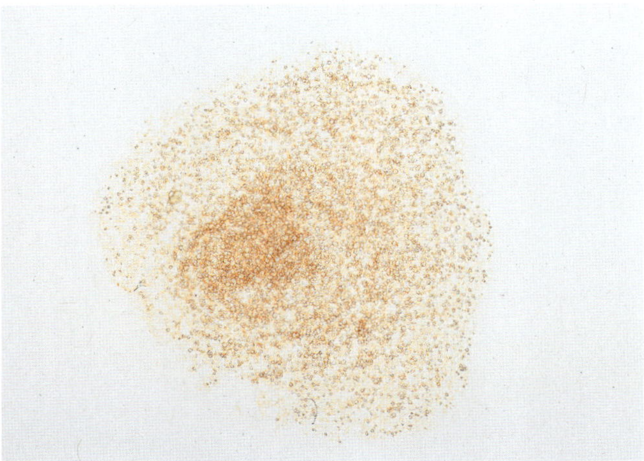

Ungekochtes Tomatenwasser zeigt nur wenige Rückstände nach der Tropfenverdunstung.

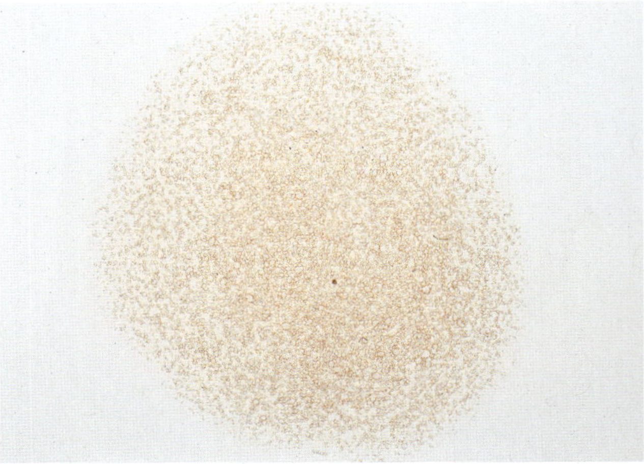

Nach 10 Minuten Kochzeit haben sich neue Geschmacksstoffe gebildet, die Zahl der nicht flüchtigen Rückstände nimmt zu.

sammen in einem Topf schmurgeln. Raffinierte italienische Saucen, deren Bestandteile getrennt gegart und später zusammengeführt werden, sind der beste Beweis. Ein klassisches Beispiel ist das Soffritto auf Zwiebelbasis: Das stundenlange Dünsten der Zwiebeln in Öl bei Temperaturen um 100 °C und tiefer lässt der proteinarmen, dafür zucker- und pektinreichen Zwiebel Zeit und Raum, ihren Geschmacksbeitrag und ihre Aromen zu entwickeln. Auch dort wirkt die Hydrolyse, sprich, die Spaltung von Molekülen (vgl. Abb. S. 172). Aus den (vergleichsweise wenigen) Proteinen aus den Pflanzenzellen wird Glutaminsäure freigelegt, während sich aus den zuckerähnlichen Bausteinen des Pektins, der Hemizellulosen der Pflanzenwand, ein Süßspektrum bildet, gepaart mit Karamellnoten, das sich perfekt zu einer Fleisch-Tomaten-Sauce fügt, wenn beide nach ihren Kochzeiten zusammengeführt werden.

Mathematisch ausgedrückt ist bei der Saucenherstellung, wie beim Kochen allgemein, nichts kommutativ, also austauschbar. Die Reihenfolge der einzelnen Etappen definiert den Geschmack und die Aromen. Eine Tomatensauce, bei der Zwiebeln und Tomaten gemeinsam gegart werden, schmeckt anders als beim getrennten Kochen und späteren Zusammenführen. Der Grund dafür liegt auf der Hand: Tomaten haben einen niedrigen pH-Wert, der sich beim gemeinsamen Kochen auf die Geschmacks- und Aromabildung auswirkt. Außerdem reagieren beim gemeinsamen Kochen mehrere unterschiedliche Moleküle gleichzeitig. Folglich sind Geschmack und Aroma deutlich verschieden.

DAS EXPERIMENT

Um den Effekt der Kochzeit auf den Geschmack von Saucen zu zeigen, haben wir uns eine neue Visualisierungsmethode ausgedacht: die Tropfenverdunstung. Dazu haben wir eine Modelltomatensauce ohne weitere Zutaten, wie Salz, Zucker oder Gewürze hergestellt: 1 kg Tomaten haben wir sehr fein püriert, anschließend die groben Feststoffe (Schalenstücke) über ein Gazesieb abgefiltert. 100 ml dieses ungewürzten Tomatenwassers haben wir beiseitegestellt, 100 ml 10 Minuten lang gekocht, weitere 100 ml 20 Minuten, jeweils bei schwa-

Nach 20 Minuten Kochzeit ist die Zahl der kleinen Einheiten weiter gestiegen.

cher Hitze. Mit einer Pipette haben wir anschließend jeweils einen Tropfen auf eine Petrischale gegeben und das Wasser bei 40 °C verdunsten lassen. Die Rückstände wurden dann fotografiert.

DAS ERGEBNIS

Die Verdunstungsbilder zeigen deutliche Unterschiede nach den jeweiligen Kochzeiten. In den rohen Tomaten sind nur wenige feste Rückstände zu sehen, in dem 10 Minuten lang gekochten Tropfen deutlich mehr. Nach 20 Minuten hat sich die Zahl der sichtbaren Rückstände nochmals erhöht.

DIE ERKENNTNIS

Da alle Geschmacksstoffe wasserlöslich sind, können sie sich während des Köchelns (im Gegensatz zu den Aromen) nicht verflüchtigen und verbleiben im Wasser. Lässt man anschließend das verbleibende Wasser, das beim Kochen noch nicht verdampft ist, verdunsten, kann man auf die verbleibenden, nicht flüchtigen Geschmacksstoffe schließen. Bei der Tomate im ungekochten Zustand sind dies Salze (Mineralien), Zucker und zuckerähnliche Stoffe, freie Aminosäuren und im Wasser gelöste Proteine. Proteine bilden Klumpen, sobald das Wasser verdunstet; winzige Moleküle, Salze usw. bilden kleine Kristalle. Dabei separieren sich Salze von Zuckern und Aminosäuren, da sie geometrisch (und energetisch) nicht zusammenpassen. Aus natürlich vorkommendem Natrium und der Glutmaminsäure bildet sich beim Trocknen des weiteren Natriumglutamat. Betrachtet man das Resultat unter dem (Polarisations-)Mikroskop, werden diese Unterschiede deutlich erkennbar.

Je länger jedoch die Kochzeit, desto mehr Proteine spalten sich in kristallisierbare Aminosäuren auf. Zugleich werden mehr Mineralien und Spurenelemente aus den Proteinen freigesetzt, die ebenfalls kristallisieren können: Die Zahl der Kristalle nimmt also zu. Freie Aminosäuren, freie Salze und freie Zucker sind aber allesamt Geschmacksträger, ebenso wie die Proteinbruchstücke (Peptide). Längere Kochzeiten erzeugen also immer mehr Geschmack, was nicht nur leicht zu schmecken, sondern auf den Abbildung oben klar zu sehen ist.

BREITE BANDNUDELN MIT ENTENRAGOUT, S. 177

SCHMORSAUCEN IN DER PRAXIS: GEDULD, DIE SICH AUSZAHLT

Abgesehen davon, dass Saucen mit viel Umami-Geschmack unser Innerstes ansprechen, steigert allein schon die Vorfreude während des langen Schmorprozesses den zu erwartenden Genuss ins Unermessliche. Und dass alle Saucen mit großem Tiefgang für gewöhnlich arbeitsintensiv und zutatenreich sind, wissen all jene bei Tisch zu würdigen, die sich damit auskennen. Bedenkt man außerdem, dass alle Schmorgerichte bzw. -saucen wie das berühmte Ragù alla bolognese besser werden, wenn man sie ein zweites Mal erhitzt, ist der Aufwand letztlich gar nicht so groß, da man sich sinnvollerweise gleich einen kleinen Vorrat anlegt, der dann im Nu serviert ist. Außerdem verlangen lange Garzeiten – bei den folgenden Rezepten etwa 3 bis 5 Stunden – nicht unsere konstante Aufmerksamkeit, sodass lang gekochte Saucen mit ihrem tiefen Geschmack insgesamt nicht viel aufwendiger sind als solche, die auf den ersten Blick schneller zum Ergebnis führen.

BREITE BANDNUDELN MIT ENTENRAGOUT
PAPPARDELLE AL RAGÙ D'ANATRA
(FÜR 4 PORTIONEN)

Für dieses Gericht ist ein Fleischwolf hilfreich – es sei denn, Sie haben einen Geflügelhändler in der Nähe, der Ihnen die Ente besorgt und die ersten Arbeitsschritte abnimmt. Falls nicht, wir haben es mit Kleinschneiden probiert – es klappt, doch das Ergebnis ist nicht dasselbe.

FÜR DIE SAUCE

1	Ente (ausgenommen, ca. 1,4 kg)
	Olivenöl
150 g	Zwiebel, fein gewürfelt
1	Knoblauchzehe, geschält
2 Scheiben	geräucherter Bauchspeck, fein gewürfelt
30 g	frischer Ingwer, fein gewürfelt
100 g	Staudensellerie, fein gewürfelt
100 g	Möhre, fein gewürfelt
1 EL	Tomatenmark
300 ml	Weißwein
1 Zweig	Thymian
1 Zweig	Rosmarin
2	Lorbeerblätter
2	Nelken
5	Wacholderbeeren
100 g	kalte Butter, gewürfelt
	Zucker

FÜR DEN NUDELTEIG

4-faches Rezept Grundteig – der Heimklassiker (siehe S. 30)
Hartweizengrieß (Semola di grano duro rimacinata) zum Bestreuen

AUSSERDEM

Salz und frisch gemahlener schwarzer Pfeffer
frisch geriebener Pecorino

1. Für die Sauce zuerst die Keulen ausbeinen, indem man die Haut zwischen Keule und Brust einschneidet. Die Keulen im Gelenk überstrecken und den Oberschenkelknochen freilegen. Das Fleisch mit einem Messer von der Karkasse trennen. Ober- und Unterschenkelknochen der Keule auslösen, sodass nur schieres Fleisch von der Keule übrig bleibt. Als Nächstes die Brust auslösen. Dazu links und rechts des Brustbeins einschneiden und das Fleisch vom Knochen lösen.

2. Für die Entenbrühe die Karkasse eventuell klein schneiden. Alle Knochen in einem Topf mit kaltem Wasser bedecken. Dann aufkochen, die Hitze reduzieren und alles 3 Stunden simmern lassen. Danach die Brühe durch ein Sieb passieren und auffangen. Zwischendurch den Schaum abschöpfen, damit die Brühe nicht eintrübt. Inzwischen die Haut von Brust und Keulen entfernen und das Fleisch mit einem Messer fein hacken oder durch den Wolf drehen.

3. Etwas Olivenöl in einem breiten Topf erhitzen, Zwiebel, Knoblauch und Speck darin kurz andünsten. Den Ansatz leicht salzen, Ingwer und restliches Gemüse zugeben. Dieses sogenannte Soffritto bei geringer Hitze zusammenfallen lassen. Das gehackte Fleisch zugeben und bei mittlerer Hitze braten, bis der ausgetretene Fleischsaft verdampft ist und das Fleisch etwas Farbe angenommen hat. Das Tomatenmark einrühren und kurz mitbraten. Den Weißwein zugießen und vollständig einkochen lassen. 500 ml Entenbrühe, Kräuter und Gewürze zugeben und bei geringer Hitze mindestens 3 Stunden einkochen lassen, bis das Ragout eine gebundene (fast pastöse) Konsistenz hat. Kräuter, Gewürze und Knoblauch entfernen. Die Butterwürfel einrühren und das Ragout mit Salz, Pfeffer und Zucker würzen.

4. Den Nudelteig wie im Grundrezept beschrieben (siehe S. 30) zubereiten. Im Anschluss mindestens 30 Minuten unter einer umgedrehten Schüssel ruhen lassen, damit er während dieser Zeit nicht antrocknet, oder in Frischhaltefolie wickeln. Danach den Teig mit einer Nudelmaschine zu einer dünnen Bahn ausrollen. Diese in Segmente von 25 cm schneiden. Die entstandenen Teigplatten mit etwas Hartweizengrieß bestreuen, längs einrollen und in 2 cm breite Stücke schneiden. Die einzelnen Pappardelle entrollen und bis zur Verwendung auf ein Tablett legen.

5. Die Nudeln in reichlich Salzwasser kochen, bis sie gar sind. Das Ragout in einer breiten Pfanne erhitzen. Die Nudeln mit einem Schaumlöffel in die Sauce geben und durchschwenken, bis sie sich mit der Sauce verbinden. Anrichten und mit geriebenem Pecorino servieren.

WARUM DAS REZEPT FUNKTIONIERT

Im Konzepttext (siehe S. 172) erläutern wir, dass lange gekochte Fleischzubereitungen ein besonders tiefes Aroma erhalten. In diesem Rezept profitieren wir gleich in doppelter Hinsicht von dieser Erkenntnis: Sowohl die Sauce beziehungsweise das Ragout als auch die Entenbrühe köcheln mehrere Stunden vor sich hin. Beide Komponenten ergänzen sich in der Sauce und erzeugen die gewünschte Tiefe und Mundfülle.

TAGLIATELLE MIT BOLOGNESESAUCE
TAGLIATELLE AL RAGÙ (BOLOGNESE)
(FÜR 4 PORTIONEN)

Um das Rezept für diese berühmte Sauce ein für alle Mal festzuschreiben, hat sich die Bologneser Sektion der Italienischen Akademie der Kochkunst Anfang der 1980er-Jahre die Mühe gemacht, die schier unendlich vielen Rezepte zusammenzutragen. Sie wollte den kleinsten gemeinsamen Nenner herausfinden. Dieser wurde am 17. Oktober 1982 feierlich in der Handelskammer zu Bologna hinterlegt. Die Zutaten und Mengen werden jedoch von Familie zu Familie, von Restaurant zu Restaurant immer noch leicht abgewandelt. Das folgende Rezept ist das akademisch verbürgte.

FÜR DIE SAUCE

150 g	Schweinebauchspeck, fein gewürfelt
	Olivenöl
50 g	Zwiebel, fein gewürfelt
50 g	Möhren, fein gewürfelt
50 g	Staudensellerie, fein gewürfelt
300 g	Rinderhackfleisch, zimmerwarm
100 ml	Rotwein
300 g	geschälte Dosentomaten
200 ml	Kalbsbrühe
100 ml	Milch

FÜR DEN NUDELTEIG

4-faches Rezept Grundteig – der Heimklassiker (siehe S. 30)
Mehl zum Bestäuben

AUSSERDEM

Salz, Pfeffer, Zucker
frisch geriebener Parmesan zum Bestreuen

1. Für die Sauce den Speck in einem Topf bei geringer Hitze auslassen. Etwas Olivenöl und die Gemüsewürfel zugeben und zusammenfallen lassen. Das Rinderhackfleisch zufügen und bei mittlerer Hitze kräftig anbraten, damit der austretende Fleischsaft schnell verdunstet und das Fleisch etwas Farbe bekommt. Den Rotwein zugießen und vollständig einkochen lassen. Die Dosentomaten zugeben und alles abgedeckt bei geringer Hitze 1 Stunde köcheln lassen. Die Kalbsbrühe zugießen und weitere 2 Stunden köcheln lassen. Die Milch zugeben (mildert die Säure der Tomaten etwas ab) und alles offen kurz einkochen lassen. Die Sauce mit Salz, Pfeffer und wenig Zucker würzen.

2. Den Nudelteig wie im Grundrezept beschrieben (siehe S. 30) zubereiten. Im Anschluss mindestens 30 Minuten an einem kühlen Ort unter einer umgedrehten Schüssel ruhen lassen, damit er während dieser Zeit nicht antrocknet, oder in Frischhaltefolie wickeln. Danach den Teig mit einer Nudelmaschine zu einer langen, nicht zu dünnen Bahn ausrollen. Die Bahn in 25 cm lange Segmente teilen, diese mit Mehl bestäuben und aufrollen. Die aufgerollten

BOLOGNESESAUCE (EINFACHE VERSION) HIER MIT BUCATINI SERVIERT, S. 180

Bahnen in 1 cm breite Stücke schneiden und die Tagliatelle wieder entrollen. Je 150 g Tagliatelle zu einem Nest zusammenlegen und bis zur Verwendung trocknen lassen.

3. Die Nudeln in reichlich Salzwasser kochen, bis sie gar sind. Die Sauce in einer Pfanne erhitzen. Die Nudeln mit einem Schaumlöffel in die Sauce geben und 1 bis 2 Minuten durchschwenken, bis sie sich mit der Sauce verbinden. Auf tiefen Tellern anrichten und mit geriebenem Parmesan bestreuen. Sofort servieren.

WARUM DAS REZEPT FUNKTIONIERT

Neben der langen Gardauer, die dieser berühmten Sauce eine außerordentliche Tiefe verleiht, ist es natürlich der Zutatenmix, der sie so unwiderstehlich macht. Nicht umsonst heißt Bologna in Bezug auf die Kulinarik auch La grassa, die Fettige, was sie zum Hochgenuss für Fleischliebhaber macht. Speck, Rinderhack, Kalbsbrühe, Zwiebeln, also ein Soffritto, Röststoffe und Rotwein – hier kommt alles zusammen, was sich im Verlauf von einigen Stunden zu einer Sauce mit Weltruhm entwickelt.

BOLOGNESESAUCE (EINFACHE VERSION)

RAGÙ ALLA BOLOGNESE

(FÜR 4 PORTIONEN)

Diese vereinfachte Version des Saucenklassikers schmeckt ebenso gut wie das Original auf Seite 178, auch wenn die Zutatenliste etwas kürzer ausfällt. Doch bei diesem Rezept kommt es ebenfalls auf die gute Qualität der Zutaten an. Speck, Rotwein und Milch entfallen und die fehlende Kraftbrühe wird durch mehr Fleisch kompensiert.

	Olivenöl
3	Knoblauchzehen, geschält
200 g	rote Zwiebel, gewürfelt
	Salz und frisch gemahlener schwarzer Pfeffer
100 g	Möhren, sehr fein gewürfelt
100 g	Staudensellerie, fein gewürfelt
750 g	Rinderhackfleisch, zimmerwarm
2 EL	Tomatenmark
1,5 kg	passierte Tomaten (Glas oder Dose)
2	Lorbeerblätter
3 Zweige	Thymian
1 Prise	Zucker

1. Etwas Olivenöl in einem breiten Topf erhitzen, den Knoblauch darin Farbe annehmen lassen. Die Zwiebelwürfel zugeben und bei geringer Hitze glasig andünsten und salzen. Möhren- und Staudenselleriewürfel zufügen und mitdünsten, bis beides zusammengefallen ist. Das Rinderhackfleisch zugeben und bei mittlerer Hitze kräftig anbraten, damit der austretende Fleischsaft schnell verdunstet und das Fleisch etwas Farbe annimmt. Das Tomatenmark einrühren und kurz mitrösten.

2. Die passierten Tomaten zufügen. Die Behältnisse (Glas oder Dose) mit etwas Wasser ausschwenken und dieses zur Sauce geben – ca. 500 ml Flüssigkeit kommen so dazu. Die Sauce mit Lorbeerblättern und Thymianzweigen bei geringer Hitze eher verdunsten als köcheln lassen. Es dauert ca. 4 Stunden, bis die Sauce die gewünschte Konsistenz hat. Dabei zwischendurch den Topfrand abkratzen, damit an den Seiten nichts anbrennt. Knoblauch, Lorbeerblätter und Thymian entfernen. Die Sauce mit Salz, Pfeffer und Zucker würzen.

WARUM DAS REZEPT FUNKTIONIERT

Bei der etwas einfacheren Version des Originals haben wir die Menge an tierischen Zutaten zugunsten einer größeren Hackfleischmenge reduziert. Natürlich darf für ein gutes Ergebnis nicht an Garzeit gespart werden. In dem Augenblick, in dem das Fleisch zu schmoren beginnt, übernimmt der austretende Fleischsaft die Rolle der Brühe. Je länger sie köchelt, desto besser wird sie und steht in puncto Tiefe und Mundfülle dem Original in nichts nach.

ZIMMERTEMPERATUR Für einen guten Geschmack sollte das Hackfleisch vor dem Anbraten Zimmertemperatur annehmen. Wir verwenden für die Zubereitung der Sauce einen breiten Topf, damit alle Zutaten ausreichend Platz haben. Und zum Braten erhöhen wir die Temperatur, damit der austretende Fleischsaft auf der Stelle verdampfen kann und nicht die Temperatur im Topf herabsetzt.

LASAGNE

(FÜR 1 AUFLAUFFORM VON 20 CM X 30 CM)

Lasagne lässt sich wunderbar vorbereiten, braucht aber etwas Zeit. Für ein perfektes Ergebnis sollte man einiges beachten. Lasagne ist ein Nudel- und kein Fleischgericht. Meist wird die Auflaufform mit vier Nudellagen und sehr viel Sauce zubereitet. Die Folge: Die heiße Lasagne lässt sich schlecht schneiden und schwer portionieren, weil die warme Fleischsauce dem Gericht keine Stabilität gibt. Wie lässt sich das perfektionieren? Ganz einfach: Wir sorgen bei diesem Rezept nicht nur mit einer größeren Anzahl der Teigschichten (und weniger Sauce dazwischen) für wesentlich mehr Stabilität, sondern bereiten die Lasagne einen Tag vorher zu. Sie wird erst kurz vor dem Verzehr portioniert und erwärmt. Wie bei den Cannelloni (siehe S. 61) auch, richtet sich die Menge von Teig und Sauce nach der Größe der Auflaufform und nicht nach der Anzahl der Portionen.

LASAGNE, S. 181

FÜR DEN NUDELTEIG

3-faches Rezept Grundteig – der Allrounder (siehe S. 32)

FÜR DIE BÉCHAMELSAUCE

40 g	Butter
1	Schalotte, fein gewürfelt
30 g	Weizenmehl (Type 405)
750 ml	kalte Milch
1	Lorbeerblatt
75 g	frisch geriebener Parmesan
	frisch geriebene Muskatnuss

FÜR DIE FÜLLUNG

	mindestens 2-faches Rezept von Ragù alla bolognese (siehe S. 178), kalt und vom Vortag
250 g	Mozzarella, sehr klein gewürfelt

AUSSERDEM

Salz und frisch gemahlener schwarzer Pfeffer
Olivenöl für die Form

1. Den Nudelteig wie im Grundrezept beschrieben (siehe S. 32) zubereiten, in Frischhaltefolie wickeln und 30 Minuten ruhen lassen.

2. Für die Béchamelsauce die Butter in einem Topf zerlassen, die Schalottenwürfel darin bei geringer Hitze glasig andünsten und leicht salzen. Das Mehl unter Rühren zugeben und 2 Minuten farblos anschwitzen. Die kalte Milch einrühren. Die Sauce mit dem Lorbeerblatt bei geringer Hitze köcheln lassen, bis sie die gewünschte Konsistenz hat. Noch warm durch ein Sieb in einen Topf passieren, um Lorbeerblatt und Schalottenwürfel zu entfernen. Den Parmesan unter die Sauce rühren. Die Béchamelsauce mit Muskat, Salz und Pfeffer würzen und bis zur Verwendung beiseitestellen.

3. Den Teig mit einer Nudelmaschine zu dünnen Bahnen ausrollen und diese so in Stücke schneiden, dass sie in den Topf mit dem Blanchierwasser passen. Die Nudelplatten portionsweise in kochendem Salzwasser 1 Minute vorgaren, dann herausnehmen und kalt abschrecken. Diese auf der Arbeitsfläche ausbreiten und in Rechtecke von 30 cm Seitenlänge schneiden.

4. Den Backofen auf 180 °C vorheizen. Den Boden der Form mit etwas Olivenöl einfetten. Die erste Teiglage darauflegen und dünn mit kalter Bolognesesauce bestreichen. (Die Höhe sollte den Fleischkrümeln entsprechen, damit zwischen den Lagen eine Verbindung entsteht und die Lagen nicht verrutschen.) Dann im Wechsel Nudelteig und Sauce einschichten, bis die Form fast gefüllt ist. Dabei nach der Hälfte einmal etwas Mozzarella einstreuen und auf zwei anderen Lagen etwas Béchamelsauce verteilen. Die restliche Béchamelsauce auf der letzten Teigplatte verstreichen und mit dem übrigen Mozzarella bestreuen. Im heißen Ofen goldbraun backen.

PRAKTISCHE WISSENSCHAFT
MOZZARELLA

Mozzarella ist ein sehr spezieller Frischkäse. Die Milch wird bei 35 °C mit Lab gestockt und der entstehende Quark (Käsebruch) nicht zu fein mit einer breiten Käseharfe gebrochen. Dabei werden die Aggregate aus den Caseinen nur so weit verdichtet und orientiert, dass sie noch genügend Molke einlagern, der Bruch bleibt cremig und fast flüssig. Genau das macht den Mozzarella so besonders: In der Molke befinden sich Molkenproteine, z. B. Beta-Lactoglobulin. Dieses kann (wie das Gluten des Weizens) über Schwefelbrücken untereinander vernetzen, sofern die Temperatur über 65–70 °C steigt. Diese Eigenschaft nutzt man nun: Der Quark wird der Molke entnommen, mit ca. 80 °C heißem Wasser gebrüht und dann (von Hand) im heißen Wasser geknetet und gezogen. Dabei bildet sich ein schwaches Gel der Molkenproteine, das die Caseinaggregate einfängt und zusammenhält. Anschließend werden die Kugeln in Salzlake gegeben. Diese zieht nur in die äußeren Schichten ein und der Mozzarella bekommt seine dünne Haut.
Wegen der Fixierung bei 80 °C kann der Mozzarella nicht ohne Weiteres auseinanderlaufen wie andere Weich- oder Hartkäse (die nie höher als 36 °C erwärmt werden), sondern hat eine gewisse Formstabilität. Selbst beim finalen Schwenken in der Saucenpfanne wird er sich weniger auflösen. Er zeichnet sich also nicht nur durch einen speziellen milchigen Flavour aus, sondern wirkt zusätzlich als feines, gelartiges Texturelement. Durch die hohe Orientierung der Proteine schmiegt sich warmer Mozzarella an die Nudelform an.
Bei Ricotta erfolgt die Herstellung ähnlich wie bei den Bratkäsen Paneer und Halloumi bei noch höheren Temperaturen: bis über 90 °C. Die Vernetzung der Proteine ist noch stärker, daher laufen diese Käse überhaupt nicht auseinander.

5. Die Lasagne herausnehmen und vollständig erkalten lassen, dann in die gewünschte Portionsgröße schneiden. Vor dem Servieren bei maximal 140 °C wieder erwärmen, damit die Lasagne warm wird und an der Oberfläche nicht verbrennt. Das kann je nach Dicke eine Weile dauern, sodass man frühzeitig damit beginnen sollte.

WARUM DAS REZEPT FUNKTIONIERT

Geschmacklich profitiert die Lasagne von dem langsam geschmorten Ragout als wesentliche Komponente. Dazu gesellen sich noch die Aromen von gratiniertem Käse und runden das Ganze ab. Doch nicht nur die lange Garzeit der Sauce macht den Geschmack aus, auch die Menge spielt eine große Rolle. Und da wir bei einer Lasagne im Nachgang nicht mehr an deren Konsistenz feilen können, müssen wir auch ein Gespür dafür entwickeln, wie viel Béchamelsauce notwendig ist, damit die Lasagne saftig bleibt.

PRAKTISCHE WISSENSCHAFT DER MUSKELTYP UND DAS BINDEGEWEBE BESTIMMEN DIE GARDAUER

Warum benötigen Steaks nur kurze Garzeiten, während z. B. Bäckchen stundenlang brauchen, bis sie zart und saftig sind? Egal bei welchem Tier, die Art der Muskelfasern legt die Zubereitung fest. Man unterscheidet zwischen weißen und roten Muskelfasern, wobei die Bezeichnung weniger mit der Farbe zu tun hat als vielmehr mit ihrer Funktion. Weiße Muskelfasern sind für schnelle Bewegungen, aber nicht auf Ausdauer getrimmt, bei den roten ist es umgekehrt: Sie reagieren langsamer, ermüden aber kaum. Die weißen Fasern sind dicker im Durchmesser, die roten dünner.

Ausschlaggebend für die Garzeit ist der sich aus dem Faserdurchmesser ergebende Kollagengehalt des Muskels. Bei den dünneren (roten) Fasern ist das Verhältnis von Oberfläche zu Volumen natürlich größer. Da jede Faser von einem Kollagenmantel umgeben ist, ist bei vielen roten Fasern das Gesamtkollagen des Muskels pro Gewichtseinheit deutlich höher als bei den dickeren weißen Fasern. Alle Muskeln, die auf Ausdauer ausgelegt sind – wie Kaumuskeln (also Bäckchen), Schwanzmuskeln (Ochsenschwanz), Beinscheiben (Osso buco) und Schultern (Ragout) –, enthalten deutlich mehr Kollagen. Somit werden sie erst nach längerem Schmoren weich und genießbar, denn die Dreifach-Proteinstränge des Kollagens brauchen viel Zeit, um sich zu entwickeln und zu weicher Gelatine zu werden.

OCHSENSCHWANZRAVIOLI IM EIGENEN SAFT
RAVIOLI DI CODA DI BUE
(FÜR 4 PORTIONEN)

Auch wenn alle geschmorten Fleischstücke bei sorgsamer Zubereitung einen tiefen Fleischgeschmack erzeugen, sticht der Ochsenschwanz besonders hervor. Er hat ein ausgewogenes Verhältnis von Fleisch zu Knochen. Und wenn beides zusammen geschmort wird, entstehen die besten Saucen.

FÜR FLEISCH UND SAUCE

1	Ochsenschwanz
	Pflanzenöl
1	Knoblauchzehe, grob gewürfelt
1	rote Zwiebel, grob gewürfelt
1	Möhre, grob gewürfelt
2	Selleriestangen, grob gewürfelt
1 EL	Tomatenmark
500 ml	Rotwein
500 ml	Kalbsbrühe
20 g	getrocknete Steinpilze
1	Lorbeerblatt
2 Zweige	Rosmarin
1 EL	grober Senf
	Butter zum Schwenken

FÜR DEN NUDELTEIG

3-faches Rezept Grundteig – der Flexible (siehe S. 34)

AUSSERDEM

Salz und frisch gemahlener schwarzer Pfeffer
runder Ausstecher (Ø 6 cm)
frisch gehobelter Parmesan zum Bestreuen

1. Den Ochsenschwanz waschen, trocken tupfen und in Segmente teilen, indem man durch die Bandscheiben der einzelnen Wirbel schneidet. Die Ochsenschwanzsegmente leicht salzen. Den Backofen auf 150 °C vorheizen. Etwas Pflanzenöl in einem Schmortopf erhitzen, die Stücke darin bei geringer Hitze von allen Seiten dunkelbraun anbraten. Knoblauch, Zwiebel und Gemüse zugeben und ebenfalls Farbe annehmen lassen. Das Tomatenmark einrühren und kurz mitrösten. Ein Drittel Rotwein zugießen und vollständig einkochen lassen. Mit dem zweiten und dritten Drittel Wein genauso verfahren, dabei den entstehenden Bratensatz lösen. Danach die Kalbsbrühe, Pilze,

OCHSENSCHWANZRAVIOLI IM EIGENEN SAFT, S. 184

RAVIOLI MIT SCAMPIFÜLLUNG, S. 187

Lorbeerblatt und Rosmarin zufügen. Alles aufkochen und den Ochsenschwanz abgedeckt im heißen Ofen 3 bis 4 Stunden schmoren, bis sich das Fleisch vom Knochen löst.

2. Den Nudelteig wie im Grundrezept beschrieben (siehe S. 34) zubereiten. Im Anschluss mindestens 30 Minuten unter einer umgedrehten Schüssel ruhen lassen, damit er während dieser Zeit nicht antrocknet, oder in Frischhaltefolie wickeln.

3. Den Ochsenschwanz aus dem Ofen nehmen, die Segmente aus dem Topf fischen und leicht auskühlen lassen. Das Fleisch von den Knochen zupfen, fein hacken und in einer Schüssel mit dem Senf mischen. Mit Salz und Pfeffer würzen. Den Schmorfond durch ein Sieb passieren.

4. Den Teig mit einer Nudelmaschine zu einer möglichst dünnen Bahn ausrollen. Daraus mit einem Ausstecher 56 Kreise mit einem Durchmesser von 6 cm ausstechen. Auf die Hälfte der Teigkreise je ein Häufchen Füllung geben. Die Teigränder mit Wasser einpinseln und jeweils einen Teigkreis auf die Füllung legen. Die Ravioli dicht verschließen, ohne Luft in der Füllung zu belassen, da sie sonst im Topf obenauf schwimmen und ungleichmäßig garen.

5. Den Schmorfond langsam auf die gewünschte Konsistenz einkochen lassen. Die Nudeln in reichlich Salzwasser kochen, bis sie gar sind. Mit einem Schaumlöffel herausnehmen und in etwas Butter schwenken. Auf Tellern anrichten, mit dem Schmorfond übergießen und mit gehobeltem Parmesan bestreut servieren.

PRAKTISCHE WISSENSCHAFT
FLAMBIEREN – SHOW ODER EFFEKT?

Der Effekt des Flambierens steht immer in direkter Konkurrenz mit seinem kulinarischen Wert. Oft wird behauptet, das Flambiergut nehme die Aromen der Spirituose, also Rum, Calvados, Cognac, Orangenlikör usw. an und die Flammen ergäben Röstaromen. Leider stimmt das nicht ganz. Forscher haben die Temperaturverläufe in den Flammen gemessen. Dabei zeigt sich die Maximaltemperatur von über 500 °C in den Flammen, aber lediglich 67 °C am Lebensmittel. Das ist klar, denn das Ethanol muss erst aus dem aromatisierten Alkohol-Wasser-Gemisch flüchtig werden, damit es brennen kann, das passiert oberhalb des Garguts, eine Maillardreaktion findet daher nicht statt, das bedeutet: keine Röstaromen. Für die Aromatisierung gibt es bessere Nachrichten: Das Ethanol verdampft, allerdings auch die sehr leicht flüchtigen Aromen bei den steigenden Temperaturen. Daher landet auf den Scampi lediglich ein Teil der Aromen des Cognacs. Gerade so viel, dass man noch einen Hauch davon mitbekommt. Es zeigt sich auch, dass, je nach Temperatur, Flambierzeit und Saucenzusammensetzung lediglich zwischen 13 und 34 Prozent Alkohol entweicht.

RAVIOLI MIT SCAMPIFÜLLUNG
RAVIOLI AI SCAMPI
(FÜR 4 PORTIONEN)

Mit Krustentieren lassen sich ebenfalls tiefe Geschmackserlebnisse erzeugen. Wir verwenden das Fleisch als Nudelfüllung, die im Idealfall geschmacklich zurückhaltend nussig, fast süßlich daherkommt. Und wir verarbeiten einen selbst gemachten Krustentierfond zu einer schmackhaften Nudelsauce.

FÜR DIE SAUCE

500 g Kaisergranat (Scampi)
Pflanzenöl
1 Knoblauchzehe, geschält
1 Zwiebel, gewürfelt
1 Möhre, gewürfelt
100 g Fenchelknolle, gewürfelt
1 EL Tomatenmark
100 ml Cognac
500 ml Fischfond
1 Lorbeerblatt
75 g kalte Butter, klein gewürfelt

FÜR DEN NUDELTEIG

3-faches Rezept Grundteig – der Flexible (siehe S. 34)

FÜR DIE FÜLLUNG

etwas gutes Olivenöl
10 selbst getrocknete Tomatenviertel (siehe S. 92), fein gewürfelt
1 Bund Kerbel, fein gehackt + einige Blättchen
½ Bio-Limette, Abrieb und Saft
½ reife Avocado, Fruchtfleisch gewürfelt
Salz und frisch gemahlener schwarzer Pfeffer

AUSSERDEM

runder Ausstecher (Ø 6 cm)

TAGLIATELLE MIT GEFLÜGELINNEREIEN-RAGOUT, S. 189

1. Zuerst den Kaisergranat zerkleinern. Dazu den Schwanz abdrehen und den Panzer abpulen. Die Scheren vom Kopf trennen. Das Fleisch kalt stellen. Etwas Pflanzenöl in einem Topf erhitzen, alle Krustentierabschnitte darin bei geringer Hitze anbraten, bis sie etwas Farbe haben. Knoblauch, Zwiebel und Gemüse zugeben und mitbraten, bis es ebenfalls leicht Farbe angenommen hat. Das Tomatenmark einrühren und kurz mitrösten. Den Topfinhalt mit Cognac ablöschen (am besten flambieren, siehe S. 187) und vollständig einkochen lassen. Fischfond und so viel Wasser zugießen, dass alles bedeckt ist. Das Lorbeerblatt zufügen und alles bei geringer Hitze mindestens 30 Minuten köcheln lassen.

2. Den Nudelteig wie im Grundrezept beschrieben (siehe S. 34) zubereiten. Im Anschluss mindestens 30 Minuten unter einer umgedrehten Schüssel ruhen lassen, damit er während dieser Zeit nicht antrocknet, oder in Frischhaltefolie wickeln.

3. Die Scampischwänze in kleine Stücke hacken. Etwas Olivenöl in einer Pfanne erhitzen, die Hälfte der Scampi darin kurz und kräftig anbraten und Farbe annehmen lassen, damit Röststoffe entstehen, das Fleisch aber roh bleibt. Auf einem Teller abkühlen lassen. Dann die übrigen Scampistücke, Tomatenwürfel, gehackten Kerbel, Limettenabrieb sowie Avocadowürfel unterheben und mit Limettensaft, Olivenöl, Salz und Pfeffer würzen.

4. Den Teig mit einer Nudelmaschine zu einer möglichst dünnen Bahn ausrollen. Daraus 56 Kreise mit einem Durchmesser von 6 cm ausstechen. Auf die Hälfte der Teigkreise je ein Häufchen Füllung geben. Die Teigränder mit Wasser einpinseln und jeweils einen Teigkreis auf die Füllung legen. Die Ravioli dicht verschließen, ohne Luft in der Füllung zu belassen, da sie sonst im Topf obenauf schwimmen und nicht gleichmäßig garen.

5. Den Scampifond durch ein feines Sieb passieren und auffangen. Die Reste im Sieb mit einer Kelle ausdrücken. Den Fond auf die gewünschte Intensität einkochen lassen. Die Sauce kräftig mit Salz und Pfeffer würzen und beiseitestellen. Zum Binden die kalten Butterwürfel unterrühren.

6. Die Nudeln in reichlich Salzwasser kochen, bis sie gar sind. Mit einem Schaumlöffel herausnehmen und auf Tellern anrichten. Die Nudeln mit Sauce überziehen und mit Kerbelblättchen garniert servieren.

WARUM DAS REZEPT FUNKTIONIERT

In einer guten (europäischen) Küche dürfen Fonds nicht fehlen. Ohne den selbst gekochten Krustentierfond hätte dieses Gericht einen gänzlich anderen Charakter und kaum Sauce für die Nudeln. Für einen runden Geschmack braucht auch ein guter Krustentierfond seine Zeit. Das volle Krustentieraroma steckt nämlich zum Großteil in den Schalen. Deshalb kochen wir die zunächst angebratenen Schalen langsam aus, um ein Maximum an Aroma aus der teuren Zutat herauszuholen.

TAGLIATELLE MIT GEFLÜGELINNEREIEN-RAGOUT

TAGLIATELLE CON FRATTAGLIE DI POLLO

(FÜR 4 PORTIONEN)

Die lange Gardauer dieses Rezeptes dient nicht nur der Erzeugung einer tiefen Aromatik, die Geflügelherzen und vor allem die sehr zähen Mägen brauchen auch ausgiebige Hitze, um irgendwann zart zu werden.

FÜR DAS RAGOUT

150 g Geflügelherzen, vom Fett befreit
150 g Geflügelmägen, aufgeschnitten und ausgespült
100 g Geflügellebern, geputzt
Olivenöl
Salz und Pfeffer
1 rote Zwiebel, klein gewürfelt
1 Möhre, klein gewürfelt
1 Selleriestange, klein gewürfelt
1 EL Tomatenmark
200 ml Rotwein
400 ml Geflügeljus (Fertigprodukt oder selbst gemacht, siehe S. 190)
1 Lorbeerblatt
2 Zweige Rosmarin
dunkler Balsamicoessig

FÜR DEN NUDELTEIG

4-faches Rezept Grundteig – der Heimklassiker (siehe S. 30)
Hartweizengrieß (Semola di grano duro rimacinata) zum Bestreuen

AUSSERDEM

gehobelter Parmesan zum Bestreuen

1. Herzen, Mägen und Lebern in mundgerechte Stücke schneiden. Die Lebern beiseitestellen. Etwas Olivenöl in einem Topf erhitzen, Herzen und Mägen darin bei geringer Hitze 3 Minuten andünsten. Mit Salz und Pfeffer würzen. Zwiebel- und Gemüsewürfel zugeben und kurz mitdünsten. Das Tomatenmark einrühren und ebenfalls kurz mit andünsten. Den Rotwein zugießen und vollständig einkochen lassen. Geflügeljus, Lorbeerblatt und Rosmarin zugeben und aufkochen. Die Innereien zugedeckt schmoren, bis sie weich sind. Je nach Größe der Stücke dauert das bis zu 2 Stunden.

2. Den Nudelteig wie im Grundrezept beschrieben (siehe S. 30) zubereiten, in Frischhaltefolie wickeln und 30 Minuten ruhen lassen. Danach den Teig mit einer Nudelmaschine zu dünnen Bahnen ausrollen. Diese mit etwas Hartweizengrieß bestreuen, aufrollen und zu Tagliatelle schneiden.

3. Kurz vor dem Servieren etwas Olivenöl in einer Pfanne erhitzen, die Lebern darin von allen Seiten goldbraun anbraten, mit Salz und Pfeffer würzen und zu den geschmorten Innereien geben. Lorbeerblatt und Rosmarin entfernen. Das Ragout mit Salz, Pfeffer und etwas Balsamicoessig abschmecken.

4. Die Nudeln in reichlich Salzwasser kochen, bis sie gar sind. Mit einem Schaumlöffel zum Ragout geben und vorsichtig durchschwenken. Nudelwasser einarbeiten, bis eine cremige Konsistenz entsteht. Die Tagliatelle auf tiefen Teller anrichten und mit gehobeltem Parmesan bestreuen. Sofort servieren.

WARUM DAS REZEPT FUNKTIONIERT

Die Grundlage dieser Sauce ist ein Geflügeljus aus Karkassen und Parüren (siehe S. 91), die selbst schon stundenlang geköchelt hat, sodass hier bereits a priori für einen tiefen Geschmack gesorgt ist. Die neuerliche Gardauer, die ebenfalls lange ausfällt, weil sich das reichlich vorhandene Bindegewebe der Innereien nur langsam zersetzt, bevor es uns zarte Fleischstückchen beschert, vertieft den Geschmack der Sauce ein weiteres Mal, sodass uns ein intensiver Genuss gleich doppelt sicher ist.

GEFLÜGELJUS Neben den Innereien ist Geflügeljus eine wichtige Zutat, denn Herzen und Mägen sind extrem geschmacksintensiv. Daher wäre eine Geflügelbrühe zum Aufgießen geschmacklich viel zu schwach. Die Zugabe von Geflügeljus, Kräutern, Gewürzen, Schmorgemüse und Wein ist dagegen eine gute Möglichkeit, den Geschmack des Ragouts zu steigern.

INNEREIEN GAREN Die lange Garzeit der Mägen ist biologisch bedingt. Die auf Ausdauer ausgelegten Muskeln bestehen zu einem Großteil aus sogenannten „roten Muskelfasern". Diese sind „dünner" und haben ein höheres Verhältnis von Oberflächen zu Volumen. Da jede dieser Fasern von Kollagen ummantelt ist, kann das viele Bindegewebe erst nach langen Garzeiten zu Gelatine und damit genießbar werden. Ungeduldige garen daher Geflügelmägen im Schnellkochtopf unter Dampf und Druck vor.

PRAKTISCHE WISSENSCHAFT
BRÜHE UND JUS KOCHEN

Eine geschmacksdichte und mundfüllende Geflügelbrühe ist die Grundlage vieler Saucen und Brühen. Die Herstellung erfordert Zeit, ist aber relativ einfach, denn Geschmack und Aroma bilden sich quasi von selbst. Es gibt allerdings Rezepte, für die das noch nicht ausreicht. Dann greift man zu einem Geflügeljus, der mehr Röst- und Karamellaromen enthält. Hierbei werden die Geflügelteile nicht nur gekocht, sondern zuvor mit Schmorgemüse angebraten. Dazu gibt man Tomatenmark, lässt es karamellisieren und löscht mit Wein nach und nach ab. Erst danach wird mit Wasser aufgefüllt und der Kochprozess à la Hühnerbrühe begonnen. Er dauert lange, denn der herzhafte Umami-Geschmack und das charakteristische Gefühl von Mundfülle (kokumi) bilden sich erst nach 3 bis 4 Stunden. Anschließend wird der Jus durch ein Sieb passiert und kühl gestellt. Anderntags hebt man das fester gewordene Fett ab und reduziert den dunklen Fond auf ein Viertel der Menge. Dadurch intensiviert sich vor allem der Geschmack, da viele flüchtige Aromen sich in die Küche verabschieden. Aber genau das ist gewollt: umami, kokumi, Säure (Wein) verbleiben in hoher Dichte, die perfekte Grundlage z. B. für eine Innereiensauce.

BAVETTE MIT AUBERGINEN

BAVETTE ALLE MELANZANE

(FÜR 4 PORTIONEN)

Wenn Fleisch mit zunehmender Gardauer an Tiefe und Mundfülle hinzugewinnt, ist das bei Gemüse nicht immer der Fall. Doch Auberginen gehören zu den Zutaten, die beim Kochen mit ausreichend Geduld ein erstaunliches Aroma entwickeln können. Erst recht, wenn wie in diesem Rezept das Gemüse die Nudeln gleich auf zweierlei Art begleitet.

2	Auberginen (400 g)
	Salz
1 Zweig	Rosmarin
3 EL	Olivenöl
50 g	Zwiebeln, fein gewürfelt
1	Knoblauchzehe, halbiert
1 EL	Tomatenmark
100 ml	Weißwein
200 ml	Gemüsebrühe
75 g	geriebener Parmesan + etwas zum Bestreuen
5 Stängel	glatte Petersilie
	Olivenöl zum Frittieren
400 g	trockene Bavette
	Pfeffer

1. Die Auberginen waschen, abtrocknen, putzen und der Länge nach in Viertel schneiden. Die Viertel so vom Kerngehäuse befreien, dass ein 5 mm dicker Fruchtfleischrand mit Schale übrig bleibt. Das Kerngehäuse grob klein schneiden. Die Auberginenviertel mit der Schale in 5 mm große Würfel schneiden und in einer Schüssel großzügig salzen.

2. Den Rosmarin abbrausen und trocken schütteln. 3 EL Olivenöl in einem Topf erhitzen, Zwiebel und Knoblauch darin bei geringer Hitze andünsten, bis beides goldbraun ist. Den Zwiebel-Knoblauch-Mix salzen.

3. Die Auberginenstücke ohne Schale zugeben und so lange mit andünsten, bis sie etwas Farbe angenommen haben. Dann das Tomatenmark einrühren und 1 Minute mitrösten. Den Weißwein zugeben und offen vollständig einkochen lassen. Die Gemüsebrühe zugießen und aufkochen. Den Rosmarin zufügen und die Auberginen zugedeckt bei geringer Hitze 1 Stunde köcheln lassen.

4. Inzwischen die gesalzenen Auberginenwürfel abbrausen, dabei das Salz entfernen und in einem Sieb abtropfen lassen. Danach die Auberginenwürfel mit Küchenpapier trocken tupfen.

5. Die gegarten Auberginenstücke in einen hohen Messbecher geben und den Rosmarin entfernen. Den geriebenen Parmesan zufügen und alles mit einem Stabmixer zu einer glatten Paste pürieren. Die Petersilie abbrausen, trocken schütteln und die Blätter fein hacken. Zum Frittieren ausreichend Olivenöl in einem Topf auf 160 °C (Küchenthermometer verwenden) erhitzen. Die Auberginenwürfel darin nach und nach kross frittieren, dann herausnehmen und auf Küchenpapier entfetten.

6. Die Nudeln in ausreichend kochendem Salzwasser 1 Minute weniger garen als auf der Packung angegeben. Die Nudeln mit einem Schaumlöffel herausnehmen, mit der Auberginenpaste und etwas Nudelkochwasser in eine Pfanne geben und durchschwenken. Mit Salz und Pfeffer würzen. Die frittierten Auberginenwürfel und Petersilie untermischen. Die Nudeln auf tiefen Tellern anrichten. Nach Belieben mit etwas geriebenem Parmesan bestreuen und sofort servieren.

WARUM DAS REZEPT FUNKTIONIERT

Auberginen haben zwar nicht das Umami- und Kokumi-Potenzial eines proteinreichen Fleischstücks, sie können aber durch ihre besonderen texturellen Eigenschaften den Eindruck einer gewissen Mundfülle erzeugen. In diesem Rezept erinnert die Auberginenpaste an eine gelatinereiche Sauce, während die frittierten Gemüsestücke ein ähnliches Mundgefühl ergeben wie geschmortes durchwachsenes Fleisch. Wichtig ist, dass die Auberginenstücke durch das Abbrausen mit kaltem Wasser entsalzt werden. Dadurch rückt das Zellgewebe eng zusammen und die Stücke werden nicht matschig.

Doch abgesehen von der besonderen Textur ist die Kombination mit den klassischen vegetarischen Umami-Lieferanten Tomaten – hier in Form des noch intensiveren Tomatenmarks – und Zwiebeln der Schlüssel zu einer geschmacklich und aromatisch tiefen Sauce. Der verhaltene Umami-Geschmack des Gemüses (das natürlich weniger Protein, also Glutaminsäure, enthält als Fleisch), wird durch den Parmesan unterstützt.

KONZEPT 13
KÄSE UND ANDERE UMAMI-VERSTÄRKER MACHEN PASTAGERICHTE SCHMACKHAFT

Die meisten Saucen werden mit Tomaten, Zwiebeln, Sellerie, Sardellen, Pilze & Co zubereitet. Und kaum ein Pastateller kommt ohne frisch geriebenen, reifen Käse auf den Tisch. Hinter diesen scheinbar selbstverständlichen traditionellen Koch- und Würzprinzipien stecken die handfeste Wissenschaft vom Umami-Geschmack und die kulinarische Lust an herzhaften Gerichten.

DIE WISSENSCHAFT DAHINTER

Ein großer Teil der traditionellen Pastasaucen sind wahre Glutamatbomben: lang geschmorte Zutaten und Parmesankäse obenauf. Dahinter steckt ein fundamentales kulinarisches Prinzip: Es geht beim Essen nicht nur um reine Sättigung, sondern auch um den guten Geschmack. Wie bereits in Konzept 12 im Zusammenhang mit den langen Kochzeiten angesprochen, spielt dabei der herzhafte, tiefe Umami-Geschmack eine Hauptrolle.

BIOCHEMISCHE PROZESSE ERZEUGEN UMAMI-GESCHMACK

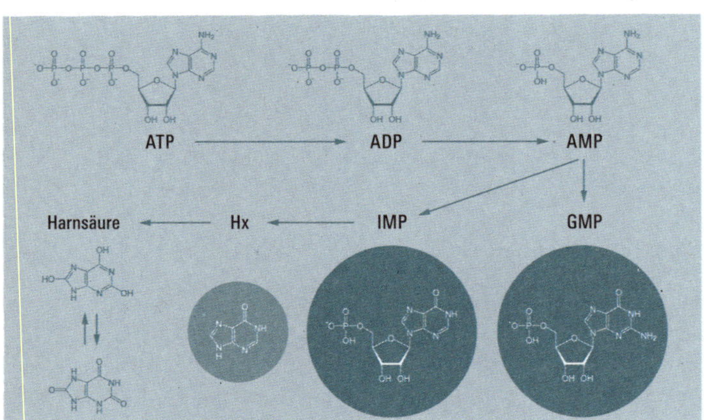

Umami-Verstärkung als Folge des Purinstoffwechsels in allen Zellen. Aus Adenosintriphosphat (ATP) entsteht das Adenosindiphosphat (ADP), dann das Adenosinmonophosphat (AMP). Aus Letzterem entsteht, je nach enzymatischer Bestückung der Zelle, GMP (vorwiegend bei Pilzen) und das IMP (in tierischen Lebensmitteln).

Aus molekularer Sicht ist die Steigerung des Umami-Geschmacks immer mit dem Freilegen und der Zugabe von Glutamat (Glutaminsäure) und anderen geschmacksverstärkenden Molekülen verbunden. Diese finden sich z. B. in Sellerie und anderem Wurzelgemüse, in Zwiebeln, Fleisch, Schinken, Rohwürsten und natürlich in reifem Käse wie Parmigiano. Bemerkenswert ist, dass und wie diese unterschiedlichen Zutaten auf dem Teller und in Häppchen im Mund zusammenwirken und ein ausgewogen tiefes Geschmackserlebnis auslösen.

Wie im Konzept 12 bereits beschrieben, wird bei langem Kochen aus den Proteinen von Fleisch und Gemüse Glutaminsäure frei, die den Umami-Geschmack auslöst, ebenso wie Peptide – Bruchstücke, die aus wenigen Aminosäuren bestehen und die den Umami-Eindruck verstärken.

Intensiviert wird der Umami-Geschmack weiterhin, wenn sogenannte Ribonukleotide im Spiel sind. Vor allem Adenosinmonophosphat (AMP), Inosinmonophosphat (IMP) und Guanosinmonophosphat (GMP) regen die Umami-Rezeptoren mit unterschiedlicher Intensität an. Alle drei sind Abbauprodukte des Treibstoffs für den Zellstoffwechsel Adenosintriphosphat, finden sich in allen Lebensmitteln – mit unterschiedlicher Gewichtung – und lassen sich küchentechnisch nutzen. Man weiß schon seit Langem, wie IMP und GMP die geschmackliche Wirkung der Glutaminsäure (Glu) verstärken. Treten Glutaminsäure, IMP und GMP in etwa gleichen Konzentrationen zusammen auf, lösen sie die intensivsten Umami-Geschmacks-

UNIVERSELLE UMAMI-ZUTATEN

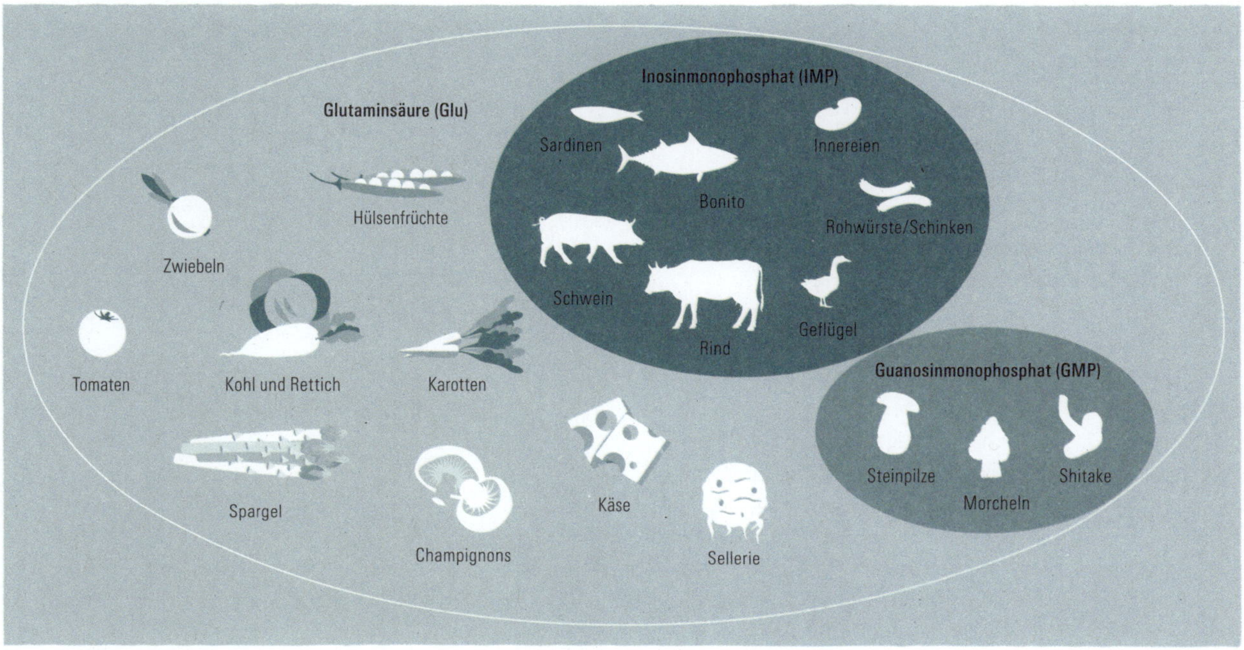

Umami-Landkarte der Lebensmittel in der Dominanz von Glutaminsäure (Glu), Guanosinmonophosphat (GMP) und Inosinmonophosphat (IMP). Daraus wird ersichtlich, welche traditionellen Kombinationen zu Schmorgerichten und Pastasaucen führten.

reize aus. Nun hängt die Konzentration an Glutaminsäure sowohl vom Lebensmittel als auch von der Kochtechnik ab, denn sie lässt sich über langes Kochen (oder Fermentieren) herausarbeiten, während IMP und GMP von den Enzymen und dem Stoffwechsel des jeweiligen Lebensmittels abhängen. Betrachtet man die Umami-Landkarte der Lebensmittel in den Kontinenten Glu, IMP und GMP (siehe Abb. oben), wird deutlich, dass die typischen Kombinationen traditioneller Pastasaucen, die Pilze (Steinpilze und Morcheln), Sellerie und Fleisch, Hülsenfrüchte oder Rohwürste und Schinken einsetzen, alle das gleiche Ziel haben, nämlich, der Sauce einen möglichst tiefen Umami-Geschmack zu geben.

Käse liefert je nach Reifedauer einen hohen Beitrag an freier Glutaminsäure und verstärkt den Geschmack jeder Gabel Pasta. Allerdings ist dies nicht die einzige Leistung des gereiften Käses, denn er steuert zugleich auch einen starken sensorischen Eindruck von Mundfülle (kokumi) bei, die bereits in Konzept 12 vorgestellt wurde. Dieser Eindruck gehört nicht zum Geschmack, da die Mundfülle nicht über Geschmacksrezeptoren wahrgenommen wird, sondern über spezielle kalziumsensitive Rezeptoren, die sich auf der Zunge und im Mundraum befinden. Für die Mundfülle in Käse sind sogenannte Gamma-Glutamylpeptide verantwortlich, also Proteinbruchstücke aus zwei oder drei Aminosäuren. Käse (außer Halloumi und andere gekochte Sorten) haben nie eine höhere Temperatur erfahren als jene 30–40 °C während der Erwärmung der Milch vor der Zugabe von Lab. Folglich bleiben die meisten Enzyme lange Zeit aktiv. Ihre Aktivität wird zwar durch den hohen Salzgehalt und die damit verbundene niedrigere Wasseraktivität verlangsamt, aber nicht gestoppt. Gleichzeitig sind die Käse durch die lange Reifezeit Sauerstoff ausgesetzt, was eine Vielzahl von Oxidationsprozessen und chemischen Reaktionen ermöglicht. Viele Vorgänge bescheren dem reifenden Käse die erwünschten Aromen – und eben zugleich die starke Entwicklung der

DIE RÜCKSTÄNDE AUS DER TROPFENVERDUNSTUNG ZEIGEN DEUTLICH SICHTBARE UNTERSCHIEDE

Der eingekochte Entenfond zeigt nur wenige kubische Salzkristalle, wenige Aminosäurenspots, aber viele Farbstoffe – Melanine, die vom Anbraten von Knochen und Fleisch stammen.

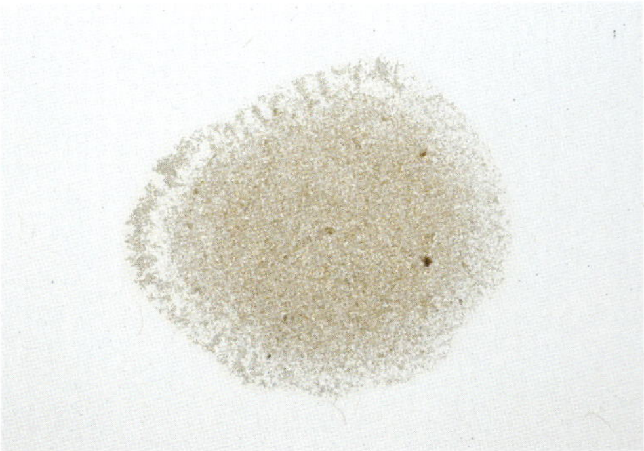

Die Shiitakebrühe zeigt ebenfalls kaum Kristalle, sondern eher diffuse Strukturen, die auf das schlechter kristallisierbare GMP hindeuten.

Mundfülle (kokumi), die sich beim Essen von reifem Käse im Mund zeigt.

Der sensorische Eindruck kokumi ist nicht reifem Käse allein eigen, auch reife Soja- oder Fischsaucen, lang fermentierte Produkte wie Miso- oder Fischpasten und selbst manche Biere können ihn erzeugen. Im Naturkostladen erhältliche Hefeflocken und Hefeextrakte haben ebenfalls ein hohes Kokumi-Potenzial und sind, was Geschmack und Mundfülle (allerdings nicht das Aroma) anbelangt, eine gute tierfreie Alternative. Und natürlich das lange Kochen: Viele Pastasaucen köcheln mindestens 3 Stunden auf dem Herd, damit genügend Umami-Geschmack und Mundfülle entstehen (siehe Konzept 12).

Ein weiterer Aspekt der neuesten Forschung zeigt klar den sensorischen Vorteil von Käse aus Rohmilch. Denn die Aktivität des Enzyms, das für die Bildung der Glutamylpeptide verantwortlich ist, nimmt mit zunehmender Pasteurisierungszeit und Temperatur ab. Wird Milch für 10 Minuten auf 75 °C erwärmt, ist die Aktivität nur noch sehr gering, beim Aufkochen auf 100 °C ist sie praktisch null. Die Pasteurisierung der Milch reduziert zwar Keime und macht das Lebensmittel effektiv sicherer, geht allerdings zulasten der Mundfülle.

Übrigens passt reifer Käse nicht zu jedem Pastagericht. Von Beginn an umamifreie Pastagerichte bleiben besser umamifrei: Parmesan über aglio e olio zu streuen, hat wenig Sinn. Der glutamat- und peptidreiche Käse würde die feinen Aromen des Knoblauchöls zu sehr dominieren.

DAS EXPERIMENT

Um die umami-relevanten Geschmacksstoffe von Shiitake, Pamesan und Brühen sichtbar zu machen, haben wir wie schon im vorangegangenen Experiment (S. 174) die Methode der Tropfenverdunstung gewählt. Dazu haben wir verschiedene Brühen aus Parmesan und Shiitake sowie klaren Fond aus Fleisch hergestellt. Um die wasserlöslichen Geschmackskomponenten sichtbar zu machen, haben wir die Brühen anschließend gefiltert, je einen Tropfen auf eine Petrischale gegeben und das Wasser verdunsten lassen. Die Rückstände sind sichtbare, nicht flüchtige Geschmacksstoffe: Salze, freie Aminosäuren, darunter Glutamat, Zucker und Proteinstücke (Peptide). Gleichzeitig wurden die Brühen einzeln und in Kombination von uns verkostet, um die Synergie von Parmesan, Pilzen und Fond beurteilen zu können.

DAS ERGEBNIS

Jede Brühe für sich ist geschmacklich sehr tief, aber die Kombination zeigt noch eine deutliche Intensivierung des Eindrucks. Die Verbindung

Der lange gereifte Parmesan zeigt ein reichhaltiges Muster an Salz-, Kalzium- und Aminosäurenkristallen, darunter Glutamat.

In der 1/3 : 1/3 : 1/3-Mischung zeigen sich mehrere, größere Kristalle, da insgesamt mehr kristallisierfähige Substanzen aus Käse, Pilzen und Fond vorliegen, die sich beim gemeinsamen Trocknen finden.

von Parmesanbrühe und Einweichwasser der Shiitakepilze verstärkt den Umami-Geschmack deutlich, auch die beiden anderen möglichen Zweierkombinationen zeigen einen starken Synergieeffekt. Kombiniert man alle drei, ergibt sich ein unglaublich intensiver, tiefer Geschmack.

Dies zeigt sich auch in den unterschiedlichen Formen der Rückstände nach der Tropfenverdunstung. Das Parmesanwasser liefert ein bestimmtes Verhältnis von Salz- und Glutamat/Aminosäuren-Kristallen, wie es nach der langen Reifung des Käses zu erwarten war. Shiitakewasser liefert kaum Salzkristalle, da die Pilze Salze nur in geringen Mengen einlagern, dafür zeigen sich eine ganze Reihe diffuser Rückstände, die auf weniger kristallisierfähiges GMP deuten. Der Fleischfond zeigt eher amorphe Strukturen mit wenigen Kristallen. Die eher kubischen Kristalle deuten auf Kochsalz hin, die „Spots" weisen auf herzhaft schmeckende Peptide und Aminosäurenbestandteile mit süßlichem und Umami-Geschmack hin. Die reichhaltigen Rückstände der Verdunstungsmuster von den kombinierten Brühen zeigen – wie zu erwarten – einen hohe Dichte an den verschiedenen Geschmackskomponenten.

DIE ERKENNTNIS

Die Kombination von Parmesanwasser (Glutaminsäure) und Pilzeinweichwasser (GMP) führt beim Mischen im kalten Zustand zu erheblichen Geschmacksintensivierungen. Fügt man noch lange gekochte Fleischbrühen (IMP) hinzu, verstärken sich die drei Moleküle gegenseitig und potenzieren den Umami-Geschmack.

Pastasaucen leben vom intensiven Geschmack, daher sind Umami-Zutaten neben dem langen Köcheln (siehe Konzept 12) willkommene Ingredienzien. Etwas Pilzpulver, eine Sardelle, das Schwenken der Nudeln vor dem Servieren in einem ausgehöhlten Käserad – all dies sind Methoden der Umami-Verstärkung. Festzuhalten bleibt, dass hier das Motto „viel hilft viel" durchaus stimmt, nämlich nicht auf die Menge, sondern auf die Anzahl verschiedener Zutaten. Die Kombination von Parmesan und Pilzen und Fond ist viel geschmacksintensiver als Saucen mit nur einer oder zwei Umami-Zutaten.

Daher sollte man z. B. das Einweichwasser von Pilzen nie wegwerfen. Gefiltert (im Teefilter, um mögliche Rückstände von Erde zu entfernen) ist es eine wertvolle und wohltuende Geschmackszutat.

FUSILLI „NACH HURENART", S. 197

UMAMI-ZUTATEN IN DER PRAXIS: KÄSE, SARDELLE, ZWIEBEL & CO

Wie bereits angesprochen, erzeugen Zutaten mit großem Umami-Potenzial ein tiefes Geschmackserlebnis und machen jedes Nudelgericht unwiderstehlich. Neben der langen Gardauer oder auch Reifezeit, die es dafür braucht, haben die einzelnen Zutaten so ihre kleinen, individuellen Kniffe, um den natürlichen Geschmacksverstärker optimal wirken zu lassen. Jeder, der hinter das Geheimnis gekommen ist, wie das funktioniert, wird mit einer unglaublichen Mundfülle und mit reichlich Geschmack belohnt.

FUSILLI „NACH HURENART"
FUSILLI ALLA PUTTANESCA
(FÜR 4 PORTIONEN)

Die Herkunft dieser Speise ist nicht ganz zweifelsfrei geklärt. Sicher ist: Wer einen kleinen Vorrat hat, kann mit diesen Zutaten schnell ein Nudelgericht mit schmackhafter Sauce zubereiten und seinen Hunger stillen.

	Olivenöl
2	Knoblauchzehen, geschält und angedrückt
1	getrocknete Chilischote
6	in Salz eingelegte Sardellenfilets
1 Dose	Tomaten (400 g, z. B. Passati)
	Salz und frisch gemahlener schwarzer Pfeffer
400 g	trockene Fusilli oder Fusilli Bucati Corti
50 g	Parmesan, fein gerieben
50 g	schwarze Oliven, entsteint
2 EL	Kapern (nonpareilles)
1 Bund	glatte Petersilie, Blätter abgezupft

1. Für die Sauce etwas Olivenöl in einem Topf erhitzen, Knoblauch, Chilischote und Sardellenfilets darin bei geringer Hitze anbraten, bis der Knoblauch goldbraun ist und die Sardellen geschmolzen sind. Die Dosentomaten zugießen und alles einkochen lassen. Mit Salz und Pfeffer würzen.

2. Die Nudeln in reichlich kochendem Salzwasser 2 Minuten weniger garen als auf der Packung angegeben. Mit einem Schaumlöffel herausnehmen und in die Sauce geben. 1 Schöpfkelle Nudelkochwasser zugießen und die Nudeln durchschwenken, damit sie nachgaren. Die Hälfte von dem Parmesan unterheben und so lange weiterschwenken, bis er sich mit der Sauce verbunden hat. Die Oliven, Kapern und Petersilienblätter untermischen. Mit Salz und Pfeffer würzen. Die Nudeln auf tiefen Tellern anrichten und mit dem restlichen Parmesan bestreuen. Sofort servieren.

WARUM DAS REZEPT FUNKTIONIERT

Gute und aromatische Tomatensaucen brauchen viel Zeit (siehe Konzept 12) – hier ist die Garzeit relativ kurz. Dennoch erreichen wir am Ende mit einem Teil der übrigen Zutaten ein passables Saucenergebnis. Das sind vor allem die unscheinbaren Sardellen, die selbst in kleiner Menge wahre Wunder vollbringen. Auch Kapern, Oliven, Knoblauch und Zwiebeln tragen zur natürlichen Geschmacksverstärkung bei. Zum Schluss ist dann der geriebene Parmesan über den Nudeln das Tüpfelchen auf dem i.

RIGATONI MIT GORGONZOLASAUCE
RIGATONI AL GORGONZOLA
(FÜR 4 PORTIONEN)

Für die Sauce benötigen wir geschälte und geröstete Haselnusskerne, die man nicht überall bekommt. Wer möchte, kann die Haselnusskerne blitzschnell selbst rösten und schälen. Das funktioniert in der Pfanne oder im Backofen und am besten in der Mikrowelle (siehe S. 198).

40 g	Butter
1	Schalotte, fein gewürfelt
	Salz und frisch gemahlener schwarzer Pfeffer
30 g	Weizenmehl (Type 405)
500 ml	kalte Milch
1	Lorbeerblatt
100 g	geschälte Haselnusskerne (siehe S. 198)
2	Birnen

400 g	trockene Rigatoni
150 g	Gorgonzola
	frisch geriebene Muskatnuss

1. Die Butter in einem Topf zerlassen, die Schalottenwürfel darin bei geringer Hitze glasig andünsten und leicht salzen. Das Mehl unter Rühren zugeben und 2 Minuten farblos anschwitzen. Die kalte Milch einrühren und das Lorbeerblatt zugeben. Die Sauce bei geringer Hitze köcheln lassen, bis sie die gewünschte Konsistenz hat.

2. Die Haselnusskerne in einer Pfanne oder auf einem Backblech im heißen Ofen bei 200 °C goldbraun rösten. Die Birnen schälen und mit einem Kugelausstecher haselnussgroße Kugeln ausstechen. Die Nudeln in reichlich kochendem Salzwasser al dente garen. Inzwischen die Sauce noch warm durch ein Sieb passieren, um Lorbeerblatt und Schalottenwürfel zu entfernen. Den Gorgonzola darin schmelzen lassen. Die Sauce mit Muskat, Salz und Pfeffer würzen. Die Haselnusskerne leicht zerstoßen und mit den Birnenkugeln in die Sauce geben. Die Rigatoni abgießen und in der Sauce schwenken. Auf tiefen Tellern anrichten und servieren.

PRAKTISCHE WISSENSCHAFT
HASELNÜSSE SELBST SCHÄLEN

Für manche Rezepte benötigt man geschälte Haselnüsse, die man nicht überall und rasch bekommt. Man kann sie aber gut selbst rösten und schälen. Das funktioniert am besten in der Mikrowelle: Die Haselnüsse bei 1 000 Watt 2 bis 3 Minuten rösten, herausnehmen und abkühlen lassen. Dann platzt ein Teil der Schale von selbst ab (siehe Tomaten häuten, S. 95), der Rest wird einfach durch die Hände gerieben. Bei 90 Prozent der Haselnüsse ist die Schale dann ab und die Nüsse sind bereits geröstet.

Dass dies in der Mikrowelle funktioniert, ist einfach zu erklären: Ungeschälte Haselnusskerne haben einen Wassergehalt von 10 bis 12 Prozent, der sich zügig erwärmt. Da das Wasser nicht sofort verdampfen kann, steigt die Temperatur im Inneren deutlich über 100 °C, die Nüsse werden geröstet. Beim Abkühlen dampft das Restwasser weiter ab, die Nüsse schrumpfen etwas und die Schale platzt ab.

WARUM DAS REZEPT FUNKTIONIERT

Gorgonzola und alle anderen Edelschimmelkäse stoßen nicht bei jedem auf große Gegenliebe, doch sie bringen jede Menge Umami-Geschmack und Cremigkeit mit. In unserer Sauce mit Gorgonzola sorgt die Cremigkeit dafür, dass sich die Sauce lange über unsere Geschmackspapillen legt und einen lang anhaltenden Genuss bereitet.

FREESTYLE-NUDELN MIT PFIFFERLINGEN
MALTAGLIATI AI FINFERLI

(FÜR 4 PORTIONEN)

Für dieses Nudelgericht besorgen wir kleine und feste Pilze. Sie schmecken viel besser als die großen Exemplare und verkochen nicht so schnell.

FÜR DEN NUDELTEIG

4-faches Rezept Grundteig – der Allrounder (siehe S. 32)

FÜR DIE SAUCE

	Olivenöl
2	Schalotten, fein gewürfelt
100 g	Lauch, in dünne Streifen geschnitten
150 g	Champignons, in dünne Scheiben geschnitten
100 ml	Weißwein
600 ml	Geflügelbrühe
1 EL	Sojasauce
10 g	getrocknete Steinpilze
1	Lorbeerblatt
10 Stängel	glatte Petersilie, Stängel + gehackte Blätter
400 g	frische Pfifferlinge
80 g	Butter

AUSSERDEM

Salz und frisch gemahlener schwarzer Pfeffer
frisch geriebener Parmesan nach Belieben

1. Den Nudelteig wie im Grundrezept beschrieben (siehe S. 32) zubereiten. Im Anschluss mindestens 30 Minuten unter einer umgedrehten Schüssel ruhen lassen, damit er während dieser Zeit nicht antrocknet, oder in Frischhaltefolie wickeln.

RIGATONI MIT GORGONZOLASAUCE, S. 197

FREESTYLE-NUDELN MIT PFIFFERLINGEN, S. 198

2. Für die Sauce etwas Olivenöl erhitzen, die Hälfte der Schalottenwürfel und den Lauch darin kurz andünsten und leicht salzen. Die Champignons zugeben und zusammenfallen lassen. Den Weißwein zugießen und vollständig einkochen lassen. Geflügelbrühe, Sojasauce und die getrockneten Steinpilze, Lorbeerblatt und Petersilienstängel zugeben und alles bei geringer Hitze in 30 Minuten um zwei Drittel einköcheln lassen.

3. Die Pfifferlinge mit einem Pinsel abbürsten und eventuell in mundgerechte Stücke schneiden. Den Teig mit einer Nudelmaschine zu dünnen Bahnen ausrollen. Diese in möglichst kleine Quadrate von 4 cm Seitenlänge schneiden.

4. Die Sauce durch ein feines Sieb passieren. Die Hälfte der Butter würfeln. Die andere Hälfte zerlassen, die restlichen Schalottenwürfel darin glasig andünsten und salzen. Die Pfifferlinge zugeben und kurz mitbraten. Die Sauce angießen und einmal aufkochen. Die Pfanne beiseitestellen. Die gehackte Petersilie und die Butterwürfel unterrühren.

5. Die Nudeln in reichlich Salzwasser kochen, bis sie gar sind. Das geht sehr schnell, wenn sie erst kurz zuvor geschnitten wurden. Die Maltagliati mit einem Schaumlöffel herausnehmen und in der Sauce schwenken. Mit Salz und 1 großzügigen Prise frisch gemahlenem Pfeffer bestreuen. Auf tiefen Tellern anrichten und nach Belieben mit geriebenem Parmesan servieren.

WARUM DAS REZEPT FUNKTIONIERT

Ein Schuss japanische Sojasauce in einem typisch italienischen Rezept? Klar, das passt. Mit Sojasauce schlägt das fundamentale Prinzip der Umami-Verstärkung durch: Sie liefert etwas Glutamat, das sich zu dem der Zwiebeln und dem Guanosinmonophosphat der getrockneten Steinpilze gesellt. Das Resultat ist eine Synergie aller und mündet in einem herzhaften Geschmack. Auch die Mundfülle der Geflügelbrühe wird über das Kokumi der Sojasauce erheblich angehoben.

KÄSESPÄTZLE MIT RÖSTZWIEBELN

(FÜR 4 PORTIONEN)

Wie bei vielen anderen Rezepten mit wenigen Zutaten bestimmt auch hier die Qualität der Käsesorten über die Qualität des Gerichts. Und wer keinen Aufwand scheut, macht sich die Röstzwiebeln natürlich selbst (siehe S. 203) – am besten aus Schalotten. Sie steuern wie Käse viel umami bei und schmecken einfach besser als gekaufte.

FÜR DEN SPÄTZLETEIG

300 g	Weizenmehl (Type 405)
50 g	Hartweizengrieß (Semola di grano duro rimacinata)
	Salz
1 Prise	frisch geriebene Muskatnuss
4	Eier (M, 200 g)
100 ml	Mineralwasser

FÜR DIE SAUCE

30 g	Butter
250 g	Sahne
75 g	gereifter Alpenbergkäse, grob gerieben
75 g	gereifter Emmentaler, grob gerieben
50 g	gereifter Comté, grob gerieben
50 g	geräucherter Scamorza, grob gerieben

AUSSERDEM

Salz und frisch gemahlener schwarzer Pfeffer
Röstzwiebeln (siehe S. 203)
Schnittlauchröllchen zum Bestreuen

1. Für den Spätzleteig das Mehl mit Hartweizengrieß, 1 Prise Salz und Muskatnuss in einer Schüssel mischen. Eier und Mineralwasser verquirlen. Die trockenen Zutaten durch ein Sieb zu den flüssigen Zutaten geben. Alles rasch mit einem Holzlöffel vermengen und schlagen, bis der Teig Blasen wirft. In einem Topf Salzwasser aufkochen. Den Teig mit einem Spätzlehobel in das kochende Wasser geben oder mit einem Messer von einem Brett schaben. Die vorgegarten Spätzle an der Wasseroberfläche abschöpfen, eiskalt abschrecken und abtropfen lassen.

2. Für die Sauce die Butter in einer großen Pfanne zerlassen, die Spätzle darin kurz anschwitzen, mit Salz und Pfeffer würzen. Die Sahne zugießen und einmal aufkochen. Die Pfanne vom Herd ziehen und den geriebenen Käse zugeben. Die Spätzle schwenken, bis der Käse geschmolzen ist und die Sauce eine cremige Konsistenz hat. Die Käsespätzle auf tiefen Tellern anrichten, mit Röstzwiebeln und Schnittlauchröllchen bestreuen. Sofort servieren.

WARUM DAS REZEPT FUNKTIONIERT

Wir machen bei der Zubereitung von einem einfachen Prinzip Gebrauch: viel hilft viel. Das gilt nicht nur für die vier reifen Käsesorten, die üppig mit Glutamat ausgestattet sind, sondern auch für die Röstzwiebeln. Alles zusammen erzeugt einen tiefen, herzhaften Geschmack und eine unglaublich große Mundfülle.

KÄSESPÄTZLE MIT RÖSTZWIEBELN, S. 201

RÖSTZWIEBELN

500 g	Schalotten
200 g	Weizenmehl (Type 405)
2 EL	edelsüßes Paprikapulver
	Pflanzenöl zum Frittieren
	Salz

1. Die Schalotten schälen, dabei das Wurzelende nicht entfernen. Die Schalotten am Wurzelende anfassen und mit einem Hobel in feine Ringe schneiden. Oder die Küchenmaschine verwenden, dann das Wurzelende zuvor entfernen. Für schöne Ringe die Schalotten quer zur Längsachse schneiden.

2. Pflanzenöl in einem Topf oder in einer Fritteuse auf 165 °C erhitzen (Küchenthermometer verwenden). Das Mehl mit dem Paprikapulver mischen. Die Schalottenringe darin wälzen und portionsweise im heißen Pflanzenöl goldbraun ausbacken. Mit einem Schaumlöffel herausnehmen und auf Küchenpapier abtropfen lassen. Mit wenig Salz würzen.

KONZEPT 14
CARBONARA: DAS EIGELB GEHÖRT NICHT AUF, SONDERN IN DIE SAUCE

Bestellt man hierzulande in einer Trattoria Pasta Carbonara, kommt oft ein Teller mit Pasta und Sauce, mit einem Eigelb obenauf. Diese Darreichung missachtet aber die eigentliche Aufgabe des Eigelbs, nämlich die Sauce zu legieren und zu emulgieren, statt sie zu garnieren.

DIE WISSENSCHAFT DAHINTER

Eine klassische Sauce Carbonara (siehe Rezept S. 208) enthält relativ viel Fett, das in der Sauce gebunden werden will und sich während des Essens nicht von den wässrigen Anteilen der Sauce trennen darf. Das oft als Arme-Leute-Essen bezeichnete Gericht besteht nur aus drei bzw. vier Komponenten, nämlich lediglich aus fettreichem Speck, Guanciale genannt, geriebenem Pecorino, einem Käse, dessen Fett (in Trockenmasse) bei 36 Prozent liegt, und einem geringen Anteil Nudelkochwasser. Aus physikalischer Sicht vertragen sich diese Komponenten nicht besonders gut, und aus freien Stücken bilden sie keine sämige Sauce. Daher kommt als vierte Zutat das verbindende Eigelb ins Spiel.

Während die Nudeln kochen, wird der fettreiche Guanciale in der Pfanne ausgelassen. Das Fett schmilzt relativ rasch, bereits unter 40 °C, während die Fleischanteile des Specks erst bei weit über 100 °C braten. Dann kommen in dieselbe Pfanne die al dente gegarten Nudeln und etwas Nudelwasser. Selbst wenn sich im Nudelwasser einige Proteine und Stärken befinden (siehe Konzept 5), reichen diese nicht aus, um das wasserscheue (hydrophobe) flüssige Schweinefett und das Nudelwasser zu einer sämigen Emulsion zu verbinden. Kommt dann noch Käse hinzu, erhöht sich die Fettkonzentration nochmals, während die Käseproteine aufgrund des höheren Reifegrads des Pecorino nicht als Emulgatoren zur Verfügung stehen. Eine eigelbfreie Carbonara befände sich in einer physikalischen Fett-Wasser-Zwickmühle und wäre ganz bestimmt kein Essvergnügen.

Eigelb hat emulgierende Eigenschaften, d. h. es kann aufgrund seiner fett- und wasserliebenden Bestandteile zwischen fettlöslichen (lipophilen) und wasserlöslichen (hydrophilen) Molekülen vermitteln. Meist wird dies auf den bekannten Standardemulgator Lecithin geschoben, aber das ist nicht mal die halbe Wahrheit. Um die Emulgierkraft des Eigelbs besser zu verstehen, muss man seinen Aufbau näher betrachten. Eigelb ist selbst eine Emulsion, denn es besteht aus Fett und Wasser. Die Wasserphase besteht aus Plasma und darin gelösten freien Proteinen, Livetinen und Low-Density und High-Density Lipoproteinen (LDL und HDL), in denen die Fetttröpfchen eingeschlos-

EIGELBPLASMA UND FETTPARTIKEL

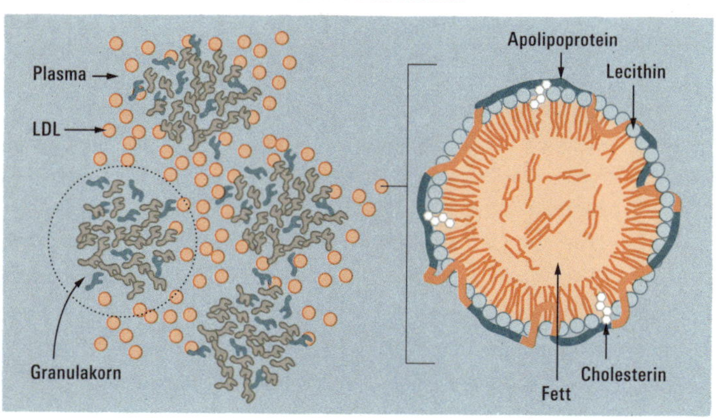

Vereinfachte Darstellung der Struktur des Eigelbs. Im Wasser (Plasma) befinden sich gelöste freie Lipoproteine sowie Granulakörner. Rechts: Ein (LDL- oder HDL-)Lipoprotein: Die Fetttröpfchen im Inneren sind von sogenannten Apolipoproteinen Lecithin und Cholesterin umschlossen.

sen sind, sowie kugelförmigen Proteinkomplexen, den Granulakörnchen. Letztere haben einen Durchmesser von 0,3 bis 2 Mikrometern und bilden sich aus nicht wasserlöslichen Lipoprotein-Komplexen. Sie definieren die Zähflüssigkeit des Eigelbs und lösen sich erst bei hohen Temperaturen auf. Das Lecithin im Eigelb ist nicht frei, sondern an den Fett-Wasser-Grenzflächen der Lipoproteine gebunden (siehe Abb. auf der linken Seite).

Die vielfältige und hochkomplexe Struktur des Eigelbs bestimmt die Eigenschaften der Carbonara und legt die Zubereitung mehr oder weniger genau fest. So ist z. B. die Menge des zugegebenen Nudelwassers wichtig, denn seine Funktion ist es, alle Proteine untereinander auf Abstand zu halten. Kommen sie sich bei zu wenig Wasser zu nahe, werden sie bei höheren Temperaturen rasch verklumpen, es kommt zum Rühreieffekt (siehe rechts). Ist bei zu viel Wasser der Abstand der Proteine zueinander zu hoch, bleibt die Viskosität zu niedrig, die Sauce wird flüssig statt sämig.

Weiterhin muss die Temperatur des Nudelwassers hoch genug sein, sodass die Lipoprotein-Partikel (siehe Abb. rechts) aufbrechen. Dann werden die grenzflächenaktiven Emulgatoren (wie Lecithin) und das Fett frei und können neu andocken, d. h. das ausgelassene Fett des Specks und das frei werdende Fett des Käses können mit dem Fett des Eigelbs zusammen mit dem Wasser emulgieren, indem sie die freigewordenen Lecithine und Apolipoproteine um sich scharen. Damit aber die dabei entstehenden neuen Fetttröpfchen nicht zu groß werden, muss man entsprechend schnell rühren. Das rasche Rühren zerteilt die großen Tropfen in kleinere und zwingt das Lecithin und die anderen emulgierenden Proteine an die Fett-Wasser-Grenzflächen der Tröpfchen. Zugleich wirkt es einem Verklumpen der Proteine entgegen. Rührt man schnell, haben einzelne Proteine und winzige Proteinaggregate kaum Chancen, sich nahe zu kommen und ineinander zu verhaken, wie sie dies sonst gerne tun (und bei Pastateig auch tun sollen, siehe Konzept 1). Ist die Temperatur des Nudelwassers hingegen zu hoch oder die Rührgeschwindigkeit beim Emulgieren zu niedrig, gibt es den bereits erwähnten Rühreieffekt: Die Eigelbpro-

DAS GAREN VON EIKLAR UND EIGELB

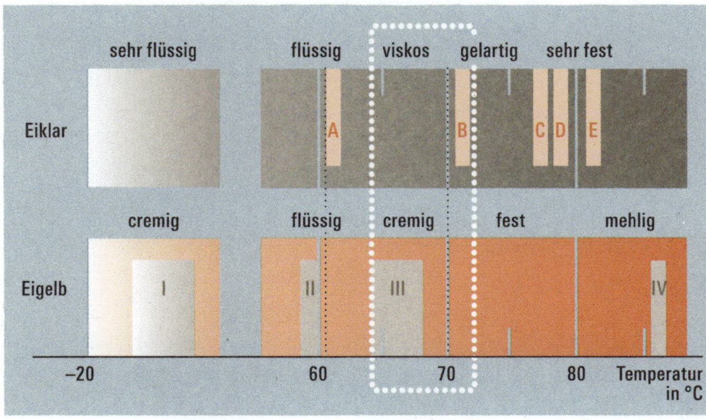

Strukturveränderungen im Eigelb und Eiklar bei verschiedenen Temperaturen. Im Eigelb verändern manche Proteine auch beim Einfrieren ihre Struktur. Im Eigelb: I: Apolipoproteine, II: a-Livetin, III: g-Livetin (Plasma), Apolipoproteine IV: Livetine (Granula). Der für die Bindung der Carbonara relevante Temperaturbereich für das zugegebene Nudelwasser ist weiß umrandet. Im Eiklar: A: Conalbumin, B: Ovalbumin, C: Lysozym, D, E: S-Ovalbumin. Dieser umrandete Temperaturbereich sollte vom Beginn des Einrührens bis zur fertigen Sauce rasch erreicht werden. Höhere Temperaturen sind möglich, wenn zugleich die Rührgeschwindigkeit erhöht wird.

EIN KLASSIKER IN DREI VERSIONEN

Carbonara mit Vollei ergibt das blasseste Bild. Die Bindung der Sauce ist gut, aber aromatisch fällt sie gegenüber den anderen beiden Versionen ein wenig ab.

Carbonara mit Eigelb erzeugt das appetitlichste Bild. Allerdings hat dieser Teller die kürzeste Lebensdauer, da die Sauce von den Nudeln zügig aufgesogen wird und dann schnell ein trockenes Mundgefühl entsteht.

teine verbinden sich zuerst untereinander, das Eigelb gerinnt und flockt weitgehend aus. Die Proteine haben wegen der hohen Reaktionsdynamik gar keine Chance, die Grenzflächen zwischen Fett und Wasser zu erreichen – und statt einer Carbonara hat man in der Pfanne ein flüssiges Gemisch aus Fetttröpfchen und Wasser mit Eigelb- und Speckbröckchen darin.

In manchen Rezepten verwendet man auch gern das gesamte Ei für die Präparation. Das ist ohne Weiteres möglich, denn die Eiklarproteine denaturieren erst bei höheren Temperaturen. Während die Eigelbproteine zwischen 64 °C und 68 °C denaturieren (oberhalb 68 °C wird das Eigelb rasch mehlig), beginnt die signifikante Verfestigung des Eiklars erst bei Temperaturen um 71 °C und ist bei 81 °C abgeschlossen. Verwendet man Vollei, muss man noch kräftiger rühren und die Temperatur noch besser kontrollieren, damit die Eigelbproteine voneinander separiert werden und nicht ausflocken können, bevor die Eiklarproteine ihre Bindungs- und Verdickungskräfte erreicht haben. Diese Verdickungswirkung der Eiklarproteine ist durchaus erwünscht, um die Sauce cremiger zu machen.

DAS EXPERIMENT

Auf der Suche nach dem besten Carbonararezept sind uns Varianten mit Vollei, mit ausschließlich Eigelb und mit einer Mischung aus beiden aufgefallen. Wir wollten wissen, worin sich die Varianten unterscheiden und welche die bessere ist. Daher haben wir jeweils 100 g Spaghetti 2 Minuten kürzer als auf der Packung angegeben gekocht und dann mit 100 ml Nudelkochwasser zum ausgelassenen Backenspeck (Guanciale) in eine Pfanne gegeben, wo die Nudeln in weiteren 2 Minuten fast trocken gekocht wurden, indem das restliche Wasser verdampfte oder aufgesogen wurde. Dann haben wir die Nudeln samt Restflüssigkeit in eine Schüssel gegeben, in der wir zuvor einmal 40 g geriebenen Parmesan und ein großes Vollei (60 g) verquirlt hatten, ein anderes Mal dieselbe Menge Käse mit 60 g Eigelb und ein drittes Mal Käse und ein kleines Vollei von 40 g plus 20 g Eigelb.

Carbonara mit Vollei und Eigelb vereint alle Vorteile: eine schöne, gelbe Farbgebung und ein cremiges Mundgefühl durch den erhöhten Eigelbeinsatz sowie eine gute Saucenbindung.

DAS ERGEBNIS

In allen drei Fällen hat sich durch stetiges Verrühren eine cremige Saucenkonsistenz ergeben. In der reinen Eigelb-variante war die Farbe etwas tiefer gelb und die Sauce ein bisschen dicker, sodass man für ein perfekt cremiges Ergebnis noch ein wenig mehr Kochwasser hinzugegeben hätte. Bei dem Vollei war die Sauce ebenfalls cremig, aber weißlicher, daher rührt wahrscheinlich das häufig anzutreffende Missverständnis, dass es sich bei der Carbonara um eine Sahnesauce handelt. Die dritte Version mit Vollei plus Eigelb liefert das beste Ergebnis in puncto Farbe und Konsistenz. Die Nudeln umgibt ein cremiger Film, dessen leicht gelbliche Farbe sehr appetitlich aussieht. Sie bleiben auch noch nach einer Weile schön suppig (oder bavose, wie man in Rom sagt).

DIE ERKENNTNIS

In allen drei Fällen lassen sich gute Ergebnisse erzielen. Die reine Eigelbvariante erzeugt das etwas gehaltvollere Gericht, selbst wenn zur Korrektur der Konsistenz eventuell ein zusätzlicher Schuss Nudelkochwasser vonnöten ist. Die Variante mit Vollei benötigt für dieselbe Konsistenz kein zusätzliches Wasser, was sie aber nicht schmackhafter macht, da das zusätzlich vorhandene Eiweiß auch mehrheitlich aus Wasser besteht. Am besten funktioniert die Version mit einer Mischung aus Vollei und Eigelb. Hier stimmt die Flüssigkeitsmenge (wegen des Eiweißanteils), sodass die finale Konsistenz des Gerichts am ehesten überzeugt, und die beiden Eigelbe steuern ausreichend Farbe bei, um das Gericht nicht sahnig-blass wirken zu lassen. Außerdem sorgt natürlich deren erhöhter Fetteintrag für die größte Mundfülle. Aus diesem Grund empfehlen wir für unsere Version dieses Klassikers – wie auf S. 208 beschrieben – den Einsatz von Vollei und Eigelb.

BINDEN MIT EI IN DER PRAXIS: CREMIGE SAUCEN MIT UND OHNE SAHNE

Neben dem Ragù alla Bolognese gehört die römische Carbonara zu den meistgekochten – und hierzulande meist falsch zubereiteten – klassischen Pastasaucen. Vermutlich ist es keine böse Absicht, sondern lediglich Unwissenheit, die so viele abstruse Versionen entstehen lässt. Dabei ist das Original im Grunde genommen ganz einfach – außer den Nudeln muss man noch nicht einmal richtig kochen. Die Cremigkeit, die Ei, Käse, das Fett des Guanciale sowie ein wenig Nudelwasser am Ende erzeugen, lässt jede Sahnesauce nach Magerkost aussehen. Man kann natürlich auch Eier und Sahne kombinieren, das Ergebnis ist dann aber keine Carbonara.

SPAGHETTI MIT KÄSE, SPECK UND EI
SPAGHETTI ALLA CARBONARA

(FÜR 4 PORTIONEN)

Um die Herkunft des Klassikers aus der römischen Küche ranken sich viele Geschichten, von denen keine zweifelsfrei belegt ist. Dafür besteht kein Zweifel über die Zutatenkombination Speck, Eier und Käse. Serviert werden dazu Spaghetti oder eine andere länglich geformte Nudelsorte, manchmal auch Maccheroni.

150 g	Guanciale (geräucherter Speck der Schweinebacke), in 5 mm dicke Scheiben geschnitten
4	Eier (M, 200 g)
2	Eigelb (M, 40 g)
80 g	Pecorino, fein gerieben
40 g	Parmesan, fein gerieben
	frisch gemahlener schwarzer Pfeffer
400 g	trockene Spaghetti (je dicker, desto besser)
	Salz

1. Die Speckscheiben in dünne Streifen schneiden. Die Eier mit den Eigelben in einer Schüssel verquirlen. Pecorino und Parmesan untermischen. Den Speck in einer großen breiten Pfanne bei geringer Hitze auslassen, bis er leicht knusprig ist. Die Speckstreifen herausnehmen und auf Küchenpapier abtropfen lassen.

2. Die Nudeln in reichlich kochendem Salzwasser 2 Minuten weniger garen als auf der Packung angegeben. Die Nudeln mit einem Schaumlöffel herausnehmen und mit etwas Nudelkochwasser im ausgelassenen Fett schwenken. Den Käse-Ei-Mix untermischen und die Pfanne beiseitestellen. Das Ei sollte durch die Resthitze die vorhandene Flüssigkeit cremig binden. Eventuell noch etwas Nudelkochwasser zufügen, aber nicht mehr erhitzen, da die Sauce sonst gerinnt.

3. Die Nudeln auf tiefen Tellern anrichten, den krossen Speck darauf verteilen und mit reichlich frisch gemahlenem Pfeffer bestreuen. Sofort servieren.

WARUM DAS REZEPT FUNKTIONIERT

Die Zubereitung ist zwar sehr einfach, hat aber ihre Tücken. Für das Gelingen braucht es neben dem Käse und der Bindefähigkeit des Eis auch etwas Nudelkochwasser – sowohl die Flüssigkeitsmenge als auch die Temperatur tragen zur Perfektion bei. Etwas zuviel Wasser beeinträchtigt die Cremigkeit der Sauce und ein bisschen zuviel Hitze lässt das Ei stocken. Insofern ist Fingerspitzengefühl nötig. Außerdem muss man die Nudeln sofort servieren, da sie nach dem Anrichten weiter Flüssigkeit aufnehmen und austrocknen können. Zusätzliches Salz ist hier unnötig, denn Speck, Käse und Nudelkochwasser enthalten genug davon.

SPAGHETTI MIT KÄSE, SPECK UND EI, S. 208

LUMACHE MIT ERBSEN UND SCHINKEN, S. 211

LUMACHE MIT ERBSEN UND SCHINKEN
LUMACHE CON PISELLI E PROSCIUTTO
(FÜR 4 PORTIONEN)

Mit etwas Glück verstecken sich nach dem Mischen in jeder „Schnecke" (Lumaca) ein Schinkenwürfel und eine Erbse. Dann ist die Paarung von Nudel und Sauce voll aufgegangen.

100 g	Erbsen (TK)
2	Eigelb (M, 40 g)
200 g	Sahne
400 g	trockene Lumache (oder Pipe rigate)
	Salz und frisch gemahlener schwarzer Pfeffer
	Olivenöl
1	Schalotte, fein gewürfelt
100 ml	Weißwein
2 Scheiben	gekochter Schinken (jeweils ca. 5 mm dick), 5 mm groß gewürfelt
100 g	frisch geriebener Parmesan
	frisch geriebene Muskatnuss

1. Die Erbsen auftauen lassen. Die Eigelbe mit der Sahne verquirlen.
2. Die Nudeln in reichlich kochendem Salzwasser al dente garen. Etwas Olivenöl in einer Pfanne erhitzen, die Schalottenwürfel darin glasig andünsten. Den Weißwein zugießen und vollständig einkochen lassen. Schinken und Erbsen in die Pfanne geben und kurz erhitzen. Die Hitze reduzieren, die Sahne-Ei-Mischung zufügen und langsam erwärmen, damit das Ei bindet und nicht gerinnt. Die Nudeln abgießen und mit der Hälfte von dem Parmesan in die Pfanne geben. So lange rühren, bis die Sauce eine cremige Konsistenz hat. Mit Salz, Pfeffer und Muskat würzen. Die Nudeln auf Tellern anrichten und mit dem restlichen Parmesan betreuen. Sofort servieren.

WARUM DAS REZEPT FUNKTIONIERT
Der Eigelb-Sahne-Mix ist ideal zum Binden (Legieren) von Saucen und auch Suppen, solange man beides nicht zu stark erwärmt. Denn bei einer zu hohen Temperatur flocken die Proteine im Eigelb aus. Durch das Verquirlen von Eigelb mit Sahne erhöht sich die Temperatur, bei der das Eigelb zu stocken beginnt. Dadurch wird das Binden einer Sauce einfacher. Es kommt aber auch auf das richtige Mischungsverhältnis an – zu viel Sahne oder zu wenig Eigelb schränken die Bindungsfähigkeit wieder ein.

CARBONARA FAGOTTINI MIT SCHNITTLAUCHBUTTER
FAGOTTINI RIPIENI ALLA CARBONARA CON ERBA CIPPOLLINA
(FÜR 4 PORTIONEN)

Für die Füllung dieser Nudeln werden sehr viele Eigelbe verwendet. Der farbliche Kontrast ist äußerst spannend, weil die dunkelgelbe Farbe der Füllung bei entsprechender Teigstärke durch die blasse Nudelschicht schimmert. Da viele Eiweiße übrig bleiben, kommt eine Hälfte in den Nudelteig, die andere Hälfte verwenden wir anderweitig, beispielsweise zum Einpinseln der Teigränder vor dem Formen.

FÜR DEN NUDELTEIG

200 g	Weichweizenmehl (Type 00)
50 g	Hartweizengrieß (Semola di grano duro rimacinata) + etwas zum Arbeiten
	4 Eiweiß (M, 120 g)

FÜR DIE FÜLLUNG

100 g	Guanciale (geräucherter Speck von der Schweinebacke, wahlweise Bauchspeck), 1 cm groß gewürfelt
8	Eigelb (160 g)
200 g	frisch geriebener Parmesan + etwas zum Bestreuen
	frisch gemahlener schwarzer Pfeffer

AUSSERDEM

	Salz
1	Eiweiß zum Bestreichen
120 g	Butter
1 Bund	Schnittlauch, in Röllchen geschnitten

1. Für den Nudelteig Mehl mit Hartweizengrieß und 1 Prise Salz in einer Schüssel mischen. Mit der Hand in die Mitte eine Mulde drücken. Die Eiweiße in die Mulde geben und mit einer Gabel verquirlen. Nach und nach das Mehl einarbeiten, bis ein grober Vorteig entstanden ist. Diesen auf einer Arbeitsfläche weiterkneten, bis er glatt und geschmeidig ist. Im Anschluss mindestens 30 Minuten unter einer umgedrehten Schüssel ruhen lassen, damit er während dieser Zeit nicht antrocknet, oder in Frischhaltefolie wickeln.
2. Für die Füllung die Speckwürfel in einer heißen Pfanne ohne Fett bei geringer Hitze auslassen, bis sie knusprig sind. Den Speck auf Küchenpapier abtropfen und auskühlen lassen. Danach den Speck mit den Eigelben und

CARBONARA FAGOTTINI MIT SCHNITTLAUCHBUTTER, S. 211

dem geriebenen Parmesan vermischen und mit reichlich Pfeffer würzen.

3. Den Teig mit einer Nudelmaschine zu dünnen Bahnen ausrollen, diese in Quadrate von 8 cm Seitenlänge schneiden. Das Eiweiß verquirlen. Auf jedes Quadrat 1 TL Füllung geben und die Teigränder mit dem Eiweiß einpinseln. Die vier Seitenkanten nach und nach zusammenführen, sodass eine kleine Pyramide entsteht. Diese auf ein mit Grieß bestreutes Tablett setzen, bis alle Teigquadrate geformt sind.

4. Die Butter in einer Pfanne zerlassen, die Schnittlauchröllchen darin kurz andünsten und leicht salzen. Die Nudeln in reichlich kochendem Salzwasser knapp 1 Minute garen, da der Teig sehr dünn ist und die Füllung nur cremig werden soll. Die Nudeln mit einem Schaumlöffel herausnehmen, auf Tellern anrichten und mit Schnittlauchbutter überziehen (nappieren). Mit geriebenem Parmesan bestreuen und sofort servieren.

WARUM DAS REZEPT FUNKTIONIERT

Bei diesem Rezept versteckt sich die Sauce in den Nudeln. Folglich ist das für die Bindung zuständige Eigelb auch im Nudelinnern. Dort sorgt es, langsam erhitzt, für ein cremiges Ergebnis. Wie bei allen gefüllten Nudeln versuchen wir außerdem, die Balance zwischen perfekt gegartem Nudelteig und den gewünschten Eigenschaften der Füllung zu finden. Das gelingt am besten, wenn man in kurzen Abständen Nudeln aus dem Topf fischt, um den Grad der Garung und die Cremigkeit der Füllung zu überprüfen.

KONZEPT 15
PERFEKTES PESTO AUS DEM MÖRSER

Der kalte Klassiker unter den Nudelsaucen ist das Pesto, sei es nun rot, schwarz, gelb oder leuchtend grün wie das berühmte Genovese. Diese Saucen auf Ölbasis lassen sich natürlich in einem Mixer oder mit einem Stabmixer zubereiten, das ist die schnellste Methode und das Ergebnis schmeckt und duftet auch nach den Zutaten. Allerdings spielen beim Kochen und zumal bei kalten Saucen wie dieser die Reihenfolge, die Temperatur, die Art der mechanischen Kraft und die Umgebung eine große Rolle. Nicht nur aus Erfahrung, sondern wissenschaftlich nachweisbar, gilt: Ein Pesto, das traditionell im Mörser zubereitet wurde, ist deutlich aromatischer und schmackhafter.

DIE WISSENSCHAFT DAHINTER

Die aromatische und geschmackliche Grundlage des traditionellen Pesto Genovese steht auf vielen Beinen: Es enthält Basilikum, Pinienkerne, Knoblauch, Salz, Olivenöl und nicht zuletzt Parmesan und Pecorino. Dies ist für eine Sauce, die kalt serviert wird, eine solide Basis. Auf der Geschmacksebene werden leichte Bittertöne aus dem Olivenöl, dem Basilikum und dem Knoblauch mit deutlichen Salz- und Umami-Noten gepaart. Und auf der Aromaebene finden wir ein vielschichtiges Spektrum von Geruchsstoffen. Dafür sorgt schon das Basilikum, das mit floralen, zitralen, kräuterigen, harzig-holzigen und sogar würzigen Geruchsnoten punktet. Was ihm noch fehlt, wird zugefügt: Die Pinienkerne verstärken die harzig-holzige Note des Basilikums, der Knoblauch liefert ein deutlich schwefliges Aroma, die reifen Käse bringen fettig-nussige, pilzige und fruchtige Noten ein, aber vor allem auch röstige, an Kaffee, Kakao und Sahne erinnernde Düfte, die bei der Käsereifung durch Enzyme und Oxidation aus Fetten und Aminosäuren entstehen. Damit nicht genug, löst der Knoblauch über seine schwefligen Inhaltsstoffe außerdem schmerzhafte Kältereize aus. Der Aromatheorie gemäß (siehe Abb. auf der rechten Seite) sind damit alle Aromagruppen vertreten, sogar rein aromatische „Benzolnoten" und Anklänge an Honig kommen über die gerösteten Pinienkerne und den reifen Parmesan hinzu. Damit ist das Genoveser Pesto unter den kalten Nudelsaucen einzigartig.

Damit dieser komplexe Duft zur Geltung kommen kann, ist der Herstellungsprozess wichtig. Der traditionelle Weg, die Sauce zeitraubend im Mörser herzustellen, hat durchaus signifikante Vorteile, vor allem was den Geschmack anbelangt. Pesto aus dem Hochleistungsmixer schmeckt rasch bitter. Das liegt hauptsächlich an der Zerkleinerung des Basilikums und des Knoblauchs, denn Pinienkerne und Käse sind relativ robust.

Die Aromen des Basilikums befinden sich geschützt in kleinen Öltröpfchen in den Pflanzenzellen und werden erst frei, wenn die Blätter gerieben werden, d. h. wenn die ersten Zellen an der Oberfläche mechanisch zerstört werden. Im Wasser der Zellen befinden sich aber auch bitter schmeckende Polyphenole, die normalerweise nicht auffallen, selbst wenn sehr viel frisches Basilikum in den Salat gemischt wird. Kein Wunder, denn die betörenden Aromen dominieren bereits in kleinsten Konzentrationen beim Essen, während die bitter schmeckenden Phenole beim Zermahlen mit den Zähnen gar nicht frei werden: Die Basilikumstücke bleiben auch bei gründlichem Kauen viel zu groß, sodass ein Großteil der Bitterstoffe geschluckt wird, ohne die Bitterrezeptoren auf der Zunge zu reizen. Ähnliches gilt für den Knoblauch. Dessen bitterer Geschmack befindet sich in Glucosinolaten, Substanzen, die in allen Zwiebelgewächsen (und Kohlarten) vorkommen. Nimmt ihre Konzentration im Mund überhand, stört der bittere Geschmack die feinen Aromen und die trigeminalen Reize.

Stellt man Pesto im Mörser her, ist die Zerkleinerungsrate mit dem Stößel relativ gering. Zwar werden genügend Aromastoffe freigesetzt, aber die Basilikumfetzen und die Knoblauchstücke bleiben so groß, dass nur wenige bittere Geschmacksstoffe freigesetzt werden. Gleichzeitig wird das Öl in relativ großen Tropfen untergemengt. Die ölliebenden Aromastoffe können sich zügig darin lösen, werden darin festgehalten und vor Oxidation geschützt. Das Aroma bleibt quasi im vollen Umfang erhalten.

Anders im Mixer, vor allem wenn zu stark und zu heftig gemixt wird. Hier werden weit mehr Zellen zerstört, weit mehr Wasser aus den Zellen wird frei und transportiert die Bitterstoffe in die deutlich ausgeprägtere Wasserphase. Bei den hohen Drehzahlen ist die Struktur der Emulsion außerdem feiner, das zugegebene Öl wird in kleinere Tröpfchen zerteilt, die hohe Konzentration der Bitterstoffe in die Wasserstege dazwischengezwängt. Die Folge ist ein deutlich bitterer Geschmack auf der Zunge. Außerdem oxidiert das Chlorophyll und das Pesto wird rasch grau. Daher gilt: Wenn man das Pesto schon im Mixer zubereitet, dann sollte man die Zutaten am besten kurz und stoßweise mixen, damit die Temperatur, die über die Reibung entsteht, nicht zu hoch wird.

AROMAGRUPPEN UND GERÜCHE

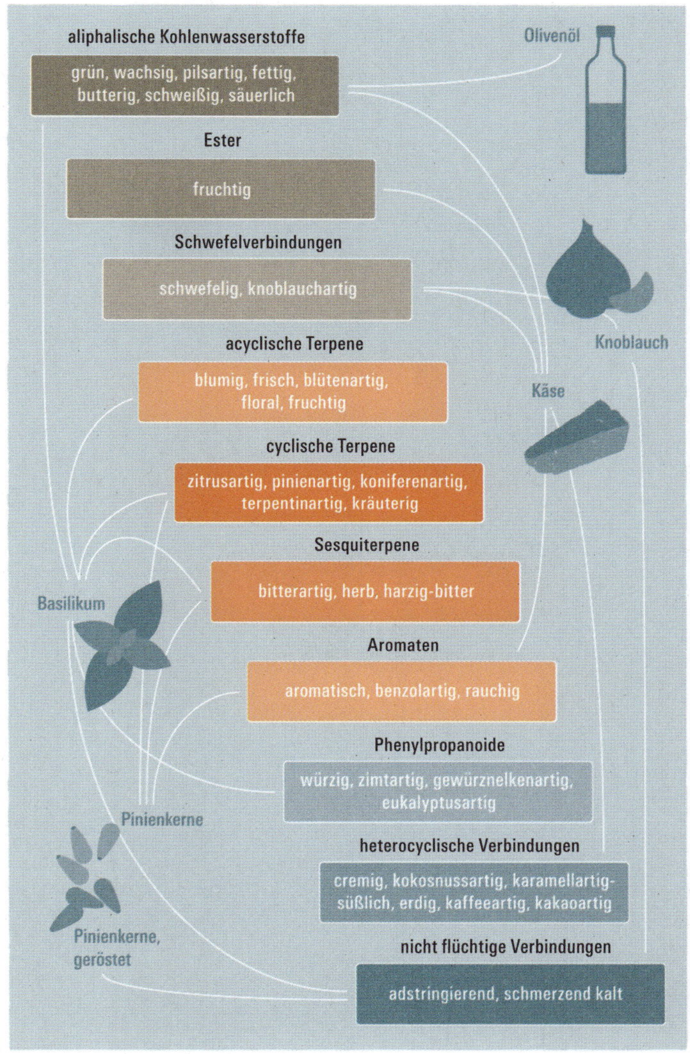

Alle Aromaklassen (nach Vierich, Vilgis: Aroma – die Kunst des Würzens) sind im Pesto besetzt.

Ein anderer Aspekt muss in diesem Zusammenhang ebenfalls erwähnt werden: In den Zellmembranen der Pflanzen verbergen sich eine ganze Reihe von Enzymen, die bei Zellschädigung freigelassen werden. Dies dient der Pflanze als Waffe gegenüber Fressfeinden. Viele dieser Enzyme lösen als höchst wirksame Katalysatoren chemische Reaktionen aus. So werden z. B. die Glycosinolate des Knoblauchs gespalten, was zu einer deutlichen Aromaveränderung führt; Ähnliches geschieht im Basili-

PESTO: MASCHINE VS. HANDGEMACHT

Das im Mixer maschinell hergestellte Pesto weist eine feinere Struktur auf, die optisch sehr appetitlich wirkt. Allerdings entwickelt es auch leichte Bitternoten und verfärbt sich rascher grau, wenn es an der Luft steht.

Das Mörser-Pesto ist bei gleicher Konsistenz, wie der Fließversuch zeigt, gröber in der Struktur, was sich aromatisch positiv auswirkt, da man die Aromen zum Teil erst beim Kauen freisetzt. Die schonendere Herstellung lässt es nicht ganz so schnell oxidieren.

kum. Sehr starkes Mixen setzt mehr an Enzymen frei als das Mörsern. Deren Aktivität kann auch noch im fertigen Pesto zu aromatischen Veränderungen führen. Daher werden vielen industriell hergestellten Pestos (harmlose) Konservierungsstoffe wie Zitronensäure (zur Senkung des pH-Werts), Ascorbinsäure (als Antioxidans) oder Zucker (zur Verminderung der Wasseraktivität) zugesetzt, die diese Prozesse eindämmen.

Wie wir bereits bei der Tomatensauce gesehen haben (siehe Konzepte 11 und 12), ist auch hier der Prozess der Herstellung nicht beliebig. All seine Faktoren beeinflussen das finale geschmackliche und aromatische Profil des Pestos.

DAS EXPERIMENT

Für ein authentisches Pesto braucht man nicht nur die entsprechenden Zutaten, auch technisch ist der traditionelle Weg genauestens vorgegeben. Neben der Reihenfolge der zu verarbeitenden Zutaten sind die Utensilien vorgeschrieben: ein marmorner Mörser und ein Stößel aus Olivenholz. Aber führt dieser aufwendige Weg tatsächlich zu besseren Ergebnissen? Um dies zu überprüfen, haben wir aus jeweils gleichen Zutaten zweimal ein Pesto Genovese hergestellt: einmal auf traditionellem Weg (wobei unser Stößel zwar aus Holz, allerdings nicht aus Olivenholz war) und einmal mit dem heute üblichen Stabmixer. Danach wurden beide Pestos auf einen Teller gegeben, um deren Fließverhalten zu vergleichen. Dazu haben wir mit einem Spatel eine breite Linie hindurchgezogen und geschaut, wie schnell oder langsam sich der entstandene Graben wieder zusetzt.

DAS ERGEBNIS

Die manuell hergestellte Version war erstaunlich schnell vollendet, sodass die Zeitersparnis bei unserer geringen Menge gegenüber dem Stabmixer kaum ins Gewicht fällt. Das Pesto leuchtet grasgrün und ist, als die gewünschte Konsistenz erreicht ist, nicht ganz so fein geraten, sodass ein leicht heterogener Eindruck entsteht, der noch das ein oder andere Stückchen Basilikum erkennen lässt. Beim Verkosten fällt dies angenehm auf, da die Blättchen beim Zerkauen etwas mehr Aroma entfalten.

Die maschinell hergestellte Version zeichnet sich durch eine feinere, glattere Struktur aus, die man nur schwer beeinflussen kann, da bereits wenige Sekunden zusätzliche Bearbeitungszeit einen großen Unterschied in der Konsistenz verursachen. Aus diesem Grund ist es nicht einfach, die Beschaffenheit punktgenau zu justieren. Darüber hinaus entwickelt das Pesto in dieser Version einen ganz leichten Bitterton. Farblich ist das Stabmixer-Pesto zu Beginn zwar leuchtend grün, verfärbt sich im Gegensatz zum manuell hergestellten aber nach und nach grün-grau. Im Fließversuch ist zu erkennen, dass die maschinelle Version das Öl nicht ganz so gut einbindet wie das handwerklich hergestellte Pesto. Auch beim Aufbewahren im Kühlschrank bleiben Farbe und Geschmack bei der handwerklich hergestellten Version besser erhalten.

DIE ERKENNTNIS

Das traditionell hergestellte Pesto ist zwar etwas aufwendiger, weil es mehr Muskelkraft erfordert, punktet aber in Bezug auf Farberhalt und Geschmack, sodass wir diese schonende Art für kleine Mengen zum sofortigen Verzehr empfehlen. Verwendet man die maschinellen Hilfsmittel allerdings mit Bedacht, lassen sich die negativen Auswirkungen minimieren. Für die Herstellung im Mixer bedeutet dies, dass er nur stoßweise eingesetzt werden darf und nur so lange wie unbedingt nötig. Die Gefahr der Verfärbung ist dann nicht so groß und es gibt weniger Bittertöne, da das Basilikum nicht ganz so stark strapaziert wird. Dafür reicht die Verarbeitungsdauer nicht, um eine gute Emulsion herzustellen, was der fertigen Speise aber nicht unbedingt schadet. Eine größere Menge Pesto, die langes Mixen erfordert, würde die negativen Eigenschaften der maschinellen Herstellungsweise verstärken; dafür wäre der zeitliche Aufwand bei der handwerklichen Version natürlich wesentlich größer.

PESTO IN DER PRAXIS: DIE KRAFT DES KONZENTRATS

Jedes Pesto, angefangen vom Klassiker Genovese über rote, weiße, gelbe bis hin zu schwarzen Versionen, zeichnet sich durch seinen geringen Wassergehalt aus. Dadurch ist es zum einen relativ lange haltbar und hat zum anderen ein fast ungenießbar intensives Aroma. Deshalb lautet die Devise Verdünnung, wenn ein Pesto die Rolle als Nudelsauce übernehmen soll. Durch ein wenig Nudelwasser wird das Pesto dünnflüssiger und schmiegt sich besser an die Pastaoberflächen, während sich seine Geschmacks- und Aromaintensität auf ein normales Maß reduziert und das zurückhaltende Aroma der Nudeln (oder weiterer Zutaten) wahrnehmbar bleibt.

TORSIONSNUDELN MIT PESTO
TROFIE AL PESTO CON FAGIOLINI E PATATE
(FÜR 4 PORTIONEN)

Das Gericht aus Ligurien ist ein Klassiker in der italienischen Küche – nicht nur der Sauce aus Genua, des Pesto Genovese wegen. Ligurien beschert Italien auch die besten Kartoffeln, weshalb sie fundamentaler Bestandteil dieses Rezeptes sind. Ganz zu schweigen von der speziellen Nudelform, die ebenfalls untrennbar mit dem Gericht verbunden ist.

FÜR DEN NUDELTEIG

4-faches Rezept Grundteig – der Minimalist (siehe S. 30)
Hartweizengrieß (Semola di grano duro rimacinata) zum Arbeiten

FÜR DAS PESTO

1 Knoblauchzehe, geschält
grobes Meersalz
1 Bund Basilikum, ca. 50 g Blätter + einige zum Bestreuen
20 g Pinienkerne
40 g gereifter Parmesan, frisch gerieben + etwas zum Bestreuen
20 g gereifter Pecorino, frisch gerieben
natives, kalt gepresstes Olivenöl
frisch gemahlener schwarzer Pfeffer

AUSSERDEM

250 g feine Bobbybohnen, geputzt
250 g festkochende Kartoffeln, geschält, 1 cm groß gewürfelt

1. Den Nudelteig wie im Grundrezept beschrieben (siehe S. 30) zubereiten. Im Anschluss mindestens 30 Minuten unter einer umgedrehten Schüssel ruhen lassen, damit er während dieser Zeit nicht antrocknet, oder in Frischhaltefolie wickeln.

2. Den Teig mit der flachen Hand zu 1 cm dicken Würsten rollen. Diese wiederum in 1 cm lange Stücke schneiden und mit der Hand erneut zu dünnen, spitz zulaufenden Würstchen rollen. Jedes Würstchen mit einer Teigkarte so überfahren, dass spiralartige Trofie entstehen. Die Nudeln auf eine mit Grieß bestreute Unterlage legen und bis zur Verwendung trocknen lassen.

3. Für das Pesto den Knoblauch mit 1 Prise grobem Meersalz in einem Mörser zu einer Paste zerstoßen. Die Basilikumblätter nach und nach ebenfalls im Mörser zerstoßen bzw. am Rand des Mörsers zerreiben. Zwischendurch etwas grobes Meersalz einarbeiten. Die Pinienkerne auf halber Strecke zugeben, Parmesan und Pecorino gegen Ende. Zum Schluss so viel Olivenöl einarbeiten, bis die gewünschte (pastöse) Konsistenz erreicht ist. Das Pesto mit Meersalz und frisch gemahlenem Pfeffer würzen.

4. Die Bohnen je nach Länge halbieren (idealerweise in der Größe der Nudeln). Mit Kartoffelwürfeln und Nudeln in reichlich kochendem Salzwasser al dente garen. Das Pesto in einer Schüssel mit etwas Nudelkochwasser verrühren. Den Topfinhalt mit einem Schaumlöffel zum Pesto geben. Alles durchmischen und so viel Kochwasser zugießen, bis eine cremige Saucenkonsistenz erreicht ist. Die Nudeln auf tiefen Tellern anrichten, mit geriebenem Parmesan und Basilikumblättern bestreuen. Sofort servieren.

TORSIONSNUDELN MIT PESTO, S. 218

WARUM DAS REZEPT FUNKTIONIERT

Damit das Pesto gelingt, beginnen wir mit dem Zerstoßen von Knoblauch und grobem Meersalz in einem Mörser. Dabei wird die zusätzliche Reibung und „Rauigkeit" der harten Salzkristalle ausgenutzt, um die harten Pflanzenzellen des Knoblauchs zu zerstören. Der Rest ist dann ein Kinderspiel, denn eine weitere Mahlhilfe sind die Pinienkerne. Die freigelegten Zellinhalte sind die benötigten Emulgatoren für das Olivenöl. Je pastöser das Pesto wird, desto mehr Aroma und Geschmack ist auf der Zunge. Durch das schonende Zerstoßen im Mörser wird das Pesto auch nicht bitter.

PESTO ist eine der wenigen Saucen, die nicht in der heißen Pfanne, sondern in einer Schüssel mit der Pasta vermischt wird. Im Original würde sonst das Chlorophyll im Basilikum sofort oxidieren und die Sauce sich grau färben. Aber auch nicht grüne Pestos sollten nicht hoch und lange erhitzt werden, da sie üblicherweise so viel Fett enthalten, dass die Nudeln darin braten könnten. Außerdem verlieren die meist hochwertigen Öle rasch an Qualität, wenn sie erhitzt werden.

GEMÜSESUPPE MIT NUDELEINLAGE UND PESTO
MINESTRONE MIT PESTO
(FÜR 10 PORTIONEN)

Die Basis für diesen Gemüseeintopf ist Gemüsebrühe, die wir aus allen verwertbaren Gemüseabschnitten kochen, die bei der Vorbereitung anfallen. Dazu gehören das Wurzelende der Zwiebeln, die gewaschenen Schalen der Möhren, das Staudenselleriegrün, der Blumenkohlstrunk, die Randstücke von Knollensellerie und Kohlrabi, die grünen Endstücke vom Lauch, die Tomaten- und Zucchinikerne, Boden und Deckel der Paprikaschote sowie die Basilikumstängel, die bei der Pestozubereitung anfallen.

1 kleiner Blumenkohl
2 Strauchtomaten
Olivenöl
2 rote Zwiebeln, grob gewürfelt
2 Möhren, grob gewürfelt
1 Stange Lauch, nur das Weiße in Streifen geschnitten
1 Selleriestange, in Stücke geschnitten
1 kleiner Knollensellerie, gewürfelt
Salz und frisch gemahlener schwarzer Pfeffer
1 Zweig Rosmarin
1 Zweig Thymian
1 Lorbeerblatt
1 Kohlrabi, gewürfelt
2 festkochende Kartoffeln, gewürfelt
150 g trockene Ditali rigati, Ditali oder Rosmarini
1 gelbe Paprikaschote, gewürfelt
2 Zucchini, gewürfelt
100 g Erbsen (TK)
Pesto (siehe S. 218)

1. Den Blumenkohl in Röschen teilen, den Strunk schälen und klein schneiden. Die Tomaten für 10 Sekunden in kochendes Wasser geben, herausnehmen, eiskalt abschrecken, enthäuten und vierteln. Die Tomatenviertel entkernen und würfeln.

2. Für die Gemüsebrühe alle angefallenen Gemüseabschnitte (siehe S. 220) in einen Topf mit kaltem Wasser bedecken und aufkochen, dann 30 Minuten köcheln lassen. Danach die Brühe durch ein Sieb passieren und auffangen.

3. Etwas Olivenöl in einem großen Topf erhitzen, Zwiebeln, Möhren, Lauch, Stauden- und Knollensellerie darin kurz andünsten und salzen. Die Gemüsebrühe, Rosmarin, Thymian und Lorbeerblatt zugeben und alles 15 Minuten köcheln lassen. Dann die Blumenkohlröschen, die Kohlrabi- und Kartoffelwürfel zufügen und alles weitere 10 Minuten köcheln lassen. Danach die Nudeln zugeben und 5 Minuten köcheln lassen. Wenn nötig, etwas Wasser zugießen.

4. Zum Schluss die Paprika-, Tomaten- und Zucchiniwürfel sowie die Erbsen in der Suppe ziehen lassen. Mit Salz und Pfeffer würzen. Kräuter und Lorbeerblatt entfernen. Die Suppe auf tiefen Tellern oder in Schalen anrichten. Mit je 1 Klecks Pesto obenauf sofort servieren.

WARUM DAS REZEPT FUNKTIONIERT

Geschmack und Aroma der Minestrone hängen von einer wohlüberlegten Vorgehensweise ab. Damit jede Gemüsesorte nicht an Charakter verliert, geben wir sie sukzessive, je nach Garzeit, in die Brühe. Am Ende der Gesamtgarzeit sollte das Gemüse bissfest sein – nicht weich und matschig oder gar von unterschiedlicher Konsistenz. In die Gemüsebrühe kommt alles, was Geschmack bringt, also die sauberen Abschnitte und Schalen aller verwendeten Gemüsesorten, denn die üblichen Umami-Lieferanten wie Sardellen fehlen. Die vielen erdigen Töne, die in der Suppe überwiegen, bekommen zum Schluss noch etwas Frische mit einem Löffel Pesto.

FAUSTREGEL Eine längere Kochzeit hat alles, was unter der Erde wächst (z. B. Wurzelgemüse), eine mittlere Kochzeit hat das, was auf der Erde wächst (z. B. Blumenkohl, Kohlrabi) und eine kürzere Garzeit benötigt alles, was über der Erde wächst (z. B. Strauchtomaten, Zucchini). Alle grünen Zutaten kommen so spät wie möglich dazu, damit sie sich nicht grau verfärben.

ROTES PESTO
PESTO ROSSO
(FÜR 5 SCHRAUBGLÄSER À 100 ML INHALT)

Für ein richtig gutes rotes Pesto brauchen wir eingelegte getrocknete Tomaten – nur sie lassen sich fein pürieren. Wir verwenden aber keine handelsüblichen, in Pflanzenöl eingelegten Tomaten, sondern legen sie selbst ein.

ca. 150 ml	gutes Olivenöl
2	Knoblauchzehen, in Scheiben geschnitten
1 Zweig	Rosmarin
1 Zweig	Thymian
200 g	getrocknete Tomaten, grob gehackt
50 g	gehackte Mandeln
	Salz und frisch gemahlener schwarzer Pfeffer
10 Stängel	Basilikum, Blätter abgezupft
75 g	gereifter Parmesan, fein gerieben

1. Das Olivenöl in einem Topf auf 60 °C erhitzen (Küchenthermometer verwenden). Knoblauchscheibchen, Rosmarin- und Thymianzweig einlegen und 30 Minuten ziehen lassen. Inzwischen die getrockneten Tomaten in ein Einmachglas schichten und das Öl samt Einlage zugießen, bis die Tomaten vollständig bedeckt sind (eventuell mit zusätzlichem Olivenöl aufgießen). Das Öl vollständig auskühlen lassen, dann das Glas verschließen. Das Glas 3 bis 4 Tage stehen lassen, damit die Tomaten etwas weicher werden.

2. Die Mandeln in einer Pfanne ohne Fett goldbraun rösten. Das Öl aus dem Einmachglas abgießen und auffangen, die Kräuter entfernen. Tomaten und Mandeln mit 1 Prise Salz und Pfeffer im Aufsatz einer Küchenmaschine fein zerkleinern. Basilikumblätter und geriebenen Parmesan zugeben und kurz stoßweise pürieren, bis alles untergearbeitet ist. So viel von dem Einlegeöl einarbeiten, bis die gewünschte Konsistenz erreicht ist. (Restliches Öl für Salatsaucen verwenden.) Das Pesto mit Salz und Pfeffer würzen und in saubere Schraubgläser füllen, die Gläser verschließen und kühl aufbewahren. So hält es sich mindestens 1 Monat.

WARUM DAS REZEPT FUNKTIONIERT

Im Gegensatz zu Basilikum, der Hauptzutat im grünen Pesto, sind die Tomaten in geschmacklicher Hinsicht etwas robuster. Das Zerkleinern im Aufsatz der Küchenmaschine macht ihnen nichts aus, da sie kaum Bitterstoffe enthalten. Die Hitze ist da der weitaus größere Feind, da die Aromen der Tomate sehr flüchtig sind. Deswegen extrahieren wir die Aromen sehr schonend durch Confieren im idealen Aroma-Lösungsmittel Öl bei ca. 60 °C. Die nussige Note und mehr Intensität steuern geröstete Mandeln bei. Die zerkleinerten Pflanzenteile verleihen der Emulsion Stabilität, Röstaromen aus den Nüssen und Parmesan sorgen für geschmackliche Tiefe. Und da der vorherrschende Farbstoff hitzebeständig ist, besteht keine Gefahr für ein unappetitliches Aussehen, egal wie hoch die Hitze beim Pürieren oder Anrichten (in einer Pfanne oder Schüssel) ansteigt.

GEMÜSESUPPE MIT NUDELEINLAGE UND PESTO, S. 220

WALNUSSPESTO
PESTO DI NOCI
(FÜR 10 SCHRAUBGLÄSER À 100 ML INHALT)

Wir servieren das Pesto mit bissfest gegarten Nudeln nach Wahl. Dafür erhitzen wir etwas Walnusspesto in einer Pfanne, geben etwas Nudelkochwasser dazu und schwenken die Nudeln kurz darin. Dann geben wir noch reichlich geriebenen Parmesan oben drauf. Fertig!

1 kg	Walnusskerne
2	Knoblauchzehen, geschält
	Salz
2 Zweige	Rosmarin, fein gehackt
2 EL	Walnussöl
	Olivenöl nach Belieben

1. Den Backofen auf 160 °C vorheizen. Die Walnusskerne auf einem Backblech verteilen und im heißen Ofen in 10 Minuten goldbraun rösten. Noch warm in ein sauberes Küchentuch geben und dieses über den Nüssen zusammenschlagen. Die Nüsse mithilfe des Tuchs so lange aneinanderreiben, bis ein Großteil der braunen Häutchen abgeplatzt ist (siehe auch „Haselnüsse selbst schälen“, S. 198).

2. Den Knoblauch mit 1 Prise Salz in einem großen Mörser zerreiben. Die Nüsse portionsweise zugeben und zu einer glatten Paste verarbeiten. Rosmarin und Walnussöl untermischen und so viel Olivenöl zugießen, bis die gewünschte Konsistenz erreicht ist. Das Pesto in saubere Schraubgläser füllen und mit etwas Olivenöl begießen. Die Gläser verschließen und in den Kühlschrank stellen. So hält es sich mindestens 1 Monat.

WARUM DAS REZEPT FUNKTIONIERT

Im Gegensatz zum klassischen Pesto mit Basilikum kann man Walnusspesto erhitzen. Durch Erhitzen lässt weder das Aroma nach noch verändert sich die Farbe. Sensorisch spannend sind nicht nur die nussigen Aromen der Walnusskerne, sondern auch deren Adstringenz, die sich mit den Bittertönen des Rosmarins bestens ergänzen.

PRAKTISCHE WISSENSCHAFT
CONFIEREN – GAREN UNTER FETT

Confieren war die Methode der Wahl, um unter weitgehendem Sauerstoffausschluss zu garen, bevor die Sous-vide-Technik in Mode kam. Lebensmittel wurden mit Öl bedeckt und bei Temperaturen zwischen 50 °C und 90 °C über lange Zeit gegart. So entstanden Klassiker wie das haltbare Entenconfit in Frankreich, bei dem Entenfleisch unter dem Schmalz gegart wurde, bis es butterzart war. Zusammen mit dem Schmalz in Dosen oder Einmachgläser verschlossen, war es lange haltbar. Die Vorteile sind evident: Das Gargut oxidiert kaum, die Garung ist gezielt und sanft, und wenn es gelingt, die Temperatur konstant zu halten, steht die Methode dem Sous-vide-Garen kaum nach. Durch das Öl dampfen auch keine Aromen ab, im Gegenteil: Diese lösen sich im Öl, das sich wunderbar weiterverwenden lässt. In Knoblauchöl z. B. behält der Knoblauch bei 60 °C quasi seine roh wirkende Konsistenz, verliert aber seine trigeminale Kälte.

ROTES PESTO UND WALNUSSPESTO, S. 221 UND S. 223

SCHWARZE OLIVENTAPENADE
PESTO DI OLIVE NERE
(FÜR 3 SCHRAUBGLÄSER À 100 ML INHALT)

Natürlich lohnt es sich wie bei allen Pestosorten, gleich mehr herzustellen. Denn damit lässt sich im Handumdrehen ein wohlschmeckendes Gericht zaubern. Das Pesto für den Vorrat am besten mit Olivenöl bedecken und gut verschlossen im Kühlschrank aufbewahren.

ca. 100 ml	gutes Olivenöl
2	Knoblauchzehen, fein gewürfelt
6	in Salz eingelegte Sardellen, gehackt
150 g	schwarze Oliven, entsteint
2 EL	Kapern (nonpareilles)
½	Bio-Zitrone, Abrieb
4 EL	dunkler Balsamicoessig
50 ml	Anisschnaps (z. B. Pernod)
10 Stängel	glatte Petersilie, Blätter abgezupft
	Salz und frisch gemahlener schwarzer Pfeffer

1. 3 EL Olivenöl in einer Pfanne erhitzen, Knoblauchwürfel und Sardellen darin andünsten, bis beides weich ist. Anschließend zusammen mit allen weiteren Zutaten in einem Messbecher (für den Stabmixer) oder im Aufsatz einer Küchenmaschine fein pürieren. So viel Olivenöl zugeben, bis die gewünschte Konsistenz erreicht ist. Die Tapenade mit Salz und Pfeffer würzen. Das Pesto in saubere Schraubgläser füllen, die Gläser verschließen und kühl aufbewahren. So hält es sich mindestens 1 Monat.

DIE RICHTIGE KÜCHENAUSSTATTUNG

Welche Utensilien braucht man in der Pastaküche eigentlich wirklich? Die Antwort hängt sicher davon ab, wie oft, in welchen Mengen und Variationen Sie Pastagerichte kochen wollen. Es gibt unzählige Nudelformen und -gerichte, die nur zwei willige Hände und eine Arbeitsfläche, die üblichen Schneidemesser, einen großen Topf und eventuell eine Sauteuse brauchen.
Für die regelmäßige Herstellung von Pasta lohnen sich allerdings ein paar zusätzliche Gerätschaften, damit die Mühe der Zubereitung nicht schnell in Ermüdung umschlägt.
Als wichtigste sind hier in chronologischer Reihenfolge eine Knetmaschine zu nennen, falls man regelmäßig Teigmengen von mehr als 1 Kilogramm Mehl oder Grieß verarbeitet, und natürlich die Nudelmaschine, sofern man den Teig nicht mit dem Nudelholz ausrollt. Beide Maschinen sollten vor allem robust sein, da die Herstellung eines homogenen Teigs immense Kräfte erfordert.
Darüber hinaus gibt es natürlich jede Menge Utensilien, die zur Formgebung der Nudeln dienen. Wir haben im Folgenden nur solche aufgelistet, deren Anschaffung wir für sinnvoll halten.
Einige Ausstechformen besitzen Sie vielleicht schon, weil man sie auch zum Plätzchenbacken benötigt. Bei anderen lohnt sich der Kauf erst dann, wenn Sie das Nudelthema wirklich für sich entdeckt haben.
Auch und gerade in der Pastaküche gilt: Nicht das perfekte Equipment macht den perfekten Koch. Für viele Rezepte reicht eine solide Grundausstattung zusammen mit den Kenntnissen aus diesem Buch völlig aus, um schon ein guter Pastaiolo zu werden.

KÜCHENUTENSILIEN

ARBEITSPLATTE AUS HOLZ

- möglichst dick und aus Hartholz, damit es sich nicht verzieht
- auf die eigenen Bedürfnisse zugeschnitten

NUDELHOLZ

- je schwerer desto besser, weil es einem Kraft beim Ausrollen erspart
- formstabil, damit es lange gerade bleibt
- bei Verzicht auf eine Nudelmaschine möglichst breit, um große Teigbahnen ausrollen zu können

NUDELMASCHINE
(manuell oder elektrisch)

- stabile Verbindung mit der Arbeitsplatte (evtl. durch externe Schraubzwinge)
- parallel arbeitende Walzen
- am besten mit stufenloser Verstellmöglichkeit
- evtl. mit Bandnudel-Schneideaufsatz in zwei verschiedenen Breiten (dünn = Tagliolini, dick = Tagliatelle)
- eine elektrische Maschine lohnt sich in der Anschaffung dann, wenn man regelmäßig Nudeln zubereitet

AUSSTECHER

- für gefüllte Pasta wie z. B. Ravioli, Tortellini oder Cappelletti
- rund und quadratisch
- am besten aus Edelstahl oder verzinktem Blech
- mit scharfer Schnittkante unten und dickem Wulst oben, um richtig Druck ausüben zu können
- im Set kaufen, um verschiedene Durchmesser zu haben

TEIGRAD

- zum Schneiden von Teigbahnen
- mit gerader und gewellter Rolle

BICICLETTA (verstellbares Mehrfach-Teigrad)

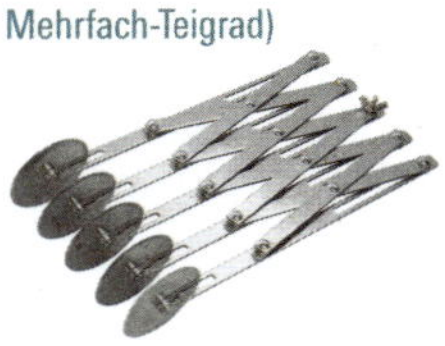

- zum schnellen Schneiden von Nudelbahnen in gleichmäßige Teilstücke
- am besten aus Edelstahl
- auf Arretierung ohne Spiel achten

CHITARRA (Nudelharfe)

- für die Herstellung z. B. von Spaghetti alla chitarra, bei denen Nudelbahnen durch die gespannten Drähte gedrückt werden
- auf justierbare Drähte achten
- wenn möglich mit zwei unterschiedlichen Drahtabständen

FRÜHSTÜCKS- BZW. BRÖTCHENMESSER

- mit leicht geriffelter Klinge und möglichst hohem Schaft
- zum Formen von Orechiette oder Cavatelli

GNOCCHIBRETT

- aus Holz
- mit gerillter Oberfläche, um bestimmte Nudelformen zu gestalten (z. B. Garganelli)
- am besten mit Griff
- die Breite ist nicht so wichtig wie die Länge, da man sowieso immer nur eine Nudel auf einmal bearbeiten kann

STAHLLINEAL

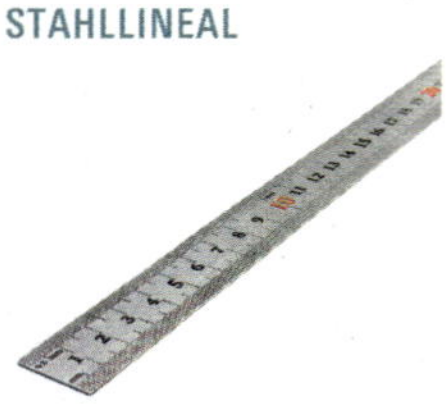

- für das präzise Zerschneiden von Nudelbahnen wie z. B. für Agnolotti
- zwischen 50 und 100 cm lang
- mit gerader Schneidekante

DRAHT ODER METALLSTIFT

- für die Herstellung von Fusilli oder Maccheroni al ferretto, bei der konfektionierte Nudelteigstücke um den Draht herumgewickelt und dann abgezogen werden
- mit quadratischem Querschnitt, da der Teig dann besser haftet
- Kantenlänge 1,5 bis 2,5 mm
- Stablänge 20 bis 30 cm

PINSEL

- in verschiedenen Breiten
- mit vielen feinen Borsten, da sich das Wasser so gleichmäßiger verteilt

TABLETTS

- für die Aufbewahrung fertiger Nudeln
- möglichst randlos, damit die Nudeln ohne Schwelle in den Topf gleiten können

GITTERROST

- zum Trocknen von kleinteiligen Nudelformen
- am besten aus Kunststoff und stapelbar
- mit feinmaschigem Netz, damit sehr kleine Nudeln nicht hindurchfallen können

KLASSISCHER NUDELSTÄNDER

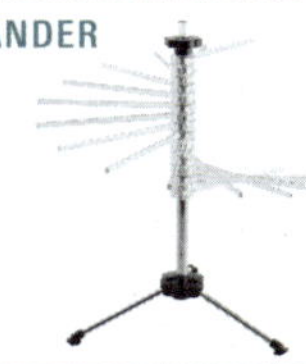

- zum Trocknen von Bandnudeln
- aus Holz, Kunststoff oder Metall
- mit dickem Profil, damit Luft zwischen die hängenden Nudeln passt
- alternativ ein Holzstiel

GROSSER TOPF

- mit ausreichend Fassungsvermögen, falls man Nudeln für mehrere Leute zubereiten möchte
- am besten mit Deckel, um Energie zu sparen
- so breit, dass Spaghetti quer hineinpassen

SCHAUMLÖFFEL

- aus Edelstahl
- mit möglichst großem Teller (ø 10 bis 20 cm)

ABTROPFSIEB

- als Standsieb, das Platz im heimischen Spülbecken hat

NUDELZANGE

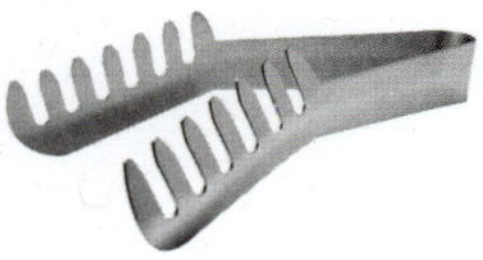

- → für längliche Nudelformen, um sie direkt vom Topf in die Sauce heben zu können
- → möglichst mit Zinken, um viele Bandnudeln auf einmal zu transportieren

KOCHMESSER

- → für alle Routinetätigkeiten
- → am besten schmiedeeisern, also mit Stahlknubbel zwischen Griff und Klinge
- → Klingenlänge um die 20 cm
- → mit geschwungener Schneide für einen perfekten Wiegeschnitt
- → mit rutschfestem Griff, der gut in der Hand liegt

TOURNIERMESSER

- → für Schnitzwerk und Feinarbeiten wie z. B. das Häuten von blanchierten Tomaten oder das Schälen von Zwiebeln
- → mit konkav geformter Klinge von ca. 7 cm Länge

SÄGEMESSER

- → für Grobes wie z. B. Artischocken
- → mit konischer Klinge für gleichmäßig dicke Schnitte

AUSBEINMESSER

- → zum Zerlegen von Geflügel oder Kaninchen
- → mit spitzer Klinge, ca. 15 cm lang

PFANNEN

- → mit unterschiedlichem Durchmesser
- → mit möglichst hohem Rand, um Nudeln in Sauce schwenken zu können

SAUTEUSEN

- → mit unterschiedlichem Durchmesser
- → mit möglichst hohem Rand, um Nudeln in Sauce schwenken zu können

KARTOFFELSTAMPFER

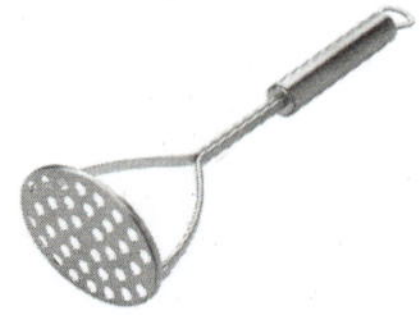

- → aus Edelstahl
- → mit stabiler Lochplatte und kleiner Perforation
- → ergonomischer Griff, um den nötigen Druck ausüben zu können

AUFLAUFFORMEN

- → aus Edelstahl oder hitzebeständigem Glas
- → rechteckig zum besseren Portionieren
- → rund zum Aufstellen in der Mitte des Familientischs

MÖRSER

- → mit möglichst großem Fassungsvermögen (mindestens 15 cm Innendurchmesser)
- → aus Holz oder Stein mit möglichst rauer Oberfläche
- → mit einem Stößel, der gut in der Hand liegt (für Original-Pesto muss dieser aus Olivenholz geschnitzt sein)

PARMESANREIBE

- → Vierkantreibe mit unterschiedlich großen Öffnungen auf den Reibflächen zum feinen oder groben Reiben
- → Hochwertige Reibe für sehr feine Ergebnisse, die schnell schmelzen sollen

PASTAFORMEN

Über die Jahrhunderte sind so viele Pastaformen entstanden, dass es schier unmöglich ist, sie alle in einem Buch zusammenzutragen. Natürlich sind die Unterschiede manchmal nur marginal, und doch erfüllt jede Form und Größe ihren eigenen Zweck, denn schon kleine Änderungen der Form können bewirken, dass die entsprechende Sauce nicht mehr richtig gut mit der Pasta harmoniert. Die gängigsten Formen sind im Folgenden abgebildet. Der Zusatz „lisce" steht dabei übrigens für eine glatte Oberfläche, „rigate" bezeichnet eine geriffelte Oberfläche.

Agnolotti (frisch)
Seite 24, 74, 228

Bavette (getrocknet)
Seite 109, 190

Bucatini (getrocknet)
Seite 116, 133, 167

Calamarata (getrocknet)
Seite 30, 106

Cannelloni (getrocknet)
Seite 35, 61, 128, 181

Cappelletti (frisch)
Seite 32, 34, 74, 79, 227

Cappellini (getrocknet)
Seite 133

Caramelle (frisch)
Seite 34, 80

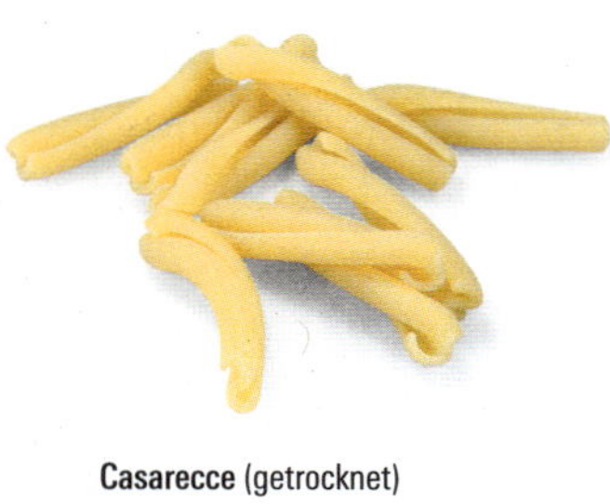

Casarecce (getrocknet)
Seite 92, 163

Cavatelli (getrocknet)
Seite 23, 30, 33, 163, 228

Conchiglie rigate (getrocknet)
Seite 103

Conchiglioni (getrocknet)
Seite 128

Culurgionis (frisch)
Seite 77, 167

Ditali (getrocknet)
Seite 30, 107, 142, 220

Fagottini (frisch)
Seite 211

Farfalle (getrocknet)
Seite 33, 92, 96, 100, 163, 169

Fettuccine (getrocknet)
Seite 56

Fregola sarda (getrocknet)
Seite 120, 121, 122

Fusilli (getrocknet)
Seite 25, 30, 197, 228

Garganelli (getrocknet)
Seite 24, 62, 228

Gemelli (getrocknet)
Seite 92

Lasagne (getrocknet)
Seite 128, 133, 181

Linguine (getrocknet)
Seite 109, 155

Lumache (getrocknet)
Seite 211

Lumaconi (getrocknet)
Seite 128

Maccheroni (getrocknet)
Seite 24, 25, 30, 111, 112, 121, 208, 228

Maccheroni lisci (getrocknet)
Seite 90

Mafaldine (getrocknet)
Seite 52

Maltagliati (frisch)
Seite 198

Mezze maniche (getrocknet)
Seite 118

Mezzelune (frisch)
Seite 53

Mezze zite (getrocknet)
Seite 90, 95

Orecchiette (frisch)
Seite 23, 30, 37, 136, 138, 228

Paccheri (getrocknet)
Seite 104, 128

Panzerotti (frisch)
Seite 130

Pappardelle (frisch)
Seite 33, 47, 56, 58, 177

Penne lisce (getrocknet)
Seite 145

Penne rigate (getrocknet)
Seite 12, 24, 30, 97, 98, 132, 152, 163

Pennette (getrocknet)
Seite 145

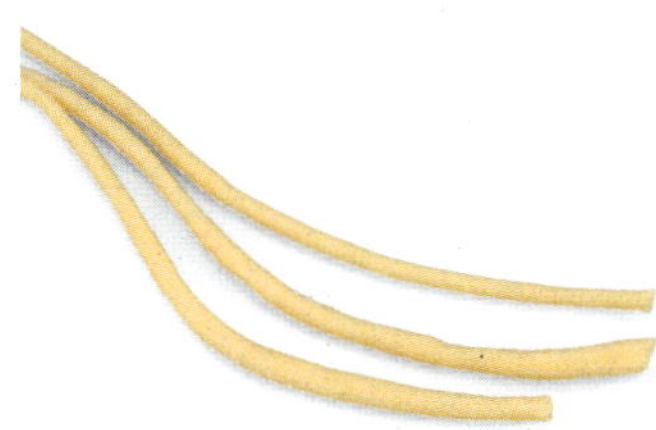

Pici (frisch)
Seite 23, 121, 124

Pipe rigate (getrocknet)
Seite 211

Ravioli (frisch)
Seite 12, 32, 35, 44, 56, 68, 80, 83, 145, 184, 187, 227

Rigatoni (getrocknet)
Seite 24, 30, 88, 98, 121, 132, 157, 167, 197

Risoni (getrocknet)
Seite 30, 114

Rosmarini (getrocknet)
Seite 220

Spaghetti (getrocknet)
Seite 11, 12, 24, 25, 30, 96, 100, 109, 121, 132, 133, 135, 148, 149, 150, 153, 206, 208, 228

Strozzapreti (getrocknet)
Seite 156

Tagliatelle (getrocknet)
Seite 37, 56, 61, 116, 133, 134, 135, 178, 189, 227

Tagliolini, Tajarin (getrocknet)
Seite 33, 42, 65, 84, 227

Tortellini (frisch)
Seite 23, 32, 34, 35, 56, 79, 139, 227

Tortelli (frisch)
Seite 60, 74

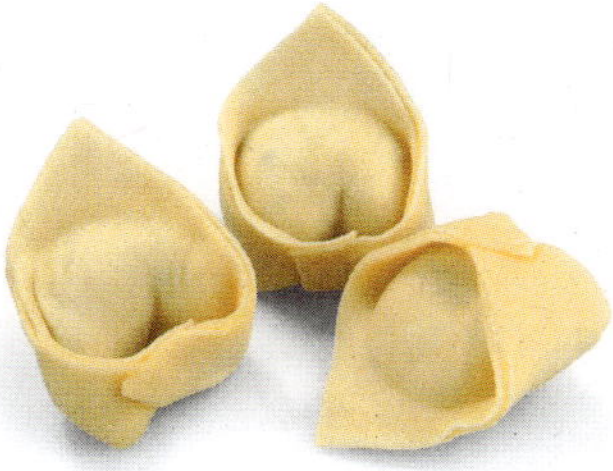

Tortelloni (frisch)
Seite 61

Trecce (getrocknet)
Seite 156

Triangoli (frisch)
Seite 40

Trofie (getrocknet)
Seite 218

Ziti (getrocknet)
Seite 116

LITERATUR

KONZEPT 1
PASTATEIG BRAUCHT MEHL, WASSER UND GEDULD

Baumann, A. / Conde-Petit, B. / Mann, J. / Schiedt, B. / Vilgis, T. A. (2014): Effect of heat treatment on wheat dough rheology and wheat protein solubility. Food Science and Technology International, 20 (5), S. 341–351.

Baumann, A. / Conde Petit, B. / Schiedt, B. / Vilgis, T. A. (2013): Short and long range interactions governing the viscoelastic properties during wheat dough and model dough development. Journal of Texture Studies, 44 (4), S. 317–332.

Chatti, N. / Schönmehl, N. / Vilgis, T. A. / Zielbauer, B. I. (2016): Networks: From Rubbers to Food. In Das, A. / Klüppel, M. / Stöckelhuber, K. W. (eds.): Designing of Elastomer Nanocomposites: From Theory to Applications, S. 187–233. Springer, Cham.

Dobraszczyk, B. J. / Li, W. / Schofield, J. D. (2003): Stress relaxation behavior of wheat dough, gluten, and gluten protein fractions. Cereal chemistry, 80 (3), S. 333–338.

Vilgis, T. A. (2018): Pasta – weiche Materie zwischen Gummi und Glas. In Bosbach, T. / Ghadiri, A. / Vilgis, T. (eds.): Wissen schmeckt, S. 1–31. Springer, Wiesbaden.

KONZEPT 2
DAS MEHL ENTSCHEIDET ÜBER DIE PASTA

Autran, J. C. / Branlard, G. / Monneveux, P. (1989): High molecular weight glutenin subunit in durum wheat (T. durum). Theoretical and Applied Genetics, 78 (3), S. 353–358.

Chandla, N. K. / Saxena, D. C. / Singh, S. (2017): Processing and evaluation of heat moisture treated (HMT) amaranth starch noodles; An inclusive comparison with corn starch noodles. Journal of Cereal Science, 75, S. 306–313.

Eisenbrand, G. / Schreier, P. (2006): RÖMPP Lexikon Lebensmittelchemie, Vol. 2. Behrs Verlag, Hamburg.

Galvez, F. C. F. / Resurreccion, A. V. A. / Ware, G. O. (1994): Process variables, gelatinized starch and moisture effects on physical properties of mungbean noodles. Journal of food science, 59 (2), S. 378–381.

KONZEPT 3
EI MACHT FRISCHE PASTA KÖNIGLICH GUT

Alamprese, C. / Casiraghi, E. / Rossi, M. (2009): Modeling of fresh egg pasta characteristics for egg content and albumen to yolk ratio. Journal of food engineering, 93 (3), S. 302–307.

Caviezel, R. / Vilgis, T.A. (2017): Koch- und Gartechniken. Matthaes, Stuttgart.

Delcour, J. A. / Lambrecht, M. A. / Nivelle, M. A. / Rombouts, I. (2017): The Role of Wheat and Egg Constituents in the Formation of a Covalent and Non covalent Protein Network in Fresh and Cooked Egg Noodles. Journal of food science, 82 (1), S. 24–35.

Sozer, N. (2009): Rheological properties of rice pasta dough supplemented with proteins and gums. Food Hydrocolloids, 23 (3), S. 849–855.

KONZEPT 5
PASTA BENÖTIGT WASSER UND HOHE GARTEMPERATUREN

Aguilera, J. M. / Cadoche, L. / Gutierrez, G. / López, C. (2001): Microstructural changes of potato cells and starch granules heated in oil. Food Research International, 34 (10), S. 939–947.

Chatti, N. / Schönmehl, N. / Vilgis, T. A. / Zielbauer, B. I. (2016): Networks: From Rubbers to Food. In Das, A. / Klüppel, M. / Stöckelhuber, K.W. (eds.): Designing of Elastomer Nanocomposites: From Theory to Applications, S. 187–233. Springer, Wien.

de Jongh, H. H. / Visschers, R. W. (2005): Disulphide bond formation in food protein aggregation and gelation. Biotechnology advances, 23 (1), S. 75–80.

Dhital, S. / Flanagan, B. M. / Gidley, M. J. / Zhang, B. (2014): Mechanism for starch granule ghost formation deduced from structural and enzyme digestion properties. Journal of agricultural and food chemistry, 62 (3), S. 760–771.

Vilgis, T. A. (2018): Pasta – weiche Materie zwischen Gummi und Glas. In Bosbach, T. / Ghadiri, A. / Vilgis, T. (eds.): Wissen schmeckt, S. 1–31. Springer, Wiesbaden.

KONZEPT 6
PASTA AL DENTE GELINGT NUR MIT TROCKENEN NUDELN

Conde Petit, B. / Escher, F. / Handschin, S. / Zweifel, C. (2003): Influence of high temperature drying on structural and textural properties of durum wheat pasta. Cereal Chemistry, 80 (2), S. 159–167.

Roos, Y. H. (2010): Glass transition temperature and its relevance in food processing. Annual review of food science and technology, 1, S. 469–496.

Vilgis, T. A. (2018): Pasta – weiche Materie zwischen Gummi und Glas. In Bosbach, T. / Ghadiri, A. / Vilgis, T. (eds.): Wissen schmeckt, S. 1–31. Springer, Wiesbaden.

Vilgis, T. A. (2015): Soft matter food physics – the physics of food and cooking. Reports on Progress in Physics, 78 (12), 124602.

KONZEPT 7
WAS INS NUDELWASSER GEHÖRT – UND WAS NICHT

Adachi, S. / Ogawa, T. (2013): Effect of salts on the water sorption kinetics of dried pasta. Bioscience, biotechnology, and biochemistry, 77 (2), S. 249–252.

Adachi, S. / Ogawa, T. (2017): Moisture Distributions and Properties of Pasta Prepared or Cooked Under Different Conditions. In Kaneda, I. (ed.): Rheology of Biological Soft Matter, S. 119–148. Springer, Tokyo.

KONZEPT 8
MEHR AROMA DURCH RÖSTAROMEN

Eichner, K. / Karel, M. (1972): Influence of water content and water activity on the sugar-amino browning reaction in model systems under various conditions. Journal of Agricultural and Food Chemistry, 20 (2), S. 218–223.

Labuza, T. P. / Saltmarch, M. (1981): The nonenzymatic browning reaction as affected by water in foods. In: Rockland, L.B. / Stewart, G.F. (eds.): Water activity: Influences on food quality, S. 605–650. Academic Press.

Vilgis, T. A. (2015): Soft matter food physics – the physics of food and cooking. Reports on Progress in Physics, 78 (12), 124602.

KONZEPT 9
FÜR JEDE SAUCE GIBT ES DIE PASSENDE PASTA

Almusallam, A. S. / Collado, L. S. / Corke, H. / Gunaratne, A. / Lucas, P. W. / Thai, L. A. / Wu, K. (2016): Indentation as a potential mechanical test for textural noodle quality. Journal of Food Engineering, 177, S. 42–49.

Collado, L. S. / Corke, H. / Gunaratne, A. / Lucas, P. W. / Wu, K. (2015): Adhesion, cohesion, and friction estimated from combining cutting and peeling test results for thin noodle sheets. Journal of food science, 80 (2), S. 370–376.

Funami, T. (2010): Atomic force microscopy imaging of food polysaccharides. Food science and technology research, 16 (1), S. 1–12.

KONZEPT 11
ERST MIT TOMATEN SCHMECKT ES RICHTIG RUND

Antonini, E. / Ninfali, P. / Ricci, A. (2017): Homemade tomato sauce in the mediterranean diet: a Rich Source of antioxidants. Italian Journal of Food Science, 30 (1), S. 37–49.

de Alvarenga, J. F. R. / Hurtado-Barroso, S. / Illan, M. / Lamuela-Raventos, R. M. / Martinez-Huélamo, M. / Tran, C. (2017): Home cooking and ingredient synergism improve lycopene isomer production in Sofrito. Food Research International, 99, S. 851–861.

de Alvarenga, J. F. R. / Lamuela-Raventos, R. M. / Regueiro, J. / Torrado, X. / Vallverdú-Queralt, A. (2015): Carotenoid profile of tomato sauces: effect of cooking time and content of extra virgin olive oil. International journal of molecular sciences, 16 (5), S. 9588–9599.

Maguer, M. L. / Shi, J. (2000): Lycopene in tomatoes: chemical and physical properties affected by food processing. Critical reviews in food science and nutrition, 40 (1), S. 1–42.

Vierich, T. / Vilgis, T. (2017): Aroma Gemüse: Der Weg zum perfekten Geschmack. Stiftung Warentest, Berlin.

KONZEPT 12
LANGE KOCHZEITEN INTENSIVIEREN DEN SAUCENGESCHMACK

Belitz, H. D. / Gasser, U. / Grosch, W. / Warendorf, T. (1992): Zum Geschmack von Fleischbrühe 2. Sensorische Analyse der Inhaltsstoffe und Imitation einer Brühe. Zeitschrift für Lebensmittel-Untersuchung und Forschung, 195, S. 215–223.

Cambero, M. I. / Honikel, K. O. / Seuss, I. (1992): Flavor compounds of beef broth as affected by cooking temperature. Journal of food science, 57 (6), S. 1285–1290.

Kawasaki, H. / Kouda, T. / Kuroda, M. / Miyaki, T. / Miyamura, N. (2015): Effect of a kokumi peptide, γ-glutamyl-valyl-glycine, on the sensory characteristics of chicken consommé. Flavour, 4 (1), S. 17.

KONZEPT 13

KÄSE UND ANDERE UMAMI-VERSTÄRKER MACHEN PASTAGERICHTE SCHMACKHAFT

Behr, J. / Ehrmann, M. A. / Hillmann, H. / Hofmann, T. / Vogel, R. F. (2016): Formation of kokumi-enhancing □-glutamyl dipeptides in Parmesan cheese by means of □-glutamyltransferase activity and stable isotope double-labeling studies. Journal of agricultural and food chemistry, 64 (8), S. 1784–1793.

Dunkel, A. / Hofmann, T. / Toelstede, S. (2009): A series of kokumi peptides impart the long-lasting mouthfulness of matured Gouda cheese. Journal of agricultural and food chemistry, 57 (4), S. 1440–1448.

Feng, T. / Xu, Z. / Zhang, Z. / Zhou, J. / Zhuang, H. (2016): Effect of Peptides on New Taste Sensation: Kokumi-Review. Mini-Reviews in Organic Chemistry, 13 (4), S. 255–261.

Kuroda, M. / Miyamura, N. (2015): Mechanism of the perception of "kokumi" substances and the sensory characteristics of the "kokumi" peptide, □-Glu-Val-Gly. Flavour, 4 (1), S. 11.

KONZEPT 14

CARBONARA: DAS EIGELB GEHÖRT NICHT AUF, SONDERN IN DIE SAUCE

Curry, C. / Derksen, A. / Gantz, D. L. / Hadzopoulou-Cladaras, M. / Herscovitz, H. / McKnight, C. J. / Small, D. M. / Walsh, M. T. / Zannis, V. (2001): The N-terminal 17% of apoB binds tightly and irreversibly to emulsions modeling nascent very low density lipoproteins. Journal of Lipid Research, 42 (1), S. 51–59.

Kiosseoglou, V. (2003): Egg yolk protein gels and emulsions. Current opinion in colloid & interface science, 8 (4–5), S. 365–370.

KONZEPT 15

PERFEKTES PESTO AUS DEM MÖRSER

Boggia, R. / Evangelisti, F. / Salvadeo, P. / Zunin, P. (2007): Analysis of the volatile fraction of "Pesto Genovese" by headspace sorptive extraction (HSSE). Food chemistry, 105 (3), S. 1228–1235.

Franceschini, B. / Luca Guerra, G. / Paola Previdi, M. (2011): Influenza dei parametri chimico-fisici sulla stabilità del pesto alla genovese trattato termicamente. Industria Conserve, 86 (3), S. 143.

Gvozdenović, J. / Kićanović, M. / Marković, Z. / Pavlović, M. / Pezo, L. / Ostojić, S. / Zlatanović, S. (2010): Image analysis of oxidation induced food colour changes. Journal of the Serbian Society for Computational Mechanics, 5 (1), S. 39–49.

Reineccius, G. / Qian, M. (2002): Identification of aroma compounds in Parmigiano-Reggiano cheese by gas chromatography/olfactometry. Journal of Dairy Science, 85 (6), S. 1362–1369.

Vierich, T.A. / Vilgis, T.A. (2017): Aroma – die Kunst des Würzens. Stiftung Warentest, Berlin.

REGISTER

REZEPTE A BIS Z

Thomas A. Vilgis ist Professor für Theoretische Physik an der Universität Mainz und Leiter der Arbeitsgruppe „Molekulare Lebensmittelwissenschaften" am Max-Planck-Institut für Polymerforschung. Er ist ein begeisterter Koch und hat seine Ideen bereits in mehreren außergewöhnlichen Kochbüchern veröffentlicht.

Mario Furlanello ist Architekt, Koch und Metzger. Wie man Nudeln herstellt, hat er schon in Kindheitstagen von seinem italienischen Vater und seiner Großmutter gelernt und seitdem kontinuierlich perfektioniert. Er hat eine eigene Kochschule betrieben und ist Eigentümer eines Traditionslokals in Frankfurt, das immer mindestens ein hausgemachtes Nudelgericht auf der Karte hat. Sein besonderer Dank gilt **Tobias Choisi** für seine unermüdliche Unterstützung bei der Erstellung dieses Buches und im Restaurant.

1. Nachdruck

Stiftung Warentest
Lützowplatz 11–13
10785 Berlin
Telefon 0 30/26 31–0
Fax 0 30/26 31–25 25
www.test.de
email@stiftung-warentest.de

USt-IdNr.: DE136725570

Vorstand: Hubertus Primus
Weitere Mitglieder der Geschäftsleitung:
Dr. Holger Brackemann, Julia Bönisch, Daniel Gläser

Programmleitung: Niclas Dewitz

Autoren: Thomas Vilgis, Mario Furlanello
Projektleitung: Lisa Frischemeier

Lektorat: Angelika Winnen, Berlin
Mitarbeit: Merit Niemeitz
Korrektorat: Nicole Woratz, Berlin
Gestaltung: Martina Römer
Fotografie: Joerg Lehmann, Berlin
Food-Styling: Anke Rabeler, Berlin; Max Faber, Berlin
Weitere Abbildungen: Ralph Kaiser (Seite 29, 39, 57, 72, 73, 86, 98, 99, 111, 121, 134, 149, 160, 174, 175, 194, 195, 206, 207, 216, 217, 228–231, 235, 236); Bremermann Vertriebs GmbH & Co. KG (Seite 228); Palatis GmbH (Seite 228); AdobeStock (Seite 228); Getty Images (Seite 227, 229); Shutterstock (Seite 228, 229).

Produktion: Vera Göring
Verlagsherstellung: Rita Brosius (Ltg.), Romy Alig, Susanne Beeh
Litho: bildpunkt, Berlin
Druck: Firmengruppe APPL, aprinta druck, Wemding

ISBN: 978–3–7471–0105–6

Wir haben für dieses Buch 100 % Recyclingpapier und mineralölfreie Druckfarben verwendet. Stiftung Warentest druckt ausschließlich in Deutschland, weil hier hohe Umweltstandards gelten und kurze Transportwege für geringe CO_2-Emissionen sorgen. Auch die Weiterverarbeitung erfolgt ausschließlich in Deutschland.